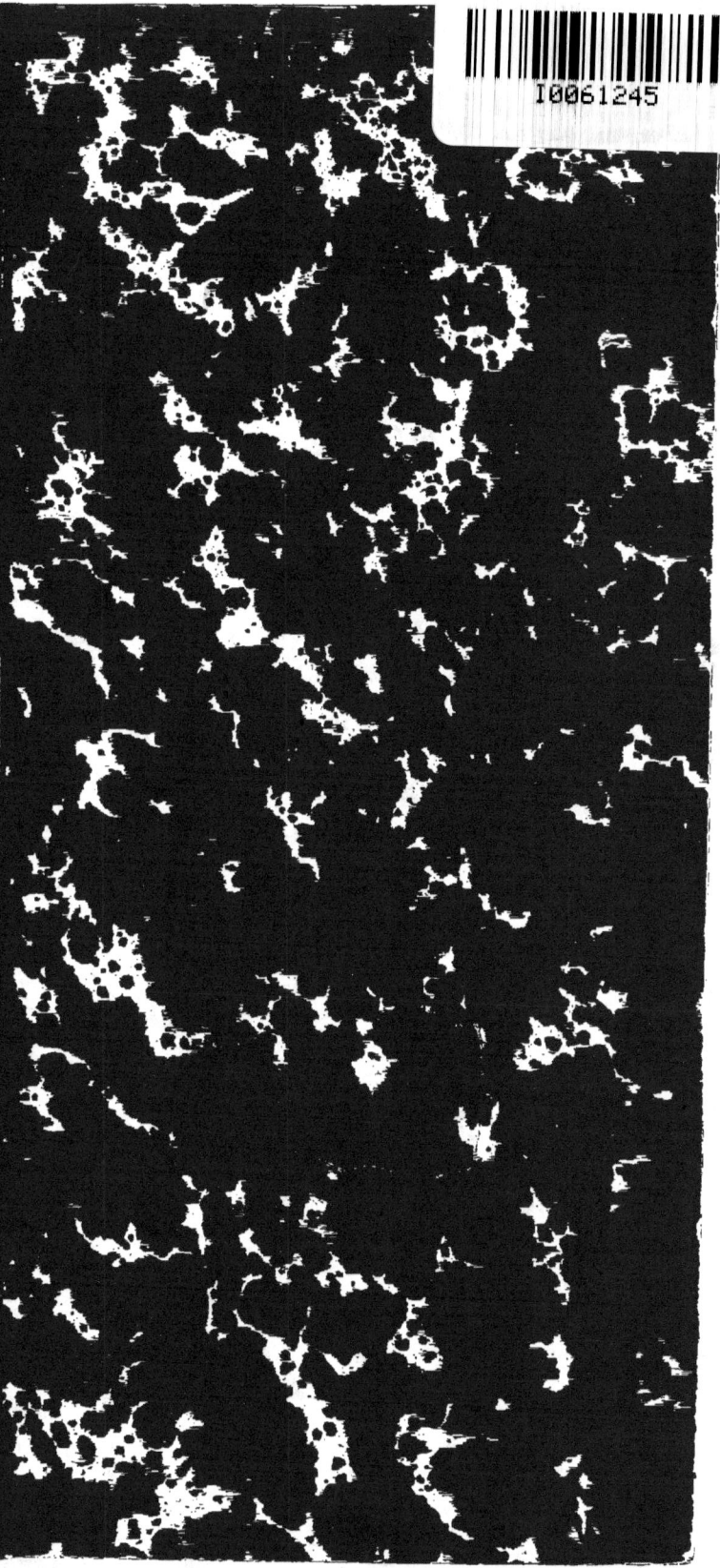

I0061245

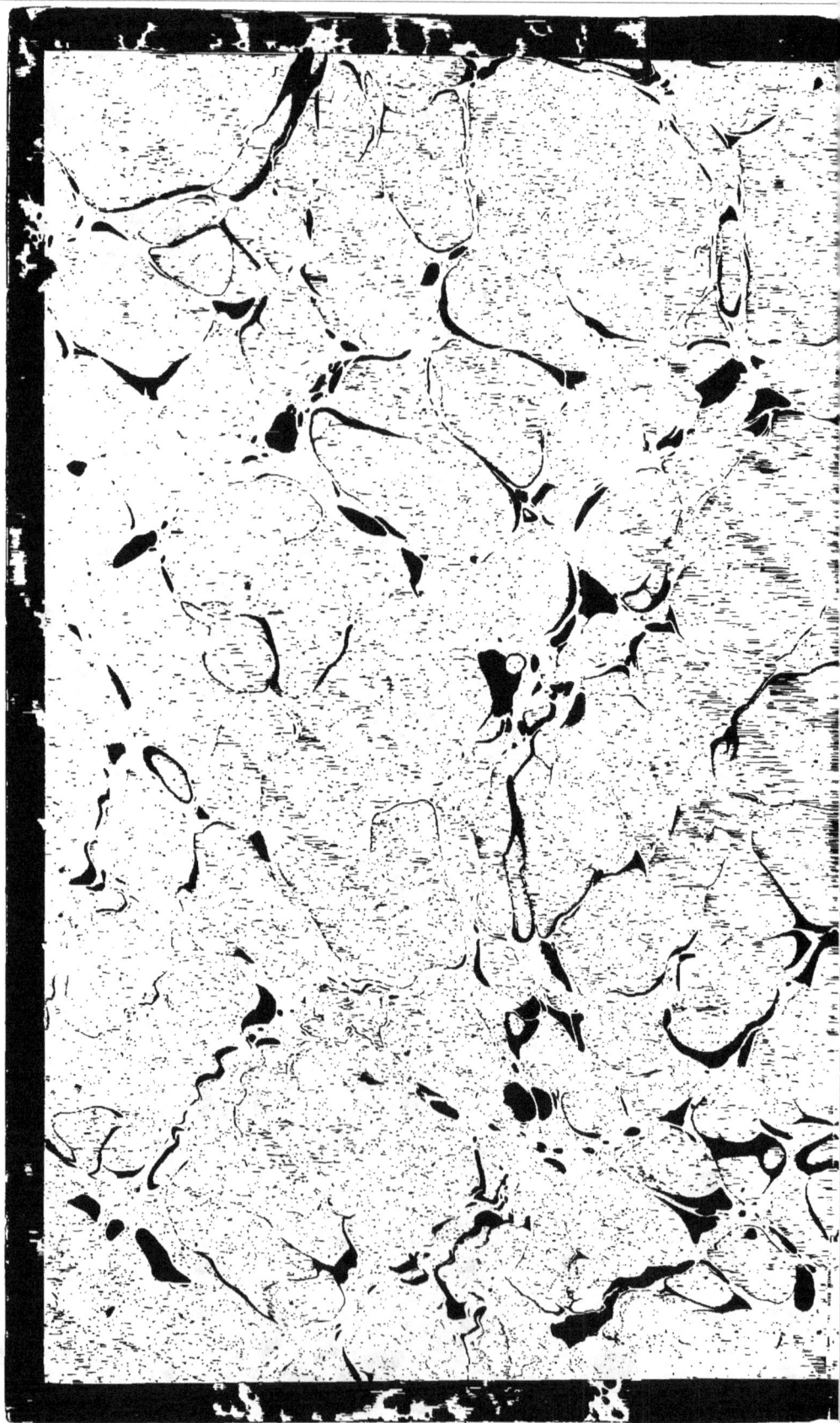

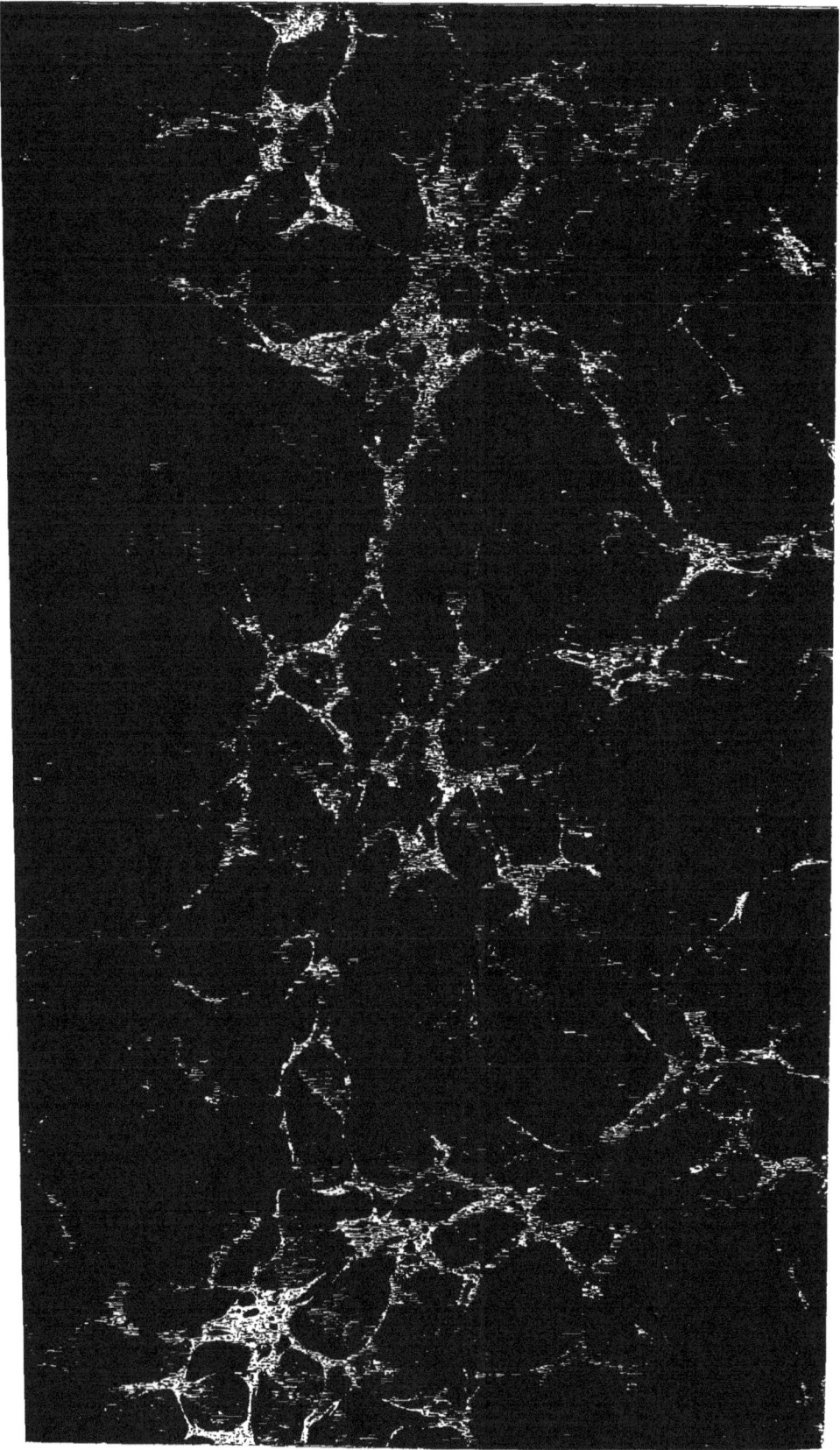

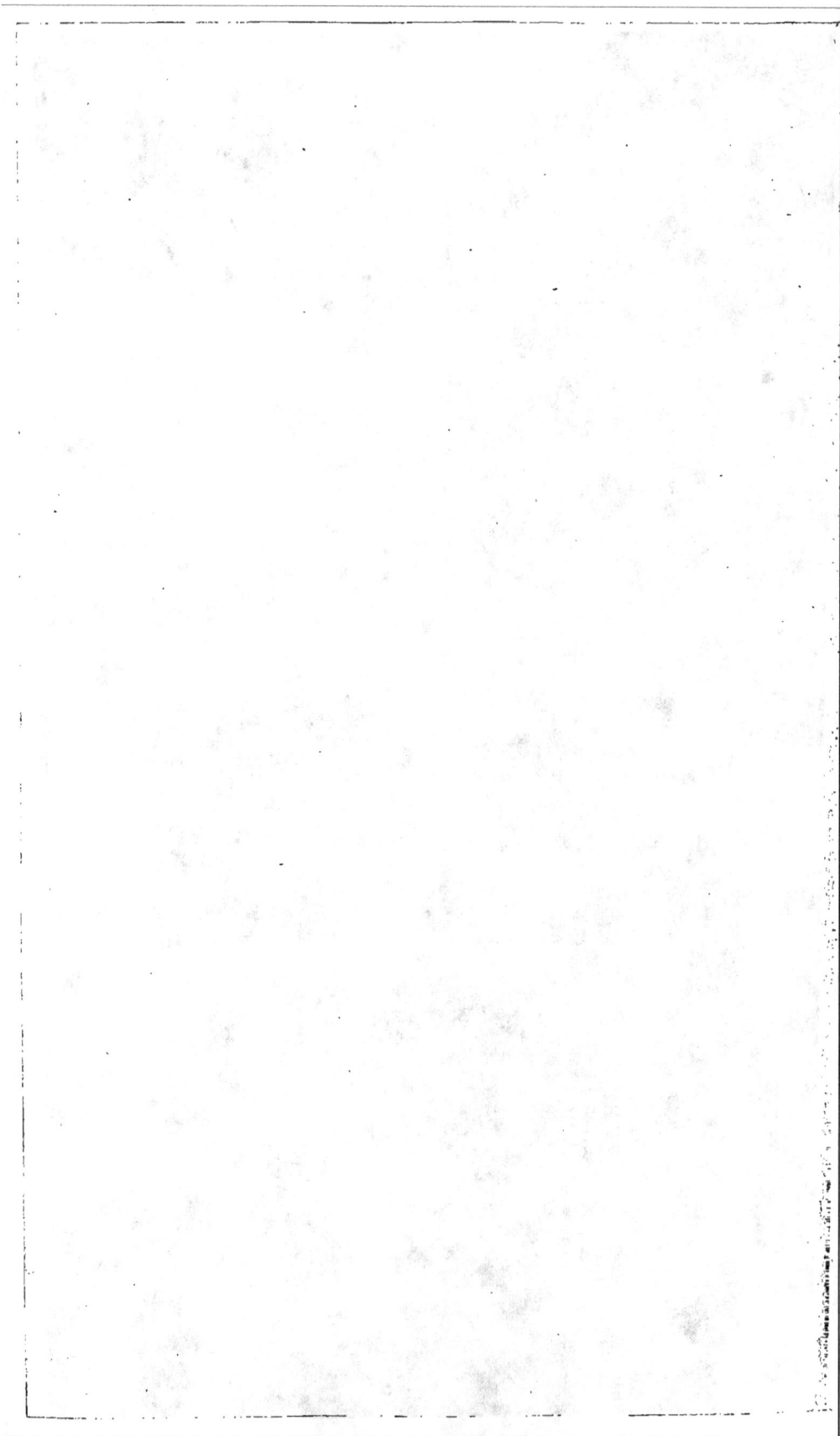

Ce livre posthume du Général Ambert
a été publié par les soins de sa seconde fille
Mademoiselle Jeanne Ambert, quelque temps
avant de succomber elle-même à la maladie la
plus grave, qui entraînait sa mort au mois
d'Août 1892.

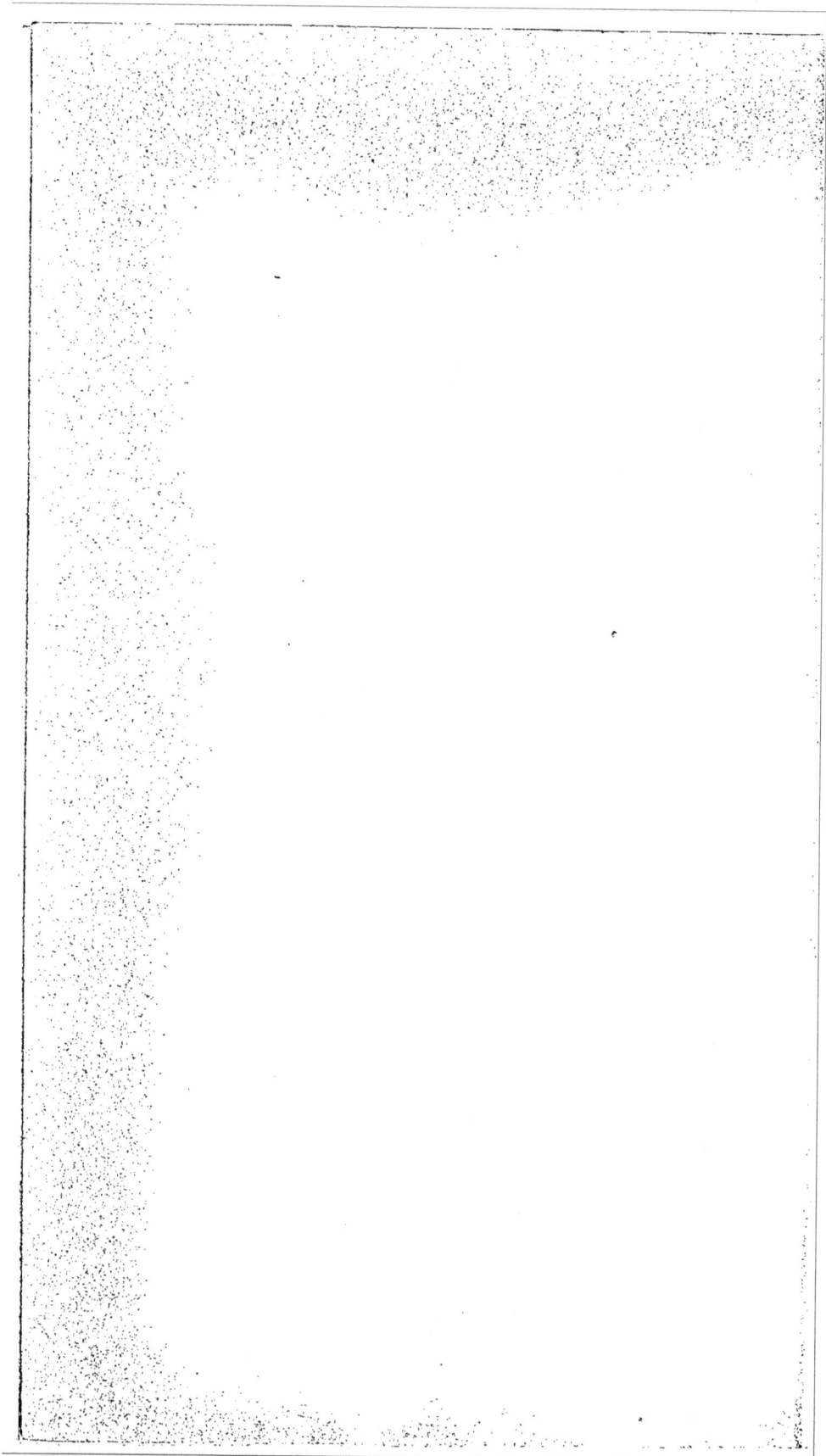

LES GÉNÉRAUX DE LA RÉVOLUTION

(1792-1804)

~~~~~~~~~

PORTRAITS MILITAIRES

Larry

8° Z.

149

PROPRIÉTÉ DES ÉDITEURS

DROITS DE TRADUCTION RÉSERVÉS

LES GÉNÉRAUX DE LA RÉVOLUTION

(1792-1804)

PORTRAITS

MILITAIRES

PAR

LE GÉNÉRAL AMBERT

PARIS

LIBRAIRIE BLOUD & BARRAL

4, RUE MADAME, ET RUE DE RENNES, 59

BESANÇON. — IMP. ET STÉRÉOT. DE PAUL JACQUIN

LES

GÉNÉRAUX DE LA RÉVOLUTION

(1792-1804)

~~~~~~

INTRODUCTION

LES ARMÉES DE LA RÉVOLUTION

I.

Dans un ouvrage dont l'éloge n'est plus à faire [1], M. Camille Rousset a réduit à leur juste valeur les assertions de certains écrivains sur les événements militaires de 1792.

« Il y a, depuis tantôt quatre-vingts ans, dit-il, une légende des *Volontaires*. Non seulement cette légende a faussé l'histoire, mais elle trouble encore aujourd'hui la question si importante et si débattue du système d'organisation militaire qui convient le mieux à la France. »

Désireux avant tout de rétablir la vérité des faits, l'auteur a fouillé dans les archives dont la garde lui est con-

---

[1] *Les volontaires*, 1791-1794, par Camille ROUSSET, conservateur des archives historiques au ministère de la guerre, membre de l'Académie française.

fiée, et il y a trouvé des éléments d'information aussi nombreux que sûrs.

« Ministres de la guerre, lisons-nous dans son introduction, généraux en chef, lieutenants généraux, maréchaux de camp, généraux de division, généraux de brigade, députés à la Législative, conventionnels, représentants du peuple aux armées, commissaires civils, commissaires de la Convention, commissaires du Comité de salut public, commissaires du conseil exécutif, agents particuliers des ministres, tous sont venus, tous ont répondu, témoins irrécusables, témoins autorisés, s'il en fut jamais, car, à l'époque terrible où ils ont agi et parlé, la responsabilité de leurs paroles et de leurs actes n'était pas une fiction vaine : il y allait pour enjeu de leur tête, et beaucoup y ont laissé leur enjeu. »

Ces divers témoignages ont d'autant plus de valeur qu'ils portent la date des événements auxquels ils se rapportent. Les anciens souvenirs ne méritent pas toujours une confiance illimitée. On sait que la mémoire a parfois des défaillances qui ne sont pas toujours involontaires.

Ici, rien de semblable.

Ce que les témoins dont parle M. Camille Rousset ont apporté à l'enquête, « c'est l'impression immédiate des faits, c'est la représentation vivante des scènes dont l'image est, pour ainsi dire, encore dans leurs yeux, et qui, pour beaucoup d'entre eux, viennent d'être, non pas seulement un spectacle, mais l'action même dont ils ont été les acteurs. »

Ils étaient, la plupart, dans des situations bien différentes. Ils n'avaient ni les mêmes vues ni les mêmes tendances. Les passions politiques, l'ambition, des intérêts opposés auraient dû, ce semble, leur faire apprécier les hommes et les faits d'une façon parfois contradictoire.

C'est le contraire qui est arrivé. Les jugements qu'ils ont portés concordent presque toujours.

En 1789, l'armée régulière de la France se composait de 172,974 hommes sur le pied de paix, et de 210,948 hommes sur le pied de guerre. La conscription était alors inconnue. Infanterie et cavalerie se recrutaient au moyen d'engagements volontaires.

Il y avait, en dehors de l'armée régulière, les milices ou troupes provinciales, pour la formation desquelles on recourait au tirage au sort. Ces forces auxiliaires comprenaient treize régiments de grenadiers royaux, seize régiments dits provinciaux, et soixante-dix-huit bataillons de garnison représentant un effectif de 55,240 hommes en temps de paix, et 76,000 sur le pied de guerre.

Ces troupes s'étaient bravement conduites à diverses reprises, pendant la guerre de Sept ans en particulier; et l'Assemblée constituante commit une faute qui aurait pu avoir les conséquences les plus graves, lorsqu'elle en prononça la suppression, le 4 mars 1791.

Obligé de les remplacer, le pouvoir recourut à un expédient qui n'aboutit pas.

Pour relever l'effectif de la troupe de ligne, l'Assemblée avait porté un décret prescrivant une levée par engagement volontaire de 100,000 hommes, que l'on devait faire entrer dans les différents corps. 25,000 de ces nouveaux auxiliaires furent dévolus à la marine, et 75,000 à l'armée de terre par un second décret du 4 juin 1791.

En fait, cette levée n'eut jamais lieu.

Dès que les premiers symptômes de mésintelligence

entre la France et l'Autriche se manifestèrent, l'Assemblée décréta l'organisation de la garde nationale. Le contingent appelé s'éleva d'abord à 97,000 hommes, et, peu de temps après, à 101,000.

Chaque compagnie devait élire à la majorité des suffrages exprimés ses officiers et ses sous-officiers.

Les lieutenants-colonels étaient nommés par le bataillon tout entier.

On put former assez rapidement soixante bataillons, mais ce ne fut pas sans peine que l'on parvint à organiser les cent neuf autres.

La plupart des hommes qui avaient donné leur signature, dans un moment d'enthousiasme, ne répondirent pas à l'appel. Les plus honnêtes, dit M. Camille Rousset, se firent remplacer moyennant finance.

L'éligibilité des officiers et des sous-officiers n'allait pas sans de graves inconvénients. Les bataillons qui eurent le bon esprit de prendre leurs chefs dans les anciennes milices rendirent des services incontestables. Mais il en fut différemment des autres.

L'ambition, l'intrigue et le charlatanisme révolutionnaire jouèrent un rôle funeste en cette circonstance. Les beaux discours des ambitieux qui voulaient se faire une situation aux dépens de la patrie détournèrent les suffrages des électeurs des hommes de mérite.

Commandés par des incapables dont la vantardise constituait, la plupart du temps, le seul mérite, certains bataillons se firent remarquer par un manque absolu de discipline et d'instruction.

Paris et les départements du nord-est furent les premiers organisés.

Ceux du Haut-Rhin, du Doubs et de la Haute-Saône figurent au nombre des retardataires.

« Ce retard, écrivait le général F. de Wimpfen, provient de deux vices..., dont j'ai prévenu le ministre de la guerre : premièrement, du mode qu'on a observé pour la nomination des officiers, lequel a produit les résultats les plus malheureux et même les plus ridicules ; ce sont les intrigants, les grands parleurs et surtout les grands buveurs qui l'ont emporté dans la concurrence sur les gens capables. Le second vice est celui d'avoir chargé les départements de l'habillement et de l'équipement des volontaires ; ces départements n'ont pas le *sol*, et ce n'est pas non plus de leur ressort. En général, la comptabilité d'à présent me semble si étrange, si singulièrement compliquée, si propre à favoriser les gaspillages de toute espèce, que si on m'avait promis une récompense immense à condition que j'en imaginerais une bien confuse, je n'aurais su m'y prendre différemment. Il faut espérer que M. de Narbonne réparera ces erreurs. »

Quelques officiers cependant, M. Victor de Broglie entre autres, comptaient sur le courage et le patriotisme des volontaires. Le plus grand nombre ne voyait dans ces milices qu'un ramassis d'hommes animés en majorité d'un bon vouloir incontestable, mais n'ayant pas cet esprit militaire qui fait les armées solides.

Le maréchal Luckner fut un des premiers à le comprendre et à demander à l'Assemblée que l'on incorporât les recrues dans les troupes de ligne.

Le ministre de la guerre exprimait le même désir dans son rapport du 11 janvier 1792. Malheureusement, les législateurs que la France s'était donnés ne l'entendaient pas ainsi. L'armée régulière les effrayait. Ils allaient jusqu'à reculer devant une organisation sérieuse de la garde nationale.

Parmi les clauses du décret que l'Assemblée vota le 28 décembre 1791, portant règlement définitif des nouveaux bataillons, figure celle-ci :

« Tous les citoyens admis dans les bataillons des gardes nationales volontaires seront libres de se retirer après la fin de chaque campagne, en prévenant deux mois d'avance le capitaine de leur compagnie, afin qu'il soit pourvu à leur remplacement. »

Un autre danger tout aussi grave que celui dont cet article portait le germe préoccupait le ministre de la guerre. L'éligibilité des chefs lui inspirait de vives inquiétudes. Mais que pouvait-il contre le parti pris des politiciens qui étaient devenus les maîtres de la France ?

On constatait chaque jour de nombreuses désertions. Parfois même, les officiers élus partaient à la tête de leurs soldats. Les populations, dans certaines contrées, faisaient cause commune avec les déserteurs. On vit des directoires intervenir en leur faveur et obliger la gendarmerie à les relâcher, en s'appuyant sur la loi.

Le gâchis était complet.

« Tandis que l'armée attendait vainement les recrues, écrit encore M. Camille Rousset, la plupart des volontaires attendaient leurs habits et leurs armes. Ceux de la Drôme, envoyés dans le Comtat, étaient déguenillés au point d'inspirer le mépris ; il n'y avait encore que vingt-cinq habits pour tout le bataillon. Des six bataillons levés dans la 14° division militaire, aucun n'était habillé à la fin du mois de janvier 1792 ; deux seulement étaient armés. »

Ces faits sont constatés officiellement dans le rapport de Félix de Wimpfen, maréchal de camp à Bayeux.

Les généraux sur lesquels allaient bientôt reposer les destinées de la France étaient désolés et effrayés d'un pareil état de choses. « Je ne comprends pas, écrivait la Fayette à de Grave, comment on a pu déclarer la guerre, en n'étant prêt sur rien. »

Aussi la méfiance était à l'ordre du jour.

« Les ministres de la guerre, dit M. Arthur Chuquet, se suivent avec rapidité, sans avoir le temps de remédier au mal ; après Narbonne, de Grave ; après de Grave, Servan ; après Servan, Dumouriez ; après Dumouriez, Lajard ; après Lajard, d'Abancourt. En cet instant de crise, où le département de la guerre devrait être dirigé par un seul homme qui eût la netteté des desseins et l'esprit de suite, sept ministres se succèdent dans l'espace de six mois, et leur impuissance égale leur instabilité. Ils avaient tous d'excellentes intentions. Constitutionnels ou girondins, feuillants ou républicains, ils étaient animés d'un sincère patriotisme, résolus à repousser l'étranger et à déployer contre l'invasion prochaine toutes les ressources de la France. Lajard, créature de la Fayette, et d'Abancourt, neveu de Calonne, montrèrent autant d'activité que le patriote Servan. La victoire, a-t-on dit fort justement, était pour eux une question vitale, car le parti populaire les menaçait de la hache, et l'émigration, de la corde.... Mais que pouvaient les ministres de la guerre, au milieu des conflits perpétuels du pouvoir exécutif et de l'Assemblée, sous la menace des partis et la crainte des insurrections, aux prises à tout moment avec l'imprévu, accusés sans cesse de se laisser tromper par leurs commis et de tromper la nation ? De Grave succombe sous le fardeau ; il donne sa démission dans les premiers jours de mai ; il avait si bien perdu la tête qu'il signait de Grave, maire de Paris ! Servan, entraîné par la Gironde, songe à renverser la Constitution. Il propose de former un camp de 20,000 hommes pour donner à son parti, et non à la France, une force capable d'intimider la garde nationale. Il laisse aux corps administratifs le soin de lever les nouveaux bataillons de volontaires, et lorsque la région de l'Est appelle son attention sur le délabrement des places, je ne peux, écrit-il à la Fayette, que vous communiquer ses réclamations ; vous êtes plus à portée que moi de juger jusqu'à quel point elles sont fondées, et je vous prie d'user de tous les moyens pour tranquilliser ces départements. Dumouriez reste trois jours au ministère de la guerre, et n'a que le temps de rédiger le rapport le plus décourageant ; les bureaux, dit-il, sont au moins reprochables par la lenteur des expéditions, le désordre des détails et l'espèce des marchés dont plusieurs, comme celui des chevaux de peloton, sont frauduleux. Lajard écrit à Luckner que les événements de l'intérieur exigent impérieusement tout son temps, et se retire au bout d'un mois, en déclarant qu'il manque à la France la force la plus puissante, l'union des volontés, et que l'anarchie menace de tout engloutir. D'Abancourt ne sait plus quelle est la limite des commandements de la Fayette et de Luckner ; il ignore les mouvements des troupes ; il ne sait rien d'une armée postée à soixante lieues de Paris et n'en parle que par conjecture ; ne semblerait-il pas, dit-il avec tristesse, qu'il s'agit de la marche d'une armée ennemie [1] ? »

(1) *La première invasion prussienne*, par Arthur CHUQUET.

Pour frapper les esprits et rallumer le zèle, l'Assemblée déclara la patrie en danger. Tous les citoyens valides qui avaient déjà fait partie de la garde nationale furent mis en état d'activité permanente. Ils devaient se réunir par cantons et choisir les hommes qui marcheraient contre l'ennemi. Un corps de réserve, composé de 42 bataillons de volontaires, recevrait l'ordre d'appuyer les troupes de première ligne et, au besoin, de couvrir Paris. La limite d'âge requise pour le service militaire fut abaissée de dix-huit à seize ans.

L'Assemblée autorisa, en outre, la formation de 54 compagnies franches de 200 hommes chacune, et de légions étrangères composées des patriotes de tous les pays. Elle décréta enfin l'organisation de compagnies de *chasseurs volontaires nationaux* de 150 hommes, et de légions qui prirent le nom des armées dont elles faisaient partie ou des généraux qui les commandaient.

Le 2 août 1792, elle accorda, par un décret qui fut imprimé dans toutes les langues, une pension viagère de 100 livres et une gratification de 50 livres à tout sous-officier ou soldat qui abandonnerait l'armée alliée et s'engagerait à défendre contre *les tyrans* la cause des peuples et de la liberté.

Servan avait proposé de former aux portes de Paris un camp de 20,000 hommes. Chaque canton aurait envoyé, dans ce but, cinq miliciens armés. Ces délégués de toutes les gardes nationales de France devaient assister à la fête du 14 juillet, et prêter le serment civique de la fédération. D'où leur nom de *fédérés*.

Louis XVI refusa de sanctionner le décret qui prescrivait cette mesure.

Lajard le présenta de nouveau, mais avec cette modification que les fédérés seraient envoyés à Soissons. L'Assemblée adopta le projet, en ajoutant que les miliciens en question passeraient par Paris, afin de prendre part à la cérémonie du serment.

On divisa le pays en quatre grandes circonscriptions militaires correspondant aux armées du Nord, du Rhin, du Centre et du Midi, commandées par Luckner, la Fayette, Biron et Montesquiou. Ces quatres généraux furent autorisés à requérir, dans chaque circonscription, la moitié des grenadiers et des chasseurs de la garde nationale et de les organiser en bataillons.

« En résumé, dit M. Arthur Chuquet, l'Assemblée avait approuvé ou décrété, pour soutenir l'armée de ligne, la levée de 256 bataillons de volontaires, la formation d'un camp de 20,000 fédérés à Soissons, la création de corps francs et de légions, la réquisition d'une partie de la garde nationale. Mais avait-on assez de provisions de bouche, assez de munitions et même assez d'armes pour cette multitude d'hommes ? Que de fusils avaient été donnés depuis trois ans à la garde nationale et depuis quelques mois aux habitants des frontières! On passa des marchés de tous côtés, on voulut acheter au prix de vingt-quatre millions cinq cent mille fusils ; quelques milliers seulement furent livrés ; les commerçants savaient le désordre des finances et craignaient de n'être pas payés. On établit une nouvelle manufacture d'armes à Moulins ; on stimula les ouvriers des fabriques de l'Etat à Maubeuge, à Charleville, à Saint-Etienne, à Tulle, en leur offrant des primes. Mais rien ne se faisait qu'avec lenteur. Avant 1789, la manufacture de Charleville fournissait 25,000

armes à feu tous les ans ; elle n'en donnait plus que
5,000 depuis le commencement de la Révolution. Des
villes armèrent à leurs frais des volontaires ; elles furent
trompées par des spéculateurs ; sur dix fusils qu'elles
reçurent, un seul faisait feu. On vit dans quelques garnisons des volontaires monter la garde avec un bâton. »

L'histoire se répète. Nous avons vu les mêmes abus, le
même gaspillage des fonds publics se reproduire en 1870.
Ajoutons que les mobiles de la dernière invasion ressem-
blèrent parfois aux volontaires de 1792, car un soldat ne
s'improvise pas. Le gouvernement de la Défense nationale suivit les mêmes errements que la Convention, dans
des proportions plus modestes, étant donnée la taille des
hommes qui le composaient. Et si, en 1792 et 1793, la
France ne fut pas la proie de l'étranger, ce n'est ni aux
conventionnels ni à la valeur des volontaires qu'il faut en
attribuer le mérite. L'indécision des alliés et les fautes
qu'ils accumulèrent furent pour beaucoup dans le succès
de nos armes.

Cette vérité ressortira des divers témoignages que nous
allons faire passer sous les yeux de nos lecteurs.

II.

Le 18 septembre 1792, le général Labourdonnaye écrivait de Châlons au ministre de la guerre : « Nous avons
été et nous sommes dans la position la plus pénible ici,
et nous n'en sortirons qu'avec deux ou trois jours de relâche. Le désordre est dans toutes les distributions ; c'est
le pillage. Quelques compagnies de Paris arrivent avec de

bonnes intentions ; d'autres laissent commettre le désordre. Deux cents fuyards de l'arrière-garde de Dumouriez ont commencé ce désordre ; nous faisons notre possible pour les chasser. Ensuite l'*insubordination des troupes de nouvelle levée*, qui trouvent le pain de munition moins blanc que celui de Paris et excitent toute sorte de mécontentement. Les boulangers sont pillés depuis deux jours ; on nous menace.... Je suis obligé d'arrêter l'arrivée des troupes, qui nous dévorent au lieu de dévorer l'ennemi. Les premières troupes de Paris désobéissaient formellement ; car Dumouriez aurait eu 4,000 hommes de plus, le jour de sa retraite de Grandpré, s'ils eussent voulu partir et si quatre bataillons n'étaient pas revenus sur le bruit de la déroute.... Tout ce désordre vient du mauvais esprit des quatre cinquièmes de ces troupes, de leur départ trop précipité. »

Le 21 du même mois, Labourdonnaye adressait au ministre une nouvelle lettre, où nous lisons les détails que voici : « Vous ne savez pas, Monsieur, qu'en retardant de m'envoyer un ordre direct de venir me concerter sur l'expédition de Flandre, vous me laisserez égorger ici. On a tué aujourd'hui un lieutenant-colonel ; on m'a averti ce soir que M. Duhamet, qui a cherché à prévenir ce mal, est menacé ; on m'a fait dire très affirmativement que je l'étais aussi. Je sais, et vous me l'écrivez, que je suis commandant en Flandre ; vous m'avez indirectement dit de partir ; M. de Sparre, lieutenant général, est ici avec les instructions que Dumouriez lui a envoyées ce matin ; répondez-moi par le courrier, ou de venir par Paris, ou d'aller par le chemin le plus court à mon commandement. »

Dumouriez ne tergiversa pas avec les insubordonnés. Ecrivant à Labourdonnaye pour le féliciter de sa nomination au commandement de l'armée du Nord, il ajoutait : « J'ai été plus brave que vous pour mon adresse à l'armée de Châlons; je l'ai fait publier ici à l'ordre du jour aux sept bataillons que vous m'avez envoyés; ils ont été très souples et m'ont promis monts et merveilles. *Je leur tiendrai parole et ne les raterai pas; si je ne prenais ce parti, ils ruineraient mon armée et finiraient par me pendre*, ce que je ne suis point du tout d'humeur à endurer. »

Peu de temps après, Dumouriez, voulant que ses troupes prissent au sérieux les avertissements qu'il leur avait donnés concernant la discipline, écrivait au général Dubousquet : « Dites aux fédérés que les troupes républicaines ont été, dans tous les siècles, les troupes les plus disciplinées et les plus obéissantes. Dites-leur que la nation, en m'honorant de sa confiance, m'a transmis les pouvoirs les plus étendus, que j'en userai pour récompenser et pour punir; que la mort la plus prompte suivra les complots et les séditions, si le crime est individuel; que, s'il est partagé par un bataillon entier, il sera désarmé, noté d'infamie et renvoyé comme indigne de défendre la patrie. »

A Réthel, les volontaires parisiens massacrèrent sans pitié quatre déserteurs prussiens. Le général Chazot, qui voulut les empêcher de commettre ce crime, fut menacé d'être expédié lui-même.

« Il est impossible, lisons-nous dans un rapport que ce dernier adressait à Dumouriez, le 7 octobre, il est impossible d'entreprendre quelque chose avec de pareilles

troupes, qui méprisent les lois, dévastent, ne connaissent
ni discipline ni obéissance, et sont des volontaires dans
toute l'étendue du mot. Je défie, sans de nouveaux décrets, d'en tirer le moindre avantage ; ils n'inspirent que
l'effroi aux citoyens. Si la cavalerie légère me parvenait,
je les enverrais aussitôt au feu, pour voir s'ils savent
aussi bien se battre que massacrer. »

Le ministre de la guerre Servan, tout en s'efforçant
d'atténuer les torts des volontaires, les reconnaît et cherche le moyen de ramener ces soldats improvisés au sentiment du devoir. Voici ce qu'il écrivait au président de
la Convention, peu de temps après la réunion de cette
assemblée : « Il m'est bien douloureux de mettre sous
les yeux de la Convention nationale les écarts auxquels
quelques bataillons de volontaires nationaux se laissent
entraîner, sans doute par les instigations des ennemis
de la chose publique ; mais ces écarts sont si souvent
répétés, ils peuvent avoir des suites si fâcheuses, que je
ne puis me dispenser de vous prier d'y remédier sans
délai. Je ne proposerai pas à une assemblée de législateurs
philosophes de recourir à la peine de mort pour punir
des hommes qui, chaque jour, se font un devoir de la
braver ; mais ne serait-il pas digne de la sagesse de la Convention nationale d'infliger aux volontaires nationaux qui
braveront la loi, des peines faites par la nature pour
avoir une grande influence sur les esprits d'un peuple
qui marche vers la liberté ? Ne pourrait-on pas, par exemple,
monsieur le président, ordonner que tout bataillon par les
membres duquel il aura été commis une infraction grave
aux lois ou contre l'ordre public, subira la décimation,
s'il ne fait pas connaître et même ne livre pas les auteurs

et instigateurs du désordre? Cette décimation emporterait
la privation du droit de citoyen français et du droit de
défendre la patrie pendant un laps de temps déterminé.
Il est fâcheux d'être obligé de ramener les hommes à leurs
devoirs par la voie des peines, mais je crois que, dans ce
moment, il faut employer tous les moyens possibles pour
faire respecter et exécuter les lois, sans quoi nous ferons
de vains efforts pour sauver la chose publique. »

Servan faisait preuve d'indulgence en disant que les
volontaires considéraient comme un devoir de braver
chaque jour la mort, car il leur arriva plus d'une fois de
se signaler par un manque absolu de courage. Il devait,
d'ailleurs, en être ainsi. On n'improvise pas un soldat, on
le forme; or, les volontaires ne connaissaient ni les manœuvres ni la discipline, deux choses indispensables dans
une armée. Il leur manquait, en outre, ce que le contact
avec les vieilles troupes peut seul donner aux jeunes recrues, le sang-froid en face de l'ennemi.

Dans une note qu'il adressait aux commissaires de
l'Assemblée nationale, le 20 août 1792, Kellermann déclarait qu'il fallait « compléter les troupes de ligne avec les
gardes nationales volontaires ; incorporer les nouveaux
dans les anciens bataillons, *seul moyen* d'avoir une armée sans laquelle, ajoutait-il, l'Etat est perdu. »

Le 29 du même mois, il adressait une lettre à Servan,
pour lui dire ce qu'étaient les bataillons de volontaires
qu'on lui avait envoyés, et lui faire connaître les mesures
qu'il s'était cru obligé de prendre. « La plupart de ces soldats, sans armes, sans gibernes, et déguenillés de la manière la plus pitoyable, disait-il, ne peuvent et ne sauraient
être de la moindre utilité ; ce serait sacrifier ces braves

gens, dans un moment d'affaire, en les exposant aux coups
de fusil. D'un autre côté, le désordre qui pourrait s'en-
suivre pour le reste des troupes, par la fuite des gens hors
d'état de combattre, faute d'armes et d'ensemble, pourrait
entraîner les suites les plus funestes pour le bien de la
chose. Je viens donc de prendre le parti de renvoyer sur
les derrières ces bataillons de nouvelle levée et de ne conserver de chacun que les compagnies de grenadiers et
cent hommes par bataillon les mieux vêtus et les plus robustes, les premiers pour faire le service avec une des
troupes légères, afin de les aguerrir le plus tôt possible,
et des secondes je formerai un ou deux bataillons de
pionniers qui seront assez instruits pour servir à tirer de
bons coups de fusil dans des postes ou derrière des retranchements. Je n'ai vu que cette mesure pour en tirer parti. »

Kellermann ajoutait qu'il fallait, coûte que coûte, compléter l'armée de ligne, en prenant dans les bataillons de
volontaires les hommes propres aux différentes armes.
« Il n'y a pas un instant à perdre, disait-il. Notre armée
de ligne complète tiendra avec avantage contre tous nos
ennemis.... »

Le général Biron juge les volontaires avec une certaine
indulgence, mais il critique sans ménagement leur organisation : « Ils sont très bons, écrivait-il à Servan, le
29 août 1792, malgré les nombreux désavantages dont ils
sont environnés. La composition de leurs officiers rend
presque impossible qu'ils soient bons (les officiers) ; l'intérêt des élections est destructif de tout respect pour les
supérieurs et de toute fermeté envers les subordonnés ; il
est rare que ces officiers jouissent de quelque considération dans leur troupe et qu'ils soient obéis. Il paraît ce-

pendant de temps en temps des sujets distingués ; il faut s'attacher à les remarquer et les employer à former les autres. »

Le 7 septembre, Biron adressait à Servan de nouvelles observations au sujet des volontaires : « Ce qui est, disait-il, d'un embarras inextricable, c'est la dangereuse disproportion qui existe maintenant entre nos bataillons de volontaires nationaux et nos troupes de ligne, dont la majorité est composée de recrues. » Il constate que les instructeurs font défaut, que les sous-officiers, fatigués de leur service particulier, ne peuvent guère se livrer à l'instruction des volontaires, que les officiers n'ont aucune fermeté, aucune influence, mettent souvent le désordre au lieu de maintenir l'ordre, et qu'il en va ainsi jusqu'au grade de lieutenant-colonel inclusivement.

« C'est dans les marches surtout, ajoute-t-il, que ceci se fait remarquer avec le plus de danger, car la surveillance est nulle.... S'il était possible, dans les marches, de tenir toujours deux bataillons de volontaires entre deux de troupes de ligne, l'ordre se maintiendrait encore ; mais nous sommes loin de cette proportion. Les colonnes s'allongent à l'infini ; des queues restent dans les cabarets et pillent sans que personne prenne la peine ou ait la force de l'empêcher.... »

Il prévoyait que l'inquiétude et la terreur se répandraient en Alsace, lorsqu'il en retirerait une partie des troupes de ligne. Les Alsaciens n'avaient aucune confiance dans les volontaires nationaux, qui, « commençant souvent par les piller, leur laissaient peu d'espoir d'être bien défendus. » « Il ne faut pas se tromper, disait-il encore, sur la composition des volontaires ; ce n'est pas à beaucoup près une aussi bonne espèce d'hommes que les gardes nationales soldées. »

Biron finit par aller très loin dans ses aveux, aveux d'autant plus significatifs, qu'il jugeait les choses froidement et sans parti pris. « Je suis obligé de vous le répéter, lisons-nous dans une autre lettre qu'il écrivait à Servan, le 9 septembre, les volontaires nationaux de nouvelle levée sont plus embarrassants qu'utiles.... Tous les officiers généraux à qui je veux en donner les craignent plus qu'ils ne les désirent. » Il ne désespérait pas néanmoins d'en tirer parti. Il assurait que trois ou quatre mois lui suffiraient pour les habiller convenablement, les discipliner et les exercer. Sa confiance était peut-être moins grande qu'il ne le disait. « On m'assure, faisait-il observer au ministre, que votre intention est de retirer de l'armée du Rhin à peu près tout ce qu'il y a maintenant de troupes de ligne et de les remplacer par le double de volontaires nationaux ; c'est absolument m'ôter tous moyens de défense, en doublant ceux de consommation. *J'ai déjà beaucoup trop de ceux qui mangent et beaucoup trop peu de ceux qui servent.* »

Custine, qui recherchait la popularité, avait d'abord témoigné du goût pour les volontaires, dit M. Camille Rousset. Mais lorsque le moment vint pour lui d'utiliser ces milices, il changea d'avis. Il déclarait, le 2 octobre 1792, en écrivant au ministre de la guerre, qu'un bataillon de grenadiers, appartenant à cette arme, se livrait à des excès intolérables ; qu'une compagnie, conduite par ses officiers, brisait les armoires, emportait les meubles, faisait main basse sur l'argenterie et annonçait que ce pillage était légitime. L'exemple menaçant d'être contagieux, Custine dut recourir à la sévérité. Il n'y avait pas un instant à perdre. Il fit donc saisir et fusiller les coupables, et restituer les objets volés à leurs légitimes propriétaires.

A leur passage à Nancy, les bataillons des *Amis de la République* et le bataillon des *83 départements* envahissent le musée, la bibliothèque, le palais de justice, et détruisent des objets d'art on ne peut plus précieux.

Ces miliciens allaient rejoindre l'armée de la Moselle, que commandait Beurnonville. L'avant-garde était entièrement composée de volontaires et de grenadiers nationaux. Voici ce que le maréchal de camp Labarolière, qui les commandait, écrivait à Pache, le 12 novembre : « Il faut, citoyen ministre, que j'aie des raisons bien majeures pour demander à me retirer ; mais elles existent, et je ne dois pas risquer la réputation que j'ai été trente-six ans à me faire, à un seul jour ; or, je ne puis répondre des troupes actuellement, et quand nous serons plus avancés en pays étranger, si l'ennemi sait profiter de notre licence, nous serons irrévocablement battus.... Une grande partie ne sont plus les enfants de l'honneur, mais les compagnons du crime et de la débauche. Chaque jour, chaque heure apprend de nouveaux désastres, et s'ils sont envoyés dans les pays qui sont hors de notre territoire pour y manifester les sentiments d'un peuple libre et vertueux, leur conduite fait regarder notre nation comme une société de voleurs et de pirates.... Les prisons sont pleines de ceux qui, dans leur délire, ont été les plus maladroits à s'esquiver ; car il y a tant de coupables qu'il faudrait une moitié de l'armée pour réprimer l'autre ; et si l'on ne fait pas promptement des lois les plus sévères et les plus dictatoriennes pour effrayer les malveillants, on ne parviendra pas de sitôt à extirper l'opinion malheureuse qu'en pays ennemi tout leur appartient, et qu'ils peuvent piller impunément. Il y a même des officiers qui sont assez ineptes pour les entretenir dans cette licencieuse opinion, ou assez méchants pour capter leur bienveillance par cette indulgence coupable. »

Beurnonville avait tout d'abord flatté les bataillons de volontaires et poussé l'illusion jusqu'à s'imaginer qu'il arriverait à exercer sur ces milices une influence irrésistible.

Le désenchantement ne se fit pas attendre. Nous recommandons à l'attention de nos lecteurs la lettre qu'il écrivait à Pache du quartier général de Sarrelouis, le 23 novembre 1792. Il s'exprimait en termes encore plus énergiques que Labarolière :

« Je vous demande, citoyen ministre, disait-il, des moyens de punir, puisqu'il m'est impossible de mettre les lois en vigueur par le défaut d'une cour martiale. Beaucoup de soldats et de volontaires se portent à des excès si incroyables de pillage, tant sur le territoire français que sur le territoire ennemi, qu'ils abandonnent jusqu'au champ de la victoire pour se livrer à cette passion insatiable, et que, souvent même, il est impossible de les rassembler au moment d'une retraite, quand elle devient nécessaire. Je vous propose, citoyen ministre, de faire condamner et d'abandonner à la rigueur des lois du pays où je me trouverai, tous ces pillards qui déshonorent les armes de la République. Une autre mesure m'a parfaitement réussi dans la Belgique; j'ai fait tondre et raser les sourcils, enfin chasser à la tête du camp et des batail-

lons tous les brigands qui déshonorent les bons soldats
qui, pour ne pas être confondus, me les dénonçaient eux-
mêmes. »

L'indiscipline et le vol n'étaient pas les seuls crimes que
l'on pût reprocher aux bataillons de volontaires. Beurnonville, dans la lettre que nous venons de citer, en signale
un autre dont la gravité n'échappera à personne : « Il est
urgent, ajoutait-il après le passage qu'on vient de lire,
que la Convention nationale enjoigne aux municipalités
de renvoyer aux armées et sur les frontières tous les officiers et soldats volontaires qui, spontanément et sans permission, ont fui de leur camp ou de leur cantonnement.
J'ai des bataillons de 600 hommes réduits à 120, et des
compagnies à 9 hommes. Les réclamations sont immenses,
et malgré les plus grandes précautions, ils fuient. Il en
résulte non seulement une perte d'hommes qui diminue
la masse de nos armées, mais encore des armes qu'ils
emportent. »

Le 29, il écrivait de nouveau : « Il n'y a pas de jour,
depuis que je suis en marche, où il ne déserte 100 et 150
volontaires ; enfin, je n'en excepte pas même les officiers.
Si cela continue, il est bien probable que je n'arriverai
qu'avec mes troupes de ligne devant Trèves. »

Carnot le jeune, que la Convention avait envoyé comme
commissaire civil à l'armée de la Moselle, constatait les
mêmes faits dans une lettre qu'il adressait de Metz, le
2 novembre, au ministre Pache : « J'ai été étonné, lui
disait-il, de trouver depuis Maur jusqu'à Châlons, et même
jusqu'à Verdun et à Metz, une grande quantité de volontaires nationaux qui retournaient à Paris avec leurs armes
et probablement avec des congés, ainsi qu'ils me l'ont

assuré. J'étais d'autant plus fâché de leur voir prendre cette route, que la plupart d'entre eux étaient très bien équipés, armés et habillés. »

« Ce n'était pas seulement aux armées de la Moselle et du Rhin, lisons-nous dans l'ouvrage de M. Camille Rousset, qu'on signalait la désertion des volontaires. Les commissaires de la Convention, Camus et Gossuin, envoyés en Belgique auprès de Dumouriez, mandaient, le 4 décembre, qu'ils avaient trouvé les routes couvertes de volontaires qui revenaient vers Paris avec armes et bagages (1). »

L'armée de Custine était dans le même cas : « Outre un grand nombre de déserteurs, écrivait le citoyen Desportes au ministre des affaires étrangères, beaucoup de volontaires nationaux ont abandonné publiquement leurs drapeaux, en vomissant des injures contre le général, auquel ils reprochaient de les avoir menés à la boucherie. Ils criaient hautement, dans le camp et sur la route, qu'ils s'étaient enrôlés pour défendre leur patrie, pour chasser l'ennemi loin de ses frontières, et non pour aller ravager le pays ennemi. Quatre de ces lâches ont eu l'audace de se présenter chez moi pour me faire entendre les mêmes plaintes…. Je les ai fait chasser honteusement de ma maison. »

« Si vous ne prenez pas sans balancer et de suite un parti, citoyen ministre, écrivait Custine au ministre Pache, pour faire prononcer la Convention nationale sur l'armée, celle de la République ressemblera bientôt par sa composition à une armée turque, et elle en aura les inconvénients. »

(1) *Les Volontaires.*

Cette lettre est du 7 février 1793.

L'Assemblée comprit que le moment était venu d'aborder la question et de la résoudre.

Barrère ne voulait rien changer à l'ordre de choses existant. Il déclarait « impolitique l'idée de refondre l'armée au moment où les ennemis menaçaient la France de toutes parts. »

Dubois-Crancé fut d'un avis contraire et réussit à le faire prévaloir.

III.

Un décret sur l'organisation de l'armée fut rendu le 21 février 1793. Ce décret décida en principe l'amalgame des volontaires avec les troupes de ligne.

Mais la double plaie dont se plaignaient les chefs militaires et les commissaires civils eux-mêmes ne fut pas guérie pour cela. On n'arrive pas en quelques jours à mettre fin à une situation de ce genre.

Pendant la campagne de Hollande, les bataillons donnèrent lieu à de nouvelles plaintes.

Gossuin, Merlin de Douai, Camus et Treilhard écrivaient en ces termes à la Convention nationale : « Nous sommes affligés, citoyens nos collègues, d'être dans la nécessité de vous parler, au milieu des triomphes comme dans les revers, de l'indiscipline, du brigandage et des excès de quelques soldats....

» Nous nous étions proposé de fixer votre attention sur un autre objet, la désertion des volontaires qui regagnent leurs foyers, et dont nous avons vu les chemins fréquemment semés. »

Les commissaires, pour corriger la mauvaise impression que ces confidences ne pouvaient manquer de produire sur l'Assemblée, ajoutaient que les gardes nationaux des départements voisins accouraient en foule sous les drapeaux et qu'il n'y avait plus que des victoires à remporter. « Les lauriers, s'écriaient-ils avec l'emphase particulière à cette fin de siècle, les lauriers ne sont pas faits pour ces êtres vils (les déserteurs), que le bruit d'une nombreuse artillerie ou la vue de quelques uhlans effraie. Qu'ils retournent dans leurs obscures demeures ! Qu'ils aillent y cacher leur honte ! Et s'ils n'y périssent pas de regret et de douleur, que le mépris de leurs concitoyens venge à jamais la République du refus qu'ils ont fait de marcher sous ses ordres à la défense de la liberté ! »

Cette lettre porte la date du 18 mars, jour où Dumouriez perdait la bataille de Nerwinden, par le fait de sa gauche, presque entièrement composée de volontaires.

En dépit de tous les renseignements qui lui parvenaient, la Convention conservait sa manière de voir à l'endroit de l'armée de ligne, et le décret du 21 février menaçait de rester lettre morte.

Comme les autres généraux, Kellermann vit le péril qui résultait pour le pays d'une pareille désorganisation. Le 10 avril 1793, il écrivait à son tour au président de l'Assemblée, pour défendre le principe de l'*amalgame*, dont Dubois-Crancé avait plaidé la nécessité au point de vue militaire : « Quand cela vaut la peine, disait-il, et que la chose publique est en danger, ou qu'il arrive de grands événements, c'est alors que je dois écrire aux représentants de la nation. L'armée de ligne a été constamment négligée depuis trois ans, et vous n'ignorez pas que vous

devez la révolution à sa fidélité et à son courage. La crise
actuelle doit engager à prendre les moyens les plus vigoureux et les plus sages pour s'en tirer, et je n'en vois point
d'autre que celui d'augmenter les régiments d'infanterie
de ligne d'un troisième bataillon par l'incorporation des
bataillons de volontaires de dernière création, en n'admettant que des hommes capables de soutenir les fatigues
d'une vigoureuse campagne. Ce travail doit être fait de
façon qu'il y ait le même nombre de bataillons de ligne que
de bataillons de volontaires, et, au moyen de cette mesure,
il sera attaché un bataillon de volontaires à un bataillon
de ligne, ce que j'ai demandé depuis fort longtemps.
Cette disposition nous donnera une excellente infanterie
et la rendra manœuvrière dans très peu de temps. »

Kellermann ajoutait à ces considérations pleines de sagesse les réflexions suivantes :

« C'est le général du 20 septembre (jour de la bataille
de Valmy), celui qui a repris Verdun et Longwy, à qui
nos ennemis ont demandé la paix le 24 octobre suivant,
sous les conditions les plus glorieuses et les plus avantageuses à la République, que sans doute on n'a pas jugé à
propos d'accepter, qui donne son avis aux représentants
de la nation. Il espère qu'il sera enfin écouté. »

On comprend les vives instances du général, quand on
a lu ce que Duquesnoy et Carnot, députés aux armées du
Nord, écrivaient à la Convention, le 29 du même mois :
« Les volontaires, disaient-ils, ne veulent s'assujettir à
aucune discipline; ils sont le fléau de leurs hôtes et dé-
solent nos campagnes. Dispersés dans les cantonnements,
où ils ne font que boire et courir, ils s'exposent à être dispersés et taillés en pièces, pour peu que l'ennemi soit en-

treprenant. Heureusement qu'il n'est pas informé de ce qui se passe ; heureusement que nous sommes sévères sur l'interdiction des communications, car l'ennemi aurait déjà pu surprendre nos postes avancés et nos places elles-mêmes. »

Les deux mêmes commissaires formulaient des plaintes encore plus vives dans une lettre qu'ils adressaient au Comité de salut public, le 23 mai suivant : « Nous croyons devoir vous prévenir, disaient-ils, que les soldats vendent non seulement leur pain de munition, mais encore leur bois, les *manches de leurs vestes*. On a beaucoup trop proposé l'argent pour récompense; l'esprit de cupidité fait tout, perd tout, et l'honneur n'est plus rien. Occupez-vous des moyens d'extirper cette passion qui ruine la chose publique et avilit les citoyens. Il est impossible de calculer les maux qu'a produits à cet égard la faculté du remplacement des recrues; il en résulte que les hommes se sont accoutumés à se vendre comme du bétail, qu'ils ont fait métier de déserter pour se vendre cinq ou six fois dans divers bataillons, et que des gens robustes qui avaient été désignés pour marcher se sont fait remplacer par des boiteux, des crapuleux, des gens perdus de mœurs. C'est une leçon pour l'avenir. »

Il est un fait que l'on n'a pas assez remarqué et qu'il est bon de rappeler ici, parce qu'il explique nos succès militaires à cette époque, en dépit de la mauvaise qualité des troupes, c'est que la plupart de nos bataillons étaient commandés par d'anciens soldats qui avaient fait leurs preuves dans l'armée royale.

Citons quelques exemples :

Le 1er de la Drôme fut commandé par Bon, ancien soldat du régiment de Bourbon ; le 11e des Vosges, par Bontemps, ancien soldat de Roi-infanterie ; le 6e de la Drôme, par Championnet, ancien soldat des gardes wallonnes et volontaire du régiment de Bretagne ; le 3e de l'Yonne, par Davout, ancien officier de Royal-Champagne ; le 8e de la Marne, par Bardy, ancien fourrier de Royal-Monsieur ; le 7e du Jura, par Lecourbe, ancien soldat du régiment d'Angoulème ; le 8e de la Meuse, par Oudinot, ancien sergent au régiment de Médoc ; la légion des Pyrénées, par Pérignon, ancien sous-lieutenant des grenadiers royaux de Guyenne ; le 1er du Haut-Rhin, par Salomon, ancien capitaine au régiment suisse de Diesbach ; le 5e des Bouches-du-Rhône, par Victor, ancien artilleur du régiment de Valence, etc., etc.

C'est de cette élite des soldats formée par la monarchie que sortirent presque tous les généraux qui se sont illustrés sous la république et sous l'empire, et dont la France s'honore avec raison.

IV.

Le décret de 1793 sur la levée en masse, décret renouvelé de celui de l'année précédente, ne donnant pas de résultats, le gouvernement eut recours à la mesure connue sous le nom de *réquisition*.

Ce décret est du 23 août. Tous les Français sont appelés, et le remplacement interdit.

Les réquisitionnaires ne valurent pas mieux que les volontaires.

Nous pourrions citer une foule de rapports des généraux et des représentants du peuple témoignant du peu

de courage, de l'indiscipline et de l'ignorance des nouvelles milices.

Nos citations, déjà trop multipliées, ont fait justice de
la *légende des volontaires*.

Enfin la Convention, convaincue que l'armée de ligne
pouvait seule sauver la France, se prononça pour l'*amalgame*. Elle prescrivit la formation des demi-brigades (régiments) composées de deux bataillons de volontaires ou
réquisitionnés, et d'un bataillon de la ligne.

Cette opération ne se fit pas sans de grandes difficultés.

On eut ainsi 209 brigades d'infanterie de ligne et
42 d'infanterie légère.

En 1796, le Directoire ordonna une refonte générale
des demi-brigades de première formation. Il y eut alors
110 demi-brigades de ligne et 30 d'infanterie légère.
25,000 officiers furent réformés.

Enfin un arrêté consulaire du 24 septembre 1803 donna
aux demi-brigades le nom ancien de *régiments*.

La victoire revint sous nos drapeaux avec l'instruction
et la discipline.

V.

Cette *légende des volontaires* a produit un grand mal
en 1870.

On croyait depuis quatre-vingts ans que le patriotisme
embrasait tous les cœurs. On se figurait que le volontaire
devenait soldat en prenant un fusil ; que les compagnies,
les bataillons, les régiments, s'improvisaient ; que pour
commander, il suffisait d'être brave ; on croyait enfin que
l'enthousiasme comptait pour quelque chose sur un champ

de bataille, et qu'il résistait aux froides nuits du bivouac, aux marches pénibles, aux privations et aux misères.

Hélas! ces erreurs ont été chèrement payées.

Pris individuellement, le volontaire n'est pas inférieur au soldat de la ligne. Tous deux sont frères, et le jour où ils quittent la chaumière, rien ne diffère en eux.

Pourquoi donc, peu de temps après, l'un est-il bon et l'autre mauvais? C'est que dans le soldat la discipline a fait son œuvre.

La discipline n'est pas seulement l'obéissance. Il faut la chercher dans des régions plus élevées.

La discipline est le fruit de l'enseignement du maître à ses disciples.

Il y a la discipline ecclésiastique et la discipline militaire.

Chacune d'elles produit des miracles en créant des hommes nouveaux, des hommes à part, qui du sacrifice font la première des vertus.

La discipline militaire assouplit le corps du soldat, et transforme l'homme physique. Voilà ce qui frappe le vulgaire.

Aussi croit-on généralement qu'en enseignant à un homme l'exercice et les alignements on fait un soldat.

La transformation s'opère dans le monde moral bien plus que dans le monde physique.

Il faut enseigner avant tout le grand principe d'autorité, faire comprendre la hiérarchie, montrer la grandeur de l'obéissance, les responsabilités du commandement.

Cette initiation se fait lentement, bien plus par l'exemple que par la parole. Peu à peu des idées nouvelles apparaissent, simples et claires, on sent ce qu'est la patrie, on devine où est l'honneur.

PORTRAITS MILITAIRES.   3

Le sentiment du devoir apparaît avec ses formes bien tranchées. On s'attache à lui comme à un guide sûr, et l'on rejette loin de soi ces doutes amers qui troublent l'esprit avant d'égarer le cœur.

Le philosophe le plus profond, l'esprit le plus élevé, pourraient à peine se rendre compte de la révolution morale qui se produit chez le plus obscur des soldats.

Le milieu dans lequel il vit y est pour beaucoup. Un souffle généreux, bienfaisant, circule dans les armées régulières et permanentes. Ce souffle réchauffe les âmes et anoblit les caractères. Confiants, les hommes s'appuient les uns sur les autres. Une solidarité magnifique s'établit entre eux, et sans même en avoir conscience, ils empruntent à la discipline une réelle grandeur.

Ces choses manquent au volontaire. Il conserve son individualité et ne comprend pas ce que la patrie attendait de lui.

Or, n'oublions pas cette parole de Xénophon : L'art de la guerre est l'art de conserver la liberté.

VI.

L'homme impartial qui, pour juger les événements, s'élève à une certaine hauteur, peut désormais voir les armées de la république telles qu'elles ont été. Le drame et la poésie avaient entouré de voiles trompeurs ces bataillons, qui ne méritent ni les cris de triomphe ni les malédictions soulevés autour d'eux.

Ils furent ce qu'ils pouvaient être, rien de plus, rien de moins. L'histoire de tous les peuples et la connaissance du cœur humain devaient faire prévoir l'attitude de chacun dans la tragédie dont la France était le théâtre.

Le peuple est bon, sage et brave; mais son caractère reste mobile, et les mauvais exemples, les discours mensongers produisent sur lui plus d'effet que la raison. En un mot, le peuple a besoin d'éducation, d'instruction et de direction. Il ne faut lui parler que de ce qu'il peut comprendre. Lorsqu'il écoute sans saisir parfaitement le sens des paroles qui lui sont adressées, il ne lie plus les idées entre elles, et une sorte d'ivresse morale s'empare de lui. Les notions du juste et de l'injuste, du vrai et du faux, se confondent dans sa tête. Si le sentiment religieux ne domine plus son âme, il est bien près de devenir criminel.

C'est ce qui arriva au moment de la Révolution française.

De fort honnêtes gens demandaient de nombreuses réformes, que la royauté s'empressa d'accomplir. Le lendemain, ceux qui attaquaient les abus virent à leur côté des hommes qui insultaient les lois. Quelques jours après les lois étaient renversées avec les abus.

Le souffle révolutionnaire devint bientôt un ouragan qui déracina les arbres de l'antique forêt, enleva les tours du château, le clocher de l'église, et même le chaume du village. Pendant ce temps, des voix tumultueuses se mêlaient au grondement de l'orage, et le paysan, entouré de débris, apprenait tout à coup que rien ne méritait le respect, et que le temps était venu d'insulter et le maître du château et le prêtre de l'église.

Son esprit n'allait pas au delà. Il ne s'informait nullement de ce qui se passait à Versailles ou à Paris; les constitutions lui étaient indifférentes. Il ne savait qu'une chose, c'est qu'il n'y avait plus d'autorité.

Un jour, on l'appelle à la ville prochaine. On lui dit qu'il fait partie des volontaires, on lui met sur la tête un bonnet de police et dans la main une feuille de route.

Cependant on lui avait assuré peu de jours avant qu'il était libre ; on lui avait parlé de ses droits, nullement de ses devoirs.

Que pouvait-on attendre de cet homme, dont les croyances étaient détruites ?

Son cœur ne s'était pas flétri, il s'était vidé !

Il ne faut pas croire que le bagage intellectuel et moral de l'homme du peuple soit considérable. Il occupe, au contraire, peu de place dans sa vie. Sous ce rapport, bon nombre de gens du monde sont peuple.

La politique savante, la métaphysique, les proclamations de principes sont impuissantes à transformer en grenadier le jeune villageois. On en fera sans peine un pillard, un bandit, un révolté ; mais pour faire un soldat, il faut croire, il faut respecter, il faut aimer.

La discipline militaire est tellement pure et tellement puissante, qu'elle ramena dans ces cœurs les croyances, le respect et l'amour.

Ces hommes qui avaient renversé la croix de l'autel, et brisé les grilles du manoir, relevèrent le drapeau du régiment, et firent faction aux portes des palais.

Un penseur, Fonfrède, a tracé une page qui explique ce qui s'était passé : « Quand au milieu de ce tumulte éternel qu'on nomme société humaine, la destinée jette subitement un de ces chaos accidentels qu'on nomme révolutions, il n'y a plus ni bornes ni limites aux contresens qui s'emparent des esprits. Tout est confondu, tout est bouleversé. Les mots les plus simples perdent leur sens usuel. Quant aux idées, il n'en reste plus une saine et entière. Elles s'éparpillent, elles se brisent. Chacun s'empare au hasard des débris flottants des idées et des principes. Les plus petits ambitieux en fabriquent un arsenal d'armes agressives contre l'ordre social lui-même.

» Tout cela donne à la nation une sorte de surexcitation fébrile qu'on prend pour une véritable ardeur patriotique, pour un bon levier de gouvernement. Il n'en est rien. Ce n'est qu'une apparence trompeuse : allez au fond des choses, ce n'est que vide et néant. Toute cette grande exaltation de quelques écervelés qui s'agitent et qui crient, s'efface, se dissipe et vous laisse apercevoir les progrès rapides et réels d'un égoïsme profond ; faute de pouvoir comprendre l'état général du pays, chacun se met à songer à soi et ne songe qu'à soi. A l'ardeur révolutionnaire succède ainsi une complète indifférence en matière politique.

» Cette indifférence n'exclut pas les orages des passions révolutionnaires ; bien au contraire, elle leur laisse le champ libre. Au milieu de l'Etat, un vaste échafaudage semble être dressé. Là les factions et le gouvernement se livrent un duel incessant. La nation y jette de temps en temps un regard, lorsqu'il lui vient quelque lueur de bon sens qui lui fait comprendre que ses destinées sont le prix du combat, ou bien lorsque quelque épisode, plus saisissant, plus inattendu, réveille les esprits engourdis de la foule.

» Si les factions l'emportent, — laissons de côté les malheurs, la ruine, les proscriptions, qui résultent de leur triomphe maudit, — elles sont à l'instant dans l'impossibilité de se faire gouvernement à la place de ce qu'elles ont renversé. Comme elles ont pris soin, pendant la lutte, de détruire toutes les bases morales du gouvernement, elles n'en trouvent plus pour établir le leur.

» De nouvelles factions surgissent et réagissent contre elles, et la nation, plongée dans son indifférence politique, regarde ce nouveau duel avec un affaissement d'intelligence qui double son égoïsme et sa corruption. A peine les débris de son patriotisme éteint s'élèvent-ils jusqu'à lui donner un sentiment un peu vif de curiosité, et chacun se demande d'un air effaré : Comment diable tout cela finira-t-il ? »

C'est de ce chaos que sortirent les volontaires de la république. On prit leur surexcitation pour du patriotisme.

Le patriotisme n'est pas aussi bruyant, aussi démonstratif, aussi verbeux. Loin de là, il reste calme, froid, résolu. Derrière le patriotisme se trouve toujours le sacrifice et souvent la mort. Ce sont choses graves, qui demandent le silence et la méditation. Donner sa vie n'est pas une résolution légère qui se puise dans le délire des banquets. Ce n'est pas la coupe des festins qui verse le courage et la résignation. Ces grandes choses viennent, au contraire, du silence, du recueillement et de la méditation. C'est de l'amour de la patrie céleste que découle l'amour de la patrie terrestre.

Le patriotisme ne prend tout son développement, il n'est entièrement purifié que lorsque la religion a pu le sanctifier, en montrant aux martyrs volontaires l'ennemi d'abord, puis le ciel pour les grands cœurs.

Le prétendu patriotisme des volontaires de la république n'exista jamais. Les historiens l'ont imaginé comme un effet théâtral ; quelques-uns d'entre eux y ont cherché une

circonstance atténuante dans le grand procès que la postérité ne manquera pas de faire à la Révolution française.

Il y eut, un peu partout, de sublimes actions, de nobles
dévouements, de grands traits de courage, mais ce furent
des lueurs éclatantes dans une nuit obscure.

VII.

La composition de ces armées augmente singulièrement
le mérite des généraux de la république.

Au-dessus d'eux planait le bourreau, qui ne les perdait
jamais de vue. Au-dessous d'eux s'agitaient les volontaires bruyants et indisciplinés, autour d'eux l'ennemi
serrait ses rangs.

Ils voyaient les périls qui les entouraient et ils pour-
suivaient leur route la tête haute et le cœur ferme.

Etaient-ils tous des héros? Non, certes! Ils eurent les
faiblesses de l'humanité, les travers de la société, les défauts
de leur siècle, mais chacun d'eux connut la grandeur véritable. Dans leur vie se trouvent des heures d'héroïsme,
des heures sublimes; par leur effort commun la patrie fut
sauvée.

Il faut le dire aussi, à cette époque où la vengeance dominait, ils demeurèrent humains. Au milieu des succès
ils furent modestes, au milieu des passions ils restèrent
pleins de modération.

Presque tous étaient du parti de la Gironde, et pas un
seul ne prit place dans les rangs des Montagnards.

Au reste, ils gémissaient sur la division des partis, car
ils étaient du parti de la France. Ils la voulaient grande

et glorieuse, et plaçaient en seconde ligne la forme du gouvernement.

La république se servait de leur épée, mais ne leur accordait nulle confiance. On en trouve la preuve irrécusable dans la présence aux armées des représentants du peuple, dont la mission consistait à surveiller les généraux.

Ce que l'on ne vit à aucune autre époque de notre histoire ni chez aucun peuple, excepté dans la guerre civile des Etats-Unis d'Amérique, les généraux de la république furent désintéressés et presque tous sans ambition personnelle. Ils accomplirent un grand devoir par esprit de sacrifice.

En peu de temps, ils devinrent des capitaines dignes des Turenne et des Frédéric. Le vulgaire crut aux soudaines inspirations, tandis qu'il n'y avait là que de puissantes facultés développées par l'étude.

Leur vertu ne saurait se mesurer avec les sentiments honnêtes du foyer domestique; il en était sans doute, parmi eux, qui n'étaient pas à l'abri des faiblesses du cœur. Jeunes et ardents, ils pouvaient peut-être succomber. Mais la vertu prise dans le sens de l'antiquité était leur partage. Tous moururent pauvres, après avoir vu l'or rouler autour d'eux.

Leurs tombes étaient fermées depuis longtemps, lorsque la reconnaissance nationale leur a élevé des statues. Elles sont en petit nombre, si l'on songe à tous ceux qui ont bien mérité de la patrie.

Il leur manqua une chose qui soutint plus tard les généraux américains : la religion.

Ils étaient entrés dans la vie à une époque où le doute envahissait les âmes. Les philosophes et les encyclopé-

distes avaient seuls la parole. Le sarcasme était sur toutes
les lèvres, et l'enfant n'apprenait plus de son père les dou-
ceurs de la prière.

Devenus chefs, ils furent forcés de demander aux règles
de la discipline militaire les grandes choses morales que
la foi chrétienne leur eût fait connaître. Cette initiation
demeura incomplète, comme toutes les choses humaines.
Il y eut des cimes inaccessibles pour eux ; de mystérieuses
grandeurs restèrent voilées à leurs âmes. Le devoir leur
apparut comme une sublime consigne des hommes.

Leur patriotisme lui-même s'attacha trop exclusivement
à la terre. Ils eussent été surpris, si un prêtre avait prononcé devant eux ces paroles : « La religion recommande
comme une vertu le culte armé de la patrie ; elle encou-
rage et accompagne de ses bénédictions les soldats qui
tiennent l'épée pour la défendre et qui meurent pour la
venger. Elle entretient chez l'homme le sentiment délicat
et profond qui l'attache à son pays ; elle se réjouit de ses
grandeurs et s'afflige de ses souffrances ; elle gémit de
ses défaites, et les jours de victoire, le prêtre, à l'ombre
du drapeau mutilé, fait entendre le *Te Deum*. »

Ainsi sanctifiée, la discipline militaire se dépouille de
tout caractère passionné, pour revêtir sa forme véritable,
qui est l'accomplissement du devoir, dans le commandement aussi bien que dans l'obéissance.

VIII.

Tous les services ne sont pas éclatants. Il en est de fort
utiles qui ne brillent qu'un jour. Une lueur passagère

éclaire quelques pages de la vie d'un bon serviteur, puis l'obscurité se fait, et son nom même s'efface de la mémoire. Presque tous les généraux de la république furent soumis à cette loi fatale. Placés entre les terribles orages de la Révolution et les gloires de l'Empire, ils sont passés presque inaperçus.

Sainte-Beuve a peint leur situation avec une saisissante vérité : « Dans l'histoire des guerres comme dans celle des littératures, il y a des moments et des heures plus favorisés; le rayon de la gloire tombe où il lui plaît; il éclaire en plein et dore de tout son éclat certains noms immortels et à jamais resplendissants ; le reste rentre peu à peu dans l'ombre et se confond par degrés dans l'éloignement; on n'aperçoit que les lumineux sommets sur la grande route parcourue; on a, dès longtemps, perdu de vue ce qui s'en écarte à droite et à gauche, et tous les replis intermédiaires.... »

Il serait impossible d'appeler par leurs noms tous ces soldats qui ne sont plus; il serait impossible de réveiller tant de mémoires ensevelies, de ressusciter tant de gloires simples et pures. Il est mieux de regarder les lumineux sommets. Aussi bien notre but est de rappeler les traits d'une famille, d'une race dont la France doit s'honorer.

Jamais, en aucun temps, ni aux croisades, ni aux guerres du moyen âge, ni aux luttes religieuses, ni aux belles campagnes de Louis XIV, la France ne réunit une telle phalange.

Oui, certes, l'épée de la vieille noblesse avait, siècle par siècle, fondé la nationalité; nos frontières provinciales étaient arrosées de leur sang. Ce sang généreux coulait depuis Azincourt jusqu'à Fontenoy, en passant par Ivry, et la royauté reconnaissante illustrait leurs noms et savait augmenter leur fortune.

Les généraux de la république accomplirent, en peu d'années, une œuvre bien autrement grande que la constitution d'un royaume. Ils sauvèrent une patrie dont les flancs étaient déchirés par l'Europe entière. Leur sang coula non plus goutte à goutte, mais par torrents. Le nombre de leurs batailles ne se peut même compter. Mais, au lieu d'une royauté reconnaissante, ils trouvèrent l'échafaud, et leur richesse fut une tente.

Nous voulons donc rappeler cette famille oubliée, cette race méconnue. Par quelques-uns, on jugera les autres, car ils furent semblables en tous points, excepté en savoir.

Nous ne ferons aucun choix, laissant à l'histoire le droit de nous indiquer les noms propres. Ce sont naturellement ceux qui exercèrent les commandements les plus importants.

Mais n'oublions pas ces paroles de Montaigne : « Les actions les plus belles et vertueuses, non plus en la guerre qu'ailleurs, ne sont pas toujours les plus fameuses; on voit souvent des noms de capitaines estouffez sous la splendeur d'aultres noms de moins de mérite; tesmoings Labiénus, Ventidius, Télésinus et plusieurs aultres. »

DESAIX

DESAIX

Desaix était l'officier le plus distingué de l'armée :
actif, éclairé, aimant la gloire pour elle-même. Il était de
petite taille, d'un extérieur peu prévenant, mais capable
à la fois de combiner une opération et de la conduire dans
les détails d'exécution. Il pouvait commander une armée
comme une avant-garde. La nature lui avait assigné un
rôle distingué, soit dans la guerre, soit dans l'état civil.
Il eût pu gouverner une province aussi bien que la conquérir ou la défendre [1].

I.

Desaix, dont le vrai nom est de Saix de Veygoux, appartenait à la noblesse d'Auvergne. Sa famille vivait dans la
terre de Saint-Hilaire d'Ayat, qui venait des ancêtres ma-
ternels de Desaix. Il y naquit le 17 août 1768.

M. de Chabrol, conseiller d'Etat, fit entrer l'enfant, que
l'on nommait le chevalier de Veygoux, à l'école militaire

[1] Mémoires de Napoléon Ier.

de la province, école fondée par le maréchal d'Effiat, père de Cinq-Mars.

Située dans un bourg, en pleine campagne, cette école militaire ne ressemblait point aux autres. Les élèves y recevaient une éducation virile. L'instruction était poussée fort loin, et se donnait, pour ainsi dire, en plein air. Les maîtres habituaient les élèves à de longues courses dans les montagnes. Le professeur de botanique, celui qui enseignait le dessin, le géomètre, le répétiteur de tactique, accompagnaient les écoliers, et chacun donnait sa leçon dans les marches et les haltes. L'été, lorsque les nuits étaient courtes et tièdes, on couchait dans les cabanes des pâtres. L'hiver, on se frayait des chemins à travers la neige. A ce régime de paysan rude et sobre, le corps se fortifiait et l'àme s'élevait.

Seule, la tenue semblait être en souffrance. Des vêtements de gros drap du pays faisaient les frais de la toilette. Le coquet uniforme ne paraissait qu'aux grands jours.

Sous ces dehors rustiques, au milieu de ces champs, on cultivait l'esprit avec un soin extrême. La littérature était en honneur aussi bien que les arts.

Le jeune Desaix prit goût à l'histoire naturelle. Il allait herboriser au sommet des plus hautes montagnes. Souvent, lorsqu'un orage se laissait deviner à l'horizon, l'écolier partait rapidement pour entendre les échos du tonnerre dans les gorges profondes.

En sa qualité de gentilhomme, et après avoir satisfait aux examens, Desaix fut nommé sous-lieutenant dans le régiment de Bretagne, à l'àge de quinze ans.

En 1783, il partit donc pour sa garnison. Sa famille, qui désirait l'initier aux choses du grand monde, l'envoya

d'abord à Paris, pour y voir la ville. Il devait aussi se rendre à Versailles, afin de saluer le roi.

On mit le jeune officier en équipage élégant et mon-
dain, habits de soie, dentelles et bijoux.

A peine débarqué dans la grande ville, Desaix se rendit
au Jardin des plantes. Quelques jours après, il connaissait
les savants et ne vivait qu'au milieu d'eux.

Vêtu simplement et modestement, il écoutait les leçons
des maîtres de la science. Ce jeune officier de seize ans
oublia la cour et la ville.

Il avait choisi le régiment de Bretagne parce que le
colonel, M. le comte de Crillon, aimait les arts et les sciences. Au régiment de Bretagne, on faisait bon accueil à la
prose et à la poésie, on jouait la comédie de salon, on avait
des soirées littéraires.

Jusqu'en 1791, le jeune Desaix interrompit la vie de
garnison par quelques séjours dans son pays, et des
haltes plus ou moins longues à Paris.

Partout il travaillait avec une ardeur singulière. L'étude
était pour lui une passion véritable. Il creusait les questions d'un regard profond et assuré. Pendant huit ans, il
analysa toutes les guerres anciennes et modernes, dessinant de sa propre main les plans de campagne tels qu'il
les comprenait. La géographie lui devint familière aussi
bien que l'histoire.

Avons-nous besoin d'ajouter qu'il consacra de longues
veilles à la connaissance de la philosophie; non de cette
science spéculative qui règne aux écoles, mais de cette
philosophie pratique qui devrait être la compagne de tout
homme du monde?

Desaix devint donc philosophe, ce qui fit dire à l'empereur, sur le rocher de Sainte-Hélène, que Drouot et Desaix étaient deux sages, l'un par la philosophie, l'autre par la religion.

La philosophie de Desaix n'était ni celle de Montaigne ni celle de Voltaire. Il avait pris pour devise : *Science et conscience.* Après sa mort, on a retrouvé dans ses modestes bagages quelques notes tracées hâtivement, et dix ou quinze volumes, dont les marges couvertes d'observations donnaient la mesure de son esprit méditatif. Parmi les livres rapportés d'Egypte à Marengo, se trouvaient un volume de Leibnitz, les œuvres de Pascal, un Platon et un Descartes; on y voyait aussi l'histoire de Frédéric II, celle de Turenne, et le récit consacré par Voltaire au roi de Suède Charles XII. Desaix avait écrit lui-même une cinquantaine de pages sur Gustave-Adolphe, et à peu près autant sur le maréchal de Vauban.

Desaix parlait peu, quoiqu'il fût doué d'une élocution facile. Jamais on ne l'entendit discuter bruyamment et avec passion. Il donnait ses raisons doucement, mais avec certitude, et si l'on restait sourd à ses paroles, il souriait.

Malgré son goût pour la solitude, il se mêlait sans regret aux réunions militaires souvent bruyantes. Sa franchise était proverbiale, et il arrêtait doucement au passage les erreurs et les sottises.

Dans les salons et dans le monde, il était remarqué pour sa finesse, ses observations pleines d'originalité, et ses reparties promptes et délicates.

Son extrême petite taille, ses vêtements négligés, une sorte de distraction dans le regard, d'indécision dans le maintien, ne prévenaient pas tout d'abord en sa faveur. Cependant, loin d'être intimidé par l'aplomb des autres, il les intimidait sans le savoir et sans le vouloir. Cela tenait à un sourire presque imperceptible qui exprimait sa pensée et ressemblait à un jugement tacite. Sans faire le moindre mouvement, il toisait son homme. L'homme ainsi toisé sentait le voile se déchirer, et s'effaçait à l'instant même.

Comment comprendre que ce petit officier sans accessoires d'aucune sorte, ce savant modeste, presque toujours solitaire et silencieux, pût devenir subitement le capitaine le plus intrépide?

Il fallait voir Desaix au foyer des batailles : le petit homme grandissait de cent coudées. Son front se relevait calme et fier. Il semblait illuminé. Son regard embrassait tout le théâtre de l'action. Les mouvements d'ensemble et les moindres détails lui apparaissaient soudainement. D'une voix qui dominait le tumulte, il donnait froidement ses ordres. Si, dans le lointain, quelque corps semblait n'être plus à sa place, le général Desaix lançait son cheval au galop, traversait le champ de bataille au milieu des boulets et des balles, atteignait son monde, et d'une voix d'airain, d'un geste superbe, il ramenait les soldats électrisés à sa vue.

Dans ces moments suprêmes, Desaix trouvait des paroles magiques, irrésistibles, qui entraînaient les bataillons, les régiments, les divisions. Il se précipitait en avant de tous, étendant le bras droit, montrant l'ennemi. Ses longs cheveux flottaient au vent, sa cravate dénouée battait l'air; il ressemblait au génie des batailles.

Le soir, au bivouac, il semblait avoir tout oublié et s'apercevait qu'il avait perdu ses pistolets, sa montre ou son chapeau.

II.

Celui qui écrit ces lignes est fils de l'un des généraux de la république. Son père, général de division depuis 1792 jusqu'en 1851, a survécu pendant un demi-siècle à tous ses compagnons de guerre. Il avait été l'ami de la plupart d'entre eux, et, dans l'intimité des camps, avait appris à les connaître. Sa verte vieillesse était embellie par leur souvenir. Il relisait les lettres que lui écrivaient, au siècle dernier, les Desaix, les Hoche, les Pichegru, les Marceau. Il aimait à peindre leurs physionomies diverses et à faire sortir, pour un instant, de l'éternel oubli, telle conversation, telle marche, tel événement qui lui rappelait sa jeunesse si glorieuse.

Ces conversations du plus ancien soldat des armées françaises — il avait soixante-treize ans de services et cinquante-neuf ans de grade de général — ces conversations, disons-nous, puis des lettres et des notes, ont inspiré ce livre.

Puisse-t-il détruire quelques fausses croyances, et faire oublier de mensongères légendes.

On voit souvent une peinture nouvelle recouvrir un vieux portrait. Deux peintres se sont servis de la même toile. En effaçant l'œuvre du second artiste, le premier tableau reparaît.

Nous nous bornons à effacer un dessin qui cachait la véritable figure.

III.

Desaix fut promu, en 1791, aux fonctions de commissaire des guerres. Peu de temps après, le général Victor de Broglie le prit pour aide de camp. Ce dernier devait périr sur l'échafaud révolutionnaire en 1794.

Desaix vit pour la première fois le feu à Landau. Les armées étaient en présence et le jeune officier n'en continuait pas moins ses promenades scientifiques, il herborisait et s'occupait d'histoire naturelle. Un jour, après avoir augmenté sa collection de plantes, il rentrait en songeant dans les murs de la ville. Il vit des tourbillons de poussière couvrir la campagne, c'était un combat entre une reconnaissance française et cinq escadrons autrichiens. Sans armes et son herbier à la main, Desaix accourt et se précipite dans la mêlée. Renversé par les chevaux, il est fait prisonnier.

Se dégager et ramasser un fusil sur le terrain fut pour Desaix l'affaire d'un instant. Il rentra dans Landau avec la reconnaissance et un prisonnier qu'il avait fait.

En 1793, Desaix combattait en Alsace et contribuait à la prise de Haguenau. A Lauterbourg, une balle lui traversait les deux joues, et il refusait de quitter la bataille. A Wissembourg, il surprenait les Autrichiens, gravissait les montagnes, enlevait les redoutes, renversait l'ennemi, troublait sa retraite et lui prenait canons et drapeaux.

Jamais on ne le vit plus studieux qu'à cette époque. Le jour, il était à cheval ; la nuit, il veillait sur les cartes. Son attitude froide le fit soupçonner de tiédeur républicaine. Sa vie austère et silencieuse en ces temps agités le rendit suspect. Desaix fut accusé d'avoir versé des larmes en apprenant le supplice du général Custine.

Lebas et Saint-Just donnent au jeune officier l'ordre de quitter l'armée. Les soldats, dont il était adoré, se rassemblent en tumulte et s'opposent à son départ. Un grenadier ose dire à Lebas : « Si le général nous quitte, nous te fusillons avec les deux représentants. »

Le contre-ordre ne se fit pas attendre.

Lorsque l'armée s'avança dans le Palatinat, Desaix, placé à l'avant-garde, remporta la victoire de Scifferstadt, qui eût forcé les Autrichiens à abandonner le pays si ses conseils eussent été suivis.

Il était au blocus de Mayence. Dans un combat où ses troupes s'étaient repliées, il se jeta au-devant d'elles en criant : En avant ! — Quelques officiers lui demandèrent s'il n'avait pas ordonné la retraite : « Oui, s'écria Desaix, mais la retraite de l'ennemi. »

Jamais les troupes commandées par Desaix ne manquaient de vivres et de munitions. Ses talents administratifs surprenaient tous les généraux. Aussi sa division était-elle bien disposée, disciplinée et pleine de dévouement.

Les Prussiens éprouvaient une surprise extrême en voyant les manœuvres hardies et sagement calculées de ce général de vingt-cinq ans.

Desaix vivait comme le simple soldat, et touchait chaque jour la ration d'un grenadier : le pain de munition, la soupe de l'escouade, et de l'eau.

Un commissaire des guerres lui ayant envoyé du pain plus délicat et du vin, le général fit distribuer le tout aux hôpitaux.

En l'an iv, Desaix eut le commandement de l'aile gauche de l'armée de Rhin-et-Moselle, sous les ordres de Moreau. Il envahit la Souabe, la Bavière, et parvint jusque dans le haut Palatinat.

Un prisonnier autrichien, qui avait toujours vu Desaix aux batailles, aux prises de forts et de retranchements, disait : « Votre Desaix n'a donc jamais dormi ! » — « Il est toujours devant moi, » ajoutait un soldat français.

Lorsque Jourdan ordonna la retraite de l'armée de Sambre-et-Meuse, celle de Moreau dut suspendre son mouvement offensif. Dans cette retraite, Desaix traverse en bon ordre un immense pays, contient avec fermeté l'ennemi et l'empêche d'opérer un mouvement tournant qui était à redouter. Cette opération fera toujours l'admiration des hommes du métier.

Moreau et Desaix arrivèrent sur le Rhin sans avoir laissé un soldat en arrière. C'est là ce qu'on nomme une œuvre d'art, l'œuvre du génie.

Desaix veut faire mieux encore en empêchant l'empereur d'Allemagne de traverser les monts. Alors il se jette dans Kehl, dont il s'était emparé en quelques heures peu de mois auparavant. Cette fois Kehl résiste pendant six mois aux efforts de quarante bataillons, et coûte quinze mille hommes au prince Charles.

Un mot de soldat exprime les sentiments inspirés par Desaix : « Lorsqu'on part avec un autre, il faut dire adieu aux camarades; mais lorsque c'est Desaix qui commande, on peut dire au revoir ! »

Dans le mois de floréal an v, l'armée de Moreau franchit le Rhin en présence de 80,000 ennemis, qui défendaient leur rive avec cent pièces de canon. Les bataillons français apportèrent à la course les rames, les câbles et les bateaux : deux ponts furent jetés sur le fleuve, au milieu des bombes, pendant que les chevaux à la nage entraînaient des groupes de soldats suspendus à leurs crins. Desaix parvint l'un des premiers sur l'autre bord. Contrairement à sa coutume, il met le sabre à la main, forme à la hâte des compagnies, des bataillons, se précipite sur l'ennemi et renverse les premiers rangs. L'officier autrichien qui commande adresse un défi à Desaix, celui-ci court sur l'Autrichien, mais dans le moment même, un soldat ennemi ajuste le général français et fait feu presque à bout portant. Desaix tombe la cuisse traversée d'une balle. Vingt baïonnettes sont levées sur l'Autrichien, il va être percé de coups, lorsque par un effort Desaix, couché à terre, se redresse, et ordonne d'épargner celui qui vient de l'atteindre : « Il est mon prisonnier! » crie-t-il à ses soldats.

Il sauva la vie de cet homme.

Pendant les préliminaires du traité de Léoben, Desaix, impatient de connaître le général Bonaparte, et désirant s'instruire en étudiant le théâtre de la guerre, partit pour l'Italie.

Bonaparte répondit à cet hommage par un ordre du jour :

« Le général en chef avertit l'armée d'Italie que le général Desaix est arrivé de l'armée du Rhin, et qu'il va reconnaître les positions où les Français se sont immortalisés. »

Voilà un beau langage, simple, digne, sobre. Il n'y a ni épithètes flatteuses ni éloges inutiles. Le général Bonaparte s'efface complètement, et le nom de Desaix en dit

assez pour qu'il n'y ait rien à ajouter. Bonaparte rappelle
seulement les victoires des soldats français.

Ils restèrent quelques jours ensemble, ne se quittant
pas. Ni l'un ni l'autre n'avait trente ans, et tous deux aimaient la gloire avec passion. Sous ce beau ciel de l'Italie,
au milieu de ces soldats joyeux et fiers, ils firent sans
doute de beaux rêves.

IV.

Desaix accompagna le général Bonaparte en Egypte.
Tous deux l'avaient désiré. Après avoir contribué à la prise
de Malte, le général Desaix arriva au port d'Alexandrie.
Les troupes qu'il commandait, formant une partie de
l'avant-garde, se portèrent sur la route du Caire. Les
mameluks voulurent leur disputer le passage, Desaix
défit leur armée au combat de Chebreïsse. Encore vainqueur à Embobé, il dut enseigner à ses soldats une nouvelle tactique inconnue jusqu'alors, tactique défensive peu
en harmonie avec le caractère français. Desaix faisait
former rapidement un carré qui se hérissait de baïonnettes.

Il vint camper sur la route de la haute Egypte, près de
la rive droite du Nil, et s'embarqua sur le fleuve. Cependant Mourad-Bey se présenta à Desaix à la tête de trois
mille mameluks et de dix mille Arabes. Ces cavaliers
occupaient un espace immense que l'œil pouvait à peine
embrasser. Leurs cris, le hennissement des chevaux, une
sorte de frémissement dans cette multitude, l'éclat des
armes constamment agitées, tout se réunissait pour troubler les soldats. Desaix passa rapidement dans les rangs,
adressa quelques paroles à la troupe immobile et, après

avoir prononcé ces mots : « Du nerf mes amis ! du nerf ! »
il fait marcher en avant.

Une petite vallée sépare les deux armées. A peine est-
elle franchie que les mameluks se précipitent avec furie
sur nos rangs. Une première décharge ne les arrête pas,
et le soldat n'a pas le temps de recharger. On croise la
baïonnette, en serrant les coudes, le corps en avant, les
jarrets tendus, l'œil fixé sur la pointe du fer.

Les cavaliers égyptiens reviennent sans cesse à la
charge, et de leurs sabres coupent les canons de nos fusils.
Ils tirent des coups de pistolet à bout portant, quelques-
uns tournent leurs chevaux de façon à présenter la croupe,
et, tendant les rênes, les font renverser pour former une
brèche. Les mourants se traînent sous les baïonnettes pour
couper de leurs poignards les jarrets des Français.

Cependant les hommes du troisième rang rechargent les
fusils, qu'ils passent à ceux des deux premiers rangs, et
l'on ne tire qu'à coup sûr.

Derrière la troupe les officiers répètent sans cesse :
« Sentez les coudes, serrez les rangs ! »

La fureur s'empare des combattants, c'est une lutte à
mort, terrible, pleine de colère. Un grenadier français,
dont les deux jambes étaient brisées, aperçoit un mameluk
blessé comme lui et qui tente des efforts pour s'éloigner
sans pouvoir se relever. Le grenadier se traîne jusqu'à ce
malheureux et lui enfonce son sabre dans la poitrine.
« Comment, malheureux, lui crie un officier, peux-tu
commettre une pareille horreur, dans l'état où tu te
trouves ! — Vous en parlez bien à votre aise, mon lieutenant, dit le soldat, mais moi qui vais mourir, il faut bien
que je me venge ! »

Les cavaliers durent renoncer à enfoncer nos rangs. Le front des bataillons était couvert de corps d'hommes et de chevaux; les monceaux de cadavres s'agitaient par les convulsions des blessés; de sourds gémissements sortaient de cette masse informe, tandis que des nuages de fumée enveloppaient comme dans un voile sombre notre petite armée.

Tout à coup, après avoir tourbillonné autour des bataillons de Desaix, les mameluks et les Arabes s'éloignent de toute la vitesse de leurs chevaux. Une batterie, masquée jusqu'alors, commence un feu nourri. Des rangs entiers sont renversés. La consternation s'empare de tous.

Desaix éprouve une grande douleur. S'il marche en avant, tous ses blessés seront massacrés; s'il se retire, les mameluks, encouragés, vont pénétrer dans les rangs. Le général passe la main sur son front, et crie : En avant! Les blessés, couchés sur le terrain, répondent par un autre cri, celui de la douleur suprême.

On s'élance. Notre artillerie légère démonte les canons de Mourad-Bey, et nos grenadiers enlèvent la batterie.

Surpris de tant d'audace, les mameluks ne tiennent plus et fuient dans toutes les directions.

Desaix se met à la poursuite de Mourad, qui s'était retiré dans le Faïoum, et il fait la conquête de cette province.

Ici commence pour Desaix une série d'opérations militaires dont une seule suffirait pour illustrer un général.

Mourad-Bey, guerrier d'une intelligence supérieure, plein d'audace et de ruse, courageux, implacable ennemi des Français, ne tarde pas à reparaître à la tête d'une armée plus nombreuse. Il cherche par de feintes retraites à nous attirer dans le désert, qui eût dévoré nos bataillons.

Mais Desaix ne donne pas dans le piège. Il prend une vigoureuse offensive, choisit son champ de bataille entre un canal et les murs de Samanhout, y amène Mourad, met ses troupes en déroute, les poursuit, les empêche de se rallier et les rejette enfin dans le pays de Bribe, au-dessus des cataractes, pays affreux et désolé. Mourad revient encore, mais Desaix est toujours là, ferme, ardent, maître de ses soldats.

Loin de la patrie, sans secours d'aucune sorte, il fallait soutenir le moral de cette poignée de Français qui avaient à lutter contre le climat, les maladies et les fatigues.

Desaix fut admirable. Gouverneur de la haute Egypte, dont il était le conquérant, il se fit aimer et respecter des Egyptiens, des Arabes et des mameluks, qui lui donnèrent le nom de *Sultan juste*.

Aux jours de paix, il protégeait les savants et les artistes. On le voyait présider aux fouilles, diriger les travaux des architectes, des sculpteurs et des peintres, s'associer aux hommes de science pour les découvertes. Il trouva à Antinoé la statue d'Antinoüs. On connaissait deux statues de ce personnage, celle qui est au belvédère du Vatican, et celle qui orne le Capitole, après avoir décoré la villa de Tivoli. Ces deux statues semblent représenter Mercure, tandis que celle découverte par Desaix, dans la ville même consacrée à Antinoüs, est bien l'image du favori d'Adrien, image mélancolique, expression de la beauté idéale. Desaix fit faire des fouilles dans les ruines des théâtres, des thermes et des arcs de triomphe, admirables restes qui prouvent que la *Rome égyptienne* était digne de son nom.

Sans cesse occupé des Pharaons et des Sésostris, de la splendeur de leurs monuments, Desaix, à la tête de quel-

ques bataillons, retirait chaque jour, des sables qui les re-
couvraient, des colonnes mutilées et des temples détruits.

Un jour, il se trouva en face d'une vaste enceinte où les
ruines semblaient amoncelées. « Saluez, dit Desaix à ses
officiers, saluez Thèbes aux cent portes. » On fit former les
rangs, et les bataillons présentèrent les armes, tandis que
le général pénétrait dans cette cité fondée par Osiris, et
dévastée par les Perses, compagnons de Cambyse.

Desaix reçut cette lettre du général Bonaparte (14 août
1799) : « Je vous envoie, citoyen général, un sabre d'un
très beau travail, sur lequel j'ai fait graver : *Conquête de
la haute Egypte*, qui est due à vos bonnes dispositions et
à votre constance dans les fatigues. Voyez-y, je vous prie,
une preuve de mon estime et de la bonne amitié que je
vous ai vouée. »

A la veille de quitter l'Egypte, Desaix écrivait à Napoléon : « Je suis toujours prêt à faire tout ce qui pourra
vous convenir davantage. Bien servir mon pays, et rester
le moins possible sans rien faire, est tout ce que je désire.
Personne ne vous est plus dévoué que moi, et personne n'a
plus d'envie d'être utile à votre gloire. »

Après le traité d'El-Arich, qu'il conclut avec les Anglais
et les Turcs, Desaix s'embarqua, le 3 mars 1800, pour la
France, accompagné d'un officier anglais, chargé de faire
respecter la convention.

Au mépris des droits de la guerre, l'amiral Keith arrêta
Desaix à Livourne. Joignant l'insolence à la déloyauté, il
le fait enfermer dans la prison du lazaret et lui alloue un
franc par jour pour sa table. L'Anglais ose demander au
général ce qu'il désire : « De la paille pour les blessés qui
sont avec moi, répond Desaix, puis de me débarrasser de

votre présence. J'ai traité avec les mameluks, les Turcs, les Arabes du désert, les Éthiopiens, les Tartares, les Noirs du Darfour; tous respectaient la parole qu'ils avaient donnée et n'insultaient pas au malheur! »

Non seulement l'amiral Keith ne fut pas blâmé par son gouvernement pour son infâme conduite, mais il fut élevé à la pairie, et les deux Chambres lui adressèrent des remerciements publics et officiels.

Desaix fut enfin remis en liberté. En arrivant en France, il écrivit au général Bonaparte, devenu premier consul, et qui partait pour l'Italie : « Lazaret de Toulon.... Je vous prierai de me laisser le moins de temps possible sans rien faire. Je ne veux pas de repos; travailler à augmenter la gloire de la république, la vôtre, est tout mon désir.... Quelque grade que vous me donniez, je serai content. Vous savez que je ne tiens pas à avoir les premiers commandements, que je ne les désire pas; je serai avec le même plaisir volontaire ou général. Seulement, je vous avouerai que dans ce moment-ci, un peu fatigué, je ne voudrais pas entrer en campagne hors d'état d'agir; mais, du reste, tout ce que vous voudrez me conviendra. Je désire bien connaître ma destination de suite, afin de pouvoir faire préparer tout ce qu'il me faut et de ne pas perdre un instant pour entrer en campagne. Un jour qui n'est pas bien employé est un jour perdu. »

Le général Bonaparte donna à Desaix le commandement de deux divisions qui formaient le corps de réserve. Le jour de la bataille de Marengo, où il devait mourir, Desaix eut le pressentiment de sa fin prochaine. « Les balles de l'Europe ne nous reconnaîtront plus, » disait-il à ses officiers.

Ces pressentiments ne sont pas rares dans les armées. On en pourrait citer des exemples fort remarquables. Les natures les plus robustes, les esprits les plus éclairés, les âmes les plus fermes, n'en sont pas à l'abri.

La bataille de Marengo, livrée le 14 juin 1800, était perdue. Desaix, qui était à quarante kilomètres, accourut avec ses divisions. Mais les heures s'écoulaient, et, vers midi, le général Mélas ne songeait qu'à couper la retraite de l'armée française par la route de Tortone.

Desaix paraît alors à la hauteur de San-Juliano. Il forme ses troupes en colonne serrée sous le feu de l'artillerie autrichienne. Bonaparte arrive au galop, serre affectueusement la main de Desaix, parcourt avec lui le front des troupes et les anime, tandis que les boulets sillonnent les rangs.

Desaix est en tête des colonnes, qui s'ébranlent, on franchit les fossés, on aborde les Autrichiens, dont l'aile gauche est bientôt coupée; des cris de victoire s'élèvent de toutes parts; Desaix est toujours le premier, son panache tricolore le fait reconnaître de loin.

Atteint par un boulet, il tombe.

On lui a prêté de belles paroles :

« Allez dire au premier consul que je meurs avec le regret de n'avoir pas assez fait pour vivre dans la postérité. »

Napoléon, dans ses *Mémoires*, ne dit rien de ces paroles, imaginées par les poètes.

Les jugements portés par l'empereur sur le général Desaix méritent d'être rappelés.

« De tous les généraux que j'ai eus sous mes ordres, Desaix et Kléber ont été ceux qui avaient le plus de talent.

Desaix ne rêvait que la guerre et la gloire : les richesses et
les plaisirs n'étaient rien pour lui ; il ne leur accordait pas
même une seule pensée. C'était un petit homme d'un air
sombre, à peu près d'un pouce moins grand que moi, toujours vêtu avec négligence, quelquefois même déchiré,
méprisant les jouissances et même les commodités de la
vie. Plusieurs fois, lorsqu'il était en Egypte, je lui fis présent d'un équipage de campagne complet, mais il le perdait aussitôt. Enveloppé dans son manteau, Desaix se
jetait sur un canon et dormait aussi à son aise que s'il eût
été couché sur l'édredon. La mollesse n'avait pour lui aucun charme. Droit et honnête dans tous ses procédés, les
Arabes l'avaient surnommé le *Sultan juste*.

» Le talent de Desaix était celui de l'éducation et du travail. Ce talent était de tous les instants ; il ne vivait, ne
respirait que l'ambition noble et la véritable gloire : c'était
un caractère tout à fait antique. Sa mort a été la plus
grande perte que j'aie pu faire. Notre conformité d'éducation et de principes eût fait que nous nous serions toujours
entendus : Desaix se serait contenté du second rang, et fût
toujours demeuré dévoué et fidèle. S'il n'eût pas été tué à
Marengo, le premier consul lui eût donné l'armée d'Allemagne, au lieu de la continuer à Moreau.

» Une circonstance bien extraordinaire, c'est que le
même jour et à la même heure où Kléber périssait assas-
siné au Caire, Desaix tombait à Marengo d'un coup de
canon. »

Desaix aimait la gloire pour elle-même, et la France
par-dessus tout. Il était d'un caractère simple, actif, insi-
nuant ; il avait des connaissances étendues ; personne
n'avait mieux étudié que lui le théâtre de la guerre dans le

haut Rhin, la Souabe et la Bavière. Sa mort a fait couler les larmes du vainqueur de Marengo. (*Mém. de Napoléon.*)

V.

Un aide de camp de Desaix, lorsqu'il revint d'Egypte, a laissé quelques notes sur son général. Nous lui empruntons les détails qui suivent :

Il mourut à l'âge de trente-deux ans. Ses traits étaient beaux et réguliers; ses grands yeux noirs respiraient la mélancolie, il y avait quelque chose d'attrayant dans la pâleur de son visage. Son regard, où se peignait le calme de son âme, s'enflammait à un souvenir glorieux, au récit d'une belle action, à la vue d'un chef-d'œuvre, à l'aspect de la nature. Son désintéressement était si grand, qu'il ne possédait rien. Après avoir traversé en conquérant les plus riches provinces de l'Allemagne, il se trouva sans argent dans une auberge de Neuf-Brisach et pria l'un de ses amis de payer son souper.

Quand il revint à Paris, après son grand commandement à l'armée de Rhin-et-Moselle, il dut emprunter dix louis pour regagner la France.

Lorsque des traités se signaient avec des princes de l'Empire, ces souverains envoyaient de riches présents aux principaux chefs. Desaix refusait toujours en disant : « Ce qui est permis aux autres ne l'est pas à un général. »

La caisse d'un prince fut prise et apportée chez Desaix. Le lendemain, il la faisait charger sur un fourgon pour l'envoyer au payeur général. Ses soldats avaient peine à la soulever et Desaix les gourmandait doucement. « Mon général, dit un grenadier, c'est parce qu'elle sort de vos mains qu'elle est si lourde. »

Desaix avait pour sa mère une tendresse sans bornes. Il lui écrivait, la veille et le lendemain des batailles, des lettres touchantes de simplicité et d'amour filial.

Voyant un soldat maltraiter un vieillard, Desaix courut à lui : Malheureux ! criait-il, tu n'as donc pas de père ?

On peut dire que Desaix avait un grand cœur. Il aimait le soldat avec passion, visitait sans cesse les bivouacs, les ambulances, assistait aux distributions, n'entrait à son logis que lorsque tous étaient casés, et sortait la nuit pour parcourir le camp.

« Ce sont nos enfants, disait-il, et nous battrons les ennemis tant que ces enfants nous aimeront. »

Dans les premiers jours du mois de mai 1821, sur le rocher de Sainte-Hélène, l'empereur Napoléon touchait à ses derniers instants. Le délire de la mort l'avait saisi. Un orage arrachait les arbres des champs et soulevait les flots de la mer. Dans la chambre du mourant le silence régnait et tous les regards étaient fixés sur cette tête qui avait dominé le monde. Tout à coup les lèvres de Napoléon laissèrent échapper ce nom : *Desaix*.

HOCHE

HOCHE

~~~

I.

Le principal historien de la Révolution française,
M. Thiers, juge ainsi le général Hoche :

« Des victoires, une grande pacification, l'universalité
des talents, une probité sans tache, l'idée répandue chez
tous les républicains qu'il aurait lutté seul contre le vainqueur de Rivoli et des Pyramides, que son ambition serait
restée républicaine et eût été un obstacle invincible pour
la grande ambition qui prétendait au trône, en un mot, de
hauts faits, de nobles conjectures, et vingt-neuf ans,
voilà de quoi se compose sa mémoire.... Il vaudra toujours mieux pour la gloire de Hoche, Kléber, Desaix, de
n'être pas devenus des maréchaux. Ils ont eu l'honneur de
mourir citoyens et libres.... »

M. Thiers s'est fait l'organe de « l'idée répandue chez
tous les républicains. »

En effet, il admettait deux choses : les sentiments hostiles de Hoche envers le général Bonaparte, et l'admiration
de ce même général Hoche pour le gouvernement de la
république.

La volumineuse correspondance de Hoche peut seule éclaircir ces questions.

S'il estime les hommes de la république, s'il est hostile à Bonaparte, oui, le général Hoche prendra le parti des premiers contre le second.

Si, au contraire, Hoche est un admirateur du général Bonaparte, et s'il méprise les républicains, il sera, au 18 brumaire, du côté de Bonaparte, avec les généraux Berthier, Lannes, Murat, Macdonald, Moreau, Leclerc et cent autres.

Du côté opposé se trouvent, il est vrai, quatre généraux qui protestent en faveur de la république : Bernadotte, Jourdan, Augereau et Lefebvre.

La protestation de Lefebvre dure peu, et il s'écrie : « Jetons les avocats par la fenêtre ! » Sur les quatre généraux qui se montrèrent républicains le 18 brumaire, trois devinrent maréchaux de France, et le quatrième roi de Suède et de Norwège.

Ceci ne résoudrait pas la question. Les uns pourraient penser que Hoche se serait placé entre Lannes et Leclerc, les autres seraient en droit dire que le général Hoche n'aurait pas abandonné Bernadotte et Jourdan.

L'historien qui cherche loyalement la vérité doit donc avoir recours à la correspondance de Hoche pour connaître ses sentiments.

Lorsque les sentiments seront connus, il deviendra facile de prévoir la conduite probable qu'aurait tenue le général Hoche.

Le 12 floréal an IV, il écrivait au général Bonaparte :

« Honneur aux héros de Millésimo ! Honneur au brave chef qui les commande ! Le Directoire a transmis à l'armée

que j'ai l'honneur de commander l'éclatante victoire que
celle d'Italie a remportée sur les ennemis de la république;
acceptez, mon cher général, le témoignage de la joie vive
et pure que vos éclatants succès ont produite en nos cœurs.
Vous continuerez, brave général, à nous causer de semblables sensations, et, en mon particulier, je m'applaudis
de vous avoir connu. Salut et amitié. »

La correspondance du général Hoche ne renferme pas
d'autre lettre au général Bonaparte. Mais il existe un do-
cument précieux qui met en relief les sentiments que
celui-ci inspirait à son collègue. C'est la lettre de Hoche
au ministre de la police. « Les malveillants, dit M. Thiers,
s'empressèrent de répandre les bruits les plus absurdes;
ils allèrent jusqu'à prétendre que Hoche, qui était alors
à Paris, allait partir pour arrêter Bonaparte au milieu de
son armée. »

M. Thiers ajoute : « Les partis s'attachaient à décrier les
généraux. Ils s'étaient surtout acharnés contre le plus
jeune et le plus brillant, contre Bonaparte, dont le nom,
en deux mois, était devenu si glorieux. »

Voici quelques passages de la lettre de Hoche :

.... « Faut-il que pour obtenir la protection des maîtres
qu'ils veulent donner à la France, ils avilissent les chefs
des armées? Pensent-ils que ceux-ci, aussi faibles qu'au
temps passé, se laisseront injurier sans oser répondre, et
accuser sans se défendre? Pourquoi Bonaparte se trouve-
t-il donc l'objet des fureurs de ces messieurs? Est-ce parce
qu'il a battu leurs amis et eux-mêmes en vendémiaire?
Est-ce parce qu'il dissout les armées des rois, et qu'il
fournit à la république les moyens de terminer glorieusement cette honorable guerre? Ah! brave jeune homme

quel est le militaire républicain qui ne brûle du désir de
t'imiter? Courage, Bonaparte! Conduis à Naples, à Vienne,
nos armées victorieuses; réponds à tes ennemis personnels
en humiliant les rois, en donnant à nos armes un lustre
nouveau; et laisse-nous le soin de ta gloire!

» .... Quelques journalistes ont poussé l'absurdité au
point de me faire aller en Italie pour arrêter un homme
que j'estime, et dont le gouvernement a le plus à se louer.
On peut s'assurer qu'au temps où nous vivons, peu d'officiers généraux se chargeraient de remplir les fonctions de
gendarmes, bien que beaucoup soient disposés à combattre
les factions et les factieux. »

Pourquoi le général Hoche aurait-il défendu le conseil
des Cinq-Cents? Cette réunion d'hommes était-elle entourée d'un prestige quelconque? Ce conseil avait-il bien
mérité de la France? Etait-il l'unique expression de la
république?

Le conseil des Cinq-Cents s'était, au contraire, mis en
révolte contre la loi. Il avait violé la constitution en accom-
plissant, deux ans auparavant, un véritable coup d'Etat.
Ce conseil avait expulsé les représentants du peuple, et
transporté ces malheureux à Cayenne et à Sinnamari.

Ceux qui admettent la légalité du 18 fructidor ont mauvaise grâce en condamnant le 18 brumaire.

Le 8 fructidor an III, Hoche écrivait aux administrateurs
du département de la Drôme : « J'ai reçu les six exemplaires de la réimpression que vous avez fait faire, pour
le ministre de la police, des atrocités débitées contre Bonaparte. Il est, citoyens, des services qui portent avec eux
leur récompense : Tel est celui que je rendais au jeune
héros, vainqueur d'une grande partie de l'Italie. Il était

indignement calomnié; j'ai dû prendre sa défense, et je l'ai fait d'une manière d'autant plus satisfaisante pour moi et pour tous les bons républicains, que dans le moment même où il était attaqué par ses ennemis de l'intérieur, et que je cherchais à le défendre, il combattait victorieusement ceux de la patrie. Quel beau triomphe pour lui! quelle récompense flatteuse pour moi! »

II.

Après avoir raconté la journée du 18 brumaire, M. Thiers ajoute : « La Révolution, après avoir pris tous les caractères, monarchique, républicain, démocratique, prenait *enfin* le caractère militaire, parce qu'au milieu de cette lutte perpétuelle avec l'Europe, il *fallait* qu'elle se constituât d'une *manière solide et forte.* »

Si donc M. Thiers eût été, à cette époque, un homme politique, il aurait conseillé au général Hoche de contribuer, pour sa part, à constituer une France *solide et forte.*

L'erreur de M. Tihers est de croire qu'une révolution prend le caractère militaire.

Le caractère militaire arrête une révolution. Les révolutions se réfugient à l'ombre d'une épée, mais c'est à l'heure de l'agonie. Elles ne se transforment pas, elles meurent.

Il est prouvé que Hoche aimait et estimait le général Bonaparte. Dans une circonstance solennelle, à la suite d'un banquet, on portait la santé des illustrations du temps, en accompagnant chaque toast d'un discours. Un général se leva et prononça ces paroles : *Au général Bo-*

naparte, *qui vainqueur....* — Hoche s'écria : « *Au géné-*
ral Bonaparte! » son nom dit tout.

Mais, nous répondra-t-on, Hoche était républicain. Oui,
certes, et de la meilleure foi. Bernadotte aussi, et encore
Augereau, Lefebvre, Murat et le général Bonaparte lui-
même, étaient républicains. On était jeune alors. Les esprits s'égaraient dans un monde inconnu. On se laissait
aller à des rêves enchanteurs.

Mais l'expérience déchira bientôt les voiles. On vit l'humanité telle qu'elle est.

Hoche ne fut pas le dernier à comprendre ce qu'étaient la
république et les républicains. Le dégoût et le découragement s'emparèrent de lui. Il devint morose, inquiet,
sombre, et sentit son cœur déchiré au spectacle des misères
et des vices.

Prouvons-le par sa correspondance. La date de la lettre
et sa destination suffiront au lecteur pour juger les sentiments du général. Les couleurs se fondront d'elles-mêmes
et produiront une nuance bien tranchée, qui frappera tous
les yeux.

1er septembre 1793. *Au citoyen Audouin, adjoint au*
ministre de la guerre : « .... Je devais m'attirer naturellement la haine des hommes de boue contre lesquels je
criais, et m'attendre à être dénoncé par leurs intrigues, ce
qui ne manqua pas.... Je fus traduit au tribunal révolutionnaire.... »

12 brumaire an II. *Aux représentants du peuple :*
« J'ai le cœur navré. J'aperçois une insouciance, un
égoïsme affreux. L'armée, je vous l'avouerai, est disposée
d'une manière assez singulière; l'intérêt particulier lutte
contre l'intérêt général. »

13 brumaire an II. *Au ministre de la guerre :* « Je suis si peu secondé, que je vous prierais de me rendre à mes anciennes fonctions, si je n'espérais rétablir l'ordre. »

15 brumaire an II. *Au ministre de la guerre :* « Les intrigailleurs me laissent respirer à peine.... »

21 brumaire an II. *Au citoyen Audouin :* « Il règne dans cette armée une intrigaillerie qui désespère.... »

16 nivôse an II. *Aux citoyens Lacoste et Baudot, représentants du peuple :* « Sans l'affreux pillage qui se commet, j'aurais fait rentrer du Palatinat trente millions dans les caisses de la république, sans compter les denrées, draps, cuirs, toiles, etc. Mais tel chasseur, ou autre qui se fait donner six cents livres par jour, les vole assurément à la république. »

19 nivôse an II. *Au Comité de salut public :* « J'enrage, quand je vois tout le monde trompé par des gredins qui ne valent pas quatre sols et qui veulent se faire valoir. »

19 nivôse an II. *Au ministre de la guerre :* « Abreuvé de dégoûts, on veut me faire avaler jusqu'à la lie. »

24 nivôse an II. *Au citoyen Ricard, tambour-major :* « Tu es bien heureux, mon cher Ricard, et je le serais encore, si j'étais avec toi sergent de grenadiers. Mais dans nos places, on trouve sans cesse un tas de vampires ; les uns vous flattent pour vous mettre dedans, d'autres vous calomnient sans vous connaître. Oh !.... mon camarade, quelle vie horrible ! Le plus chétif marchand de chiffons de ton quartier est plus tranquille que moi. »

24 ventôse an II. *Au citoyen Dulac :* « Mon cher ami, abreuvé de dégoûts, noyé dans la douleur la plus amère, tourmenté chaque jour d'une manière nouvelle, il semble que l'on ait pris à tâche de me faire finir comme Léchelle.

Ce n'est plus, Dulac, l'homme que tu as connu qui t'écrit; c'est un malheureux qui ne peut manger, boire, ni reposer nulle part.

» J'ai beau me représenter que Rousseau n'obtint de ses ingrats compatriotes, qu'après sa mort, la justice que l'on doit à la pureté de ses intentions, et d'autres exemples encore; rien ne peut changer une mélancolie qui me consume. J'emploie tous les moyens, mais en vain; je désire qu'une démission, que je vais présenter incessamment, soit acceptée sans aigreur, ainsi qu'elle sera donnée....

» Ardent ami de la Révolution, j'ai cru qu'elle changerait les mœurs. Hélas! l'intrigue est toujours l'intrigue! et malheur à celui qui n'a pas de protecteurs. Tiré des rangs par je ne sais qui et pourquoi, j'y rentrerai comme j'en suis sorti, sans plaisir ni peine, me contentant de faire des vœux pour la prospérité des armes de la patrie.... »

18 vendémiaire an III. *Au citoyen Laugier :* « Je devrais être content; je pourrais être heureux; il n'en est rien. Je ne sais quoi me chagrine profondément. J'ai besoin de m'épancher dans le cœur d'un ami, de lui offrir le mien, enfin.... »

9 brumaire an III. *Au représentant du peuple Bollet, près l'armée des côtes de Brest et de Cherbourg :* « ....Les troupes de la république envoyées en Vendée pour réprimer les premiers excès, au lieu de calmer les habitants, ont beaucoup contribué au mécontentement. Le pillage, le vol, l'incendie, la violence envers les femmes, semblèrent être longtemps à l'ordre du jour. Ces abus se sont continués jusqu'au moment où j'écris; et presque toujours les dépositaires de l'autorité n'en ont fait aucun cas. »

20 frimaire. *Au même :* « Mon obscurité, mon heureuse obscurité est tout ce que je demande. »

25 nivôse an III. *Au général Mermet :* « Rien de nouveau ici, les sottises toujours à l'ordre du jour. »

1er ventôse an III. *Au général Kricq :* « Ah! mon ami, que vous êtes heureux! Mon espèce de misanthropie ne me permet guère de goûter le bonheur : je le vois toujours loin de moi, sans pouvoir l'atteindre, et ne le goûterai que chez moi, au sein de ma famille et de l'obscurité…. L'orgueil, l'ambition, rongent des têtes qui en rendent d'autres malheureuses, lorsqu'elles ne les font pas tomber. »

17 nivôse an III. *Au citoyen L. :* « Toutes les factions doivent donc me persécuter! Le parti qu'un homme sage doit embrasser pendant le cours d'une révolution est de rester au fond de sa cave…. »

9 germinal an III. *Au général Jourdan :* « …. On ne va plus au Panthéon que dix ans après sa mort; et nous connaissons la petite quantité de républicains qui le méritent. »

29 germinal an III. *Au général ``` :* « …. Ma compagne et moi habiterons ensemble une métairie à peu près dans un désert, et là, je ferai le misanthrope à mon aise…. Je suis las, mon cher ami, d'être sans cesse ballotté…. L'homme du jour sait fraternellement dénoncer. »

5 prairial an III. *Au citoyen Grigny :* « L'injustice ne cessera-t-elle d'être la manie des Français? Oui, mon ami, pour être accueilli aujourd'hui comme autrefois, il faut être bas et rampant. »

9 prairial an III. *Au général Kricq :* «….Vous êtes bien confiant, mon cher général, méfiez-vous de tous les hom-

mes; la vertu me semble bannie de la terre. Je vous avoue qu'après les nombreuses perfidies dont j'ai été témoin, je suis devenu morose comme un Anglais et misanthrope comme Timon. »

7 messidor an III. *Au Comité de salut public :* « .... De combien d'horreurs j'ai été témoin! Citoyens, épargnez-les à la patrie, arrêtez dans sa source le torrent des maux prêt à bouleverser l'ordre social.... »

21 thermidor an III. *Au représentant du peuple Mathieu :* « ....Voyez cet administrateur de fourrages qui, aujourd'hui, fait une si brillante figure; il était naguère procureur sans pratiques et sans souliers. Maintenant, lorsqu'il ne dépense que trente mille livres par mois, il se plaint de la mauvaise chère qu'on lui a fait faire.... »

22 vendémiaire an IV. *Au représentant du peuple Cochon:* « .... Quelle est l'âme assez fortement trempée pour ne pas gémir hautement des maux qui nous accablent! Sans pain, sans souliers, sans vêtements, sans argent, entourés d'ennemis, voilà notre position déplorable.... Si le gouvernement ne prend point des mesures vigoureuses, la république va succomber; elle étouffera tous ceux qui l'ont servie, sous ses ruines. »

14 ventôse an IV. *Au général Cherin :* « Il est on ne peut plus urgent que je quitte cette armée; j'y suis malade d'ennui et de dégoût.... Je veux, à toute force, partir; un plus long séjour me ferait mourir. »

26 floréal an IV. *Au général Cherin :* « Pourquoi ne m'avez-vous pas fait passer un seul mot depuis votre arrivée dans la capitale? L'or étranger, l'intrigue, y dominent-ils toujours? Pauvre France! »

21 pluviôse an IV. *Au ministre de la guerre:* « .... Quel

pays! quelle guerre! et quelle perspective j'ai devant les yeux! Le poignard, le poison; et le dirai-je, l'envie ne me prépare-t-elle pas quelque chose de plus ignoble? O patrie! »

23 pluviôse an IV. *Au ministre de la guerre:* « Si je ne pensais qu'il serait ridicule à moi de demander à me retirer, je renouvellerais la proposition que je vous ai faite de me faire remplacer…. Que signifient les clameurs de quelques députés? Pourquoi crient-ils tant que les malheureux généraux, qui mangent leurs chemises à la guerre, veulent la perpétuer? Pourquoi ces dénonciations? Où est le patriotisme de G., qui veut aussi qu'on fusille les chefs militaires?…. Eh! si ces messieurs (les députés) ont tant d'esprit, qu'ils nourrissent les soldats, qu'ils paient et habillent les officiers, qu'ils viennent aux coups de fusil! Semble-t-il pas que nous soyons des nègres à qui on peut impunément donner des coups de fouet! Fort de ma conscience, j'userai de ma liberté et ne me laisserai pas traiter de cette manière…. »

30 pluviôse an IV. *Au citoyen Carnot, membre du Directoire exécutif :* « Il existe un système de désorganisation, un esprit d'intrigue ou plutôt de vertige, qui nécessairement conduira aux plus grands maux…. Des tissus d'injures, de calomnies s'ourdissent; les bruits les plus ridicules sont colportés avec complaisance par les intéressés et les sots…. Non, citoyen, non, nous ne pourrons résister. Fasse le ciel que la chute soit douce! »

3 ventôse an IV. *Au Directoire :* « Onze généraux en chef et cent vingt autres ont passé ici; quel est celui dont on dit du bien? Voyez tous les généraux partir les uns après les autres; malades ou dégoûtés par les calomnies,

ils quittent l'armée. Le peu qui reste est excédé de fatigues.... »

3 ventôse an IV. *Au ministre de la guerre Aubert-Dubayet*, qui abandonne le ministère : « Vous partez; c'est fort bien, général : puissiez-vous être heureux, toujours! Souvenez-vous de ceux que vous avez engagés dans de mauvais pas, et qui.... se sont dévoués sans réserve, croyant vous avoir pour appui. Allez, Dubayet, conter à la Validé sultane que vous avez préféré baiser la poussière de ses pieds, à aider vos confrères dans leurs immenses travaux. Adieu Dubayet. »

20 ventôse an IV. *Au Directoire exécutif :* « .... Froissé par la calomnie, déchiré de voir l'armée à la veille de manquer de tout dans un pays si riche, je me suis abandonné à la douleur la plus profonde; le Directoire pardonnera à mon âge et à mon inexpérience.... »

24 floréal an IV. *Au citoyen Conillon, agent des subsistances de la marine :* « Vous voulez bien me prévenir, citoyen, par votre lettre de ce jour, que huit ou dix personnes vous ont donné l'avis que quelques agents de Pitt étaient chargés de m'empoisonner.... Vasselot, avant sa mort, fit pareille confidence et désigna une main française. »

26 floréal an IV. *Au ministre de la police :* « Quand l'or et l'intrigue tiennent lieu de connaissances, et que la vertu est persécutée, on ne saurait être trop défiant sur les rapports que font des hommes payés pour nuire. »

28 messidor an IV. *Au citoyen Beauharnais :* « .... Je ne quitterai point Paris sans avoir embrassé mon cher Eugène. Il eût peut-être été à désirer que sa mère ne me l'eût point retiré; je me serais efforcé de remplir mon devoir envers un ami infortuné. »

Il s'agit ici, on le comprend, de celui qui devint le prince Eugène, fils adoptif de Napoléon, enfant de l'impératrice Joséphine. Hoche était l'ami de la famille.

III.

Nous pourrions multiplier ces citations, nous pourrions emprunter aux lettres de la famille des détails intimes, qui prouveraient que le foyer domestique n'était pas à l'abri des tourments : « Il faut bien aimer son pays, écrivait-il à un ami, pour rester en place à ces moments. Eh! quoi, la noire envie me poursuivra-t-elle jusque dans l'intérieur de ma maison? Si j'étais charpentier ou couvreur, je serais heureux : parvenu à l'une des grandes places de la république, je ne puis trouver le bonheur. Malheureux intrigants, l'honnête homme sera-t-il toujours votre jouet? Que veulent de mon union des êtres sans mœurs, dont l'impureté s'oppose à ce qu'ils en forment une pareille? Ne m'alliai-je pas à la vertu? Je ne parle pas de la beauté. Les parents de mon épouse ne sont-ils pas patriotes? Grand Dieu! s'il faut toujours souffrir ainsi, faites que je rentre dans la poussière. »

Tout en maudissant la société telle que l'avait faite la Révolution, Hoche admirait Bonaparte. Il disait à l'amiral Morard de Galles : « J'estime Buonaparte, il veut la liberté de son pays, et ses victoires tiennent bien son serment. Aussi, lors de mon dernier voyage à Paris, je l'ai soutenu de toutes mes forces contre les royalistes. Pour me séduire et le décourager, ces Messieurs me faisaient son successeur à l'armée d'Italie. Je l'ai soutenu parce qu'il le mérite; il est bien juste de le défendre au dedans, pendant qu'il combat si glorieusement au dehors. »

Lisant dans une gazette le récit des victoires de l'armée d'Italie, Hoche s'écria : « Heureux jeune homme, que je te porte envie! — Envie? reprit en souriant l'un des amis de Hoche. — Oui, répondit le général, envie, mais jamais jalousie. »

Les partis politiques cherchaient à jeter la désunion entre le général Bonaparte et le général Hoche. Ce projet échoua complètement, mais il en est resté quelques traces dans les souvenirs confus des révolutionnaires et des émigrés. D'un bruit vague, colporté par l'intrigue, M. Thiers a fait une page d'histoire.

Cette page flattait les républicains de toutes les époques, et, dès lors, le général Hoche a été transformé par eux en *obstacle invincible.*

Napoléon aimait et estimait le général Hoche. Il a dit : « Le général Hoche reçut le commandement en chef de l'armée de l'Ouest; il justifia par sa conduite en cette circonstance l'estime de tous les partis. Ce fut l'une des plus belles réputations militaires de la Révolution. On a prétendu qu'il avait inspiré de la jalousie et même de l'inquiétude au Directoire. C'était l'histoire de tous les généraux qui avaient de l'indépendance de caractère, de la popularité, et à qui on pouvait supposer des vues élevées pour le bonheur de la France. »

Au commencement de la Révolution, Hoche avait montré une ardeur extrême. Malgré sa franchise et sa loyauté, il s'était fait aux rôles bruyants. Il aimait les harangues, les apostrophes, les mots à effet, les expressions rudes, le langage révolutionnaire. Il éprouvait une sorte de fascination.

L'expérience devait être prompte pour un esprit aussi juste, une âme aussi pure, un cœur aussi droit. La réaction fut terrible. Lorsqu'il eut vu les masques tomber, et que les figures républicaines lui apparurent dans toute leur laideur, Hoche devint misanthrope. Il écrivit ces lettres pleines de lamentations qui découvrent de sanglantes blessures, des blessures mortelles.

Nous devons supposer que les historiens en ont ignoré l'existence.

IV.

Lazare Hoche, né à Versailles en 1768, était fils d'un garde du chenil du roi. Le futur général fut nommé à treize ans palefrenier surnuméraire aux écuries royales. Son éducation était nulle, son instruction à peine ébauchée.

Il atteignait sa seizième année lorsqu'il s'engagea dans un régiment qui se rendait aux Indes orientales ; mais le recruteur, abusant de son inexpérience, le fit entrer aux gardes-françaises. L'engagement était faible. Aussi le jeune homme fit-il son début avec cent vingt-cinq livres.

Hoche ne tarda pas à s'apercevoir qu'il était plus ignorant que ses camarades. Il se mit donc à l'étude. Mais pour acheter des livres, il fallait quelque argent, que le jeune soldat dut péniblement gagner. Le grenadier travaillait à la journée pour les jardiniers. Il arrosait, bêchait, et se condamnait aux ouvrages pénibles. Le soir, il veillait en brodant des vestes et des bonnets de police. Ces broderies étaient vendues par lui, au café Cuisinier, près le pont Saint-Michel, à l'extrémité de la rue de la Boucherie.

Il payait son service avec ce travail manuel, ce qui,

aujourd'hui, ne serait pas toléré. Puis il louait des livres. Souvent le choix n'en était pas heureux. Ainsi, ce jeune soldat, tout à fait inculte, ne devait comprendre ni le *Contrat social* ni le *Dictionnaire philosophique*.

La passion de Hoche pour la lecture n'absorbait pas tellement ses instants, qu'il n'en eût encore pour les plaisirs quelquefois trop bruyants. Ainsi, le jeune grenadier fut condamné à trois mois de cachot pour « avoir ravagé, renversé de fond en comble et fait un sac complet de la maison d'un bourgeois. » Il est vrai que le bourgeois avait maltraité un camarade de Hoche.

Le 28 décembre 1788, Hoche, simple soldat, se battit en duel près des moulins de Montmartre, avec le caporal Serre, le blessa grièvement, et reçut au front un coup de sabre dont il conserva la cicatrice.

Se battre avec son chef est une faute grave contre la discipline.

Lazare Hoche, pendant qu'il était aux gardes-françaises, fut loin, disons-le, d'être un soldat discipliné. Les colonels des gardes Biron et Duchatelet le considéraient comme un *meneur*. Lorsque le régiment était consigné, Hoche excitait par d'imprudentes paroles l'indiscipline de ses camarades.

Le colonel Duchatelet envoya Hoche au dépôt, où il devint instructeur fort utile, et obtint les galons de caporal.

Les écrivains révolutionnaires ont dit que le 14 juillet 1789, jour de la prise de la Bastille, Hoche était avec le peuple. Il se trouvait, au contraire, en qualité de sergent des gardes-françaises, à la caserne de la rue Verte, et protégeait contre la populace le dépôt d'artillerie de son régiment.

Trois mois après, à l'attaque de nuit du château de Versailles, Hoche défendait la royauté. S'il n'était pas toujours un modèle de sagesse dans la vie privée, il restait fidèle à l'honneur, parce qu'il avait au cœur le sentiment militaire.

Au commencement de la Révolution, des scènes violentes avaient lieu dans les théâtres, et les spectateurs en venaient souvent aux mains, les uns au nom de la République, les autres au nom du Roi. Hoche était un soir de service au Théâtre-Français, lorsque une bataille commença. La garde accourut pour séparer les combattants. Parmi les plus ardents se trouvait un homme vigoureux, qui criait : *Vive la République !* Hoche veut l'arrêter, l'homme se défend avec rage, mais le sergent parvient à le traîner au corps de garde. Cet homme est Legendre, depuis représentant du peuple pour la ville de Paris, alors membre du district des Cordeliers, et boucher de son état.

Rendu à la liberté, Legendre insulta Hoche, lui disant qu'il n'était bon qu'à tenir la bride du cheval de la Fayette. Rendez-vous est pris pour une rencontre à l'épée. Legendre se rend sur le pré avec son second, qui était Danton. La réconciliation se fait, et l'on va souper de compagnie : Danton, Legendre, Hoche et deux soldats.

Dans une histoire du général Hoche, publiée en 1798, par le citoyen Alexandre Rousselin, qui était alors ardent républicain, et qui fut depuis M. de Saint-Albin, l'auteur adresse à Hoche ce singulier reproche : « Hoche ne voyait dans son chef militaire que le défenseur des lois ; et dans les patriotes qui l'attaquaient, il ne voyait que les ennemis des lois. » Rousselin ajoute : « Mais personne n'avait été de meilleure foi que lui dans l'erreur. »

Hoche était d'une taille élevée, robuste et bien prise. Sans être distinguée, sa figure mâle exprimait l'intelligence. Son regard un peu fier, presque hautain, sa parole impérative, indiquaient le goût du commandement. Tout en lui respirait la force, on pourrait presque dire la violence. Mais il savait modérer sinon dominer ses passions.

Hoche, nommé adjudant sous-officier au 104° d'infanterie, quitta Paris le 24 juin 1792, pour rejoindre son régiment à Thionville. Il était général en chef en 1793.

Hoche se trouva sous les ordres du général Leveneur, qui le distingua et se fit son protecteur. Le jeune homme devint aide de camp de Leveneur, qui commandait par intérim l'armée des Ardennes. Leveneur était un ancien officier, gentilhomme bien élevé, animé de nobles pensées. Il se prit d'affection pour son aide de camp, et se proposa de faire son éducation. Ce ne fut pas chose facile, car Hoche adoptait tous les travers et jusqu'aux ridicules des révolutionnaires. Son style était grossier, ses propos sans mesure et ses relations politiques peu convenables. Ainsi, lorsque le général Leveneur l'envoya à Paris, pour y remplir une mission, Hoche n'eut pas honte d'aller voir Marat.

Mais Leveneur corrigeait peu à peu, paternellement, ces fautes de jeunesse irréfléchie. Plus tard, lorsque Hoche était général en chef, Leveneur, retiré à la campagne, lui écrivait des lettres remplies de bons conseils. Il allait jusqu'à s'occuper du langage et du style de Hoche.

On peut affirmer que sans le général Leveneur, Hoche ne serait pas devenu l'homme remarquable que l'on sait. Il faut dire, à sa louange, que sa reconnaissance fut profonde et ne cessa qu'avec sa vie.

Lorsque le représentant du peuple Levasseur, de la Sarthe, ordonna l'arrestation du général Leveneur, Hoche défendit son général et fut traduit, pour ce fait, devant le tribunal révolutionnaire de Douai.

Employé en sous-ordre à la défense de Dunkerque, Hoche, qui avait été nommé adjudant général (chef de bataillon) depuis peu de temps, fut élevé au grade de général de brigade.

Il ne tarde pas à s'emparer de Furnes, et le grade de général de division est sa récompense. Il est appelé au commandement en chef de l'armée de la Moselle à l'âge de vingt-cinq ans.

Ce commandement produit en lui une sorte de transformation. Il devient grave et songeur. Ses journées se passent dans l'étude. Il a sans cesse les cartes sous les yeux, calcule tous les mouvements, et l'on doit reconnaître une véritable science dans ses opérations stratégiques. Il est doué d'une précieuse faculté, l'initiative. La responsabilité ne l'effraie pas, il a tout l'aplomb du véritable commandement, parce qu'il a confiance en lui-même.

L'affaire de Kayserslautern, du 29 novembre 1793, est précédée d'un habile mouvement stratégique, et les combinaisons de l'attaque font honneur aux talents tactiques du général Hoche.

Ses mouvements sur les lignes de Vissembourg, la défaite de l'armée autrichienne de Wurmser, la prise de Germesheim, de Spire, de Worms, sont des opérations dignes des plus grands généraux.

Ses querelles avec Pichegru, protégé par Saint-Just, rendirent Hoche suspect au gouvernement. Il fut dénoncé, accusé de vues ambitieuses et enfin mandé à Paris, enfermé dans une prison d'où il ne sortit que le 9 thermidor.

Sa détention eut une influence marquée sur son caractère. Aux Carmes et à la Conciergerie, il partageait son temps entre la société des prisonniers et la lecture. Il écrivait beaucoup et rédigeait un recueil de maximes. Nous y trouvons celles-ci : « La réflexion doit préparer, la foudre exécuter. — Si mon bonnet savait quelque chose de mes desseins militaires, je le jetterais au feu. — De bons espions valent des bataillons. — L'oisiveté est la rouille du courage, et la source de tous les vices. Faites donc travailler les soldats. — Lorsque l'épée est trop courte, on fait un pas de plus. — Dieu seul peut empêcher d'arriver au but la volonté qui ne se détourne pas. — L'armée est mon élément, le travail ma vie, l'inaction mon tourment. »

Hoche avait emporté quelques volumes dans sa prison : les *Epitres* de Sénèque et les *Essais* de Montaigne. Aux épitres, il avait marqué au crayon la quatre-vingt-onzième, qui se termine par ces mots : *Non sumus in ullius potestate, cum mors in nostra potestate est :* nous ne sommes au pouvoir de personne, quand la mort est en notre pouvoir. Cette pensée, plus philosophique que chrétienne, donne la mesure des idées du général. Il répétait souvent que nul n'était républicain qui n'avait pris la résolution de mourir de sa propre main, résolution supérieure à la puissance des tyrans.

C'est avoir une singulière opinion de la justice des républiques !

A la prison des Carmes, Hoche avait fait la connaissance de la veuve du général Beauharnais, qui devint l'impératrice Joséphine. A l'aide de miroirs, les malheureux prisonniers établissaient des signaux pour se prévenir des condamnations.

Le premier historien du général Hoche, qui écrivait peu de temps après sa mort, dit, en parlant de cette époque : « L'air pensif que ses camarades avaient jusqu'alors remarqué en lui, que quelques-uns avaient pris pour de la tristesse, cet air sombre fit place à l'enjouement. La gaieté folâtre effaça cette teinte de mélancolie qui l'avait dominé ; on ne vit plus Hoche occupé que de rire, de dormir et même de boire ; car violant alors les règles de la sobriété, dont il était l'exemple, il se livra à la table. La bonne chère lui parut, pour un prisonnier attendu par le tribunal révolutionnaire, une distraction plus certaine que tous les écrits de la philosophie.

. . . .

» Cette ivresse passagère ne lui avait rien ôté de sa présence d'esprit ; mais ses paroles, sérieuses auparavant, étaient devenues des bons mots. »

Celui qui écrivait les lignes qui précèdent, le citoyen Rousselin, admirateur passionné de Hoche, se doutait peu du tort qu'il fait à son héros. Il rapporte tout au long un lourd factum, œuvre du général Hoche. Le prisonnier y passe en revue ses compagnons de captivité. Il se plaît à peindre la physionomie des dames. Le général voudrait imiter Voltaire et Diderot, mais l'ironie est une arme trop légère pour lui. Sa prose prétentieuse brave en même temps la grammaire et le bon sens.

Pendant cette captivité, Hoche avait, pour la première fois, vu le monde élégant. Des femmes appartenant à la plus haute aristocratie française étaient prisonnières à la Conciergerie. Chaque jour Hoche leur offrait des bouquets, et mettait complètement en oubli les Romains et les Spartiates.

Ces causeries entre femmes spirituelles, cette politesse de cour, ces idées patriciennes toutes nouvelles pour lui, firent une profonde impression sur le général de la république. Le charme le pénétra.

Depuis ce temps, le général Hoche fut en proie à ce mal inconnu qui dévora sa vie. Il avait des aspirations impossibles à réaliser. Son âme habitait un autre monde que son corps; son esprit restait aux champs de bataille, mais fuyait avec dégoût le républicanisme grossier, matériel et brutal.

Enfin, le 9 thermidor lui rendit la liberté. Mais Carnot ne voulait plus l'employer, et il fallut que le Comité de salut public prît sa cause en main. Un mois après sa mise en liberté, il fut appelé au commandement de l'armée des côtes de Cherbourg.

Hoche montra de grands talents dans cette difficile mission. Disons néanmoins que l'histoire, à bon droit sévère, lui demandera compte de l'assassinat des prisonniers faits à Quiberon. Les hommes avaient rendu leurs armes au général Hoche, il devait donc exiger qu'ils fussent traités en soldats.

Lorsque la guerre civile fut terminée, Hoche reprit un projet qu'il avait conçu au siège de Dunkerque, celui d'une expédition contre l'Angleterre.

Le Directoire adopte ce projet, que Hoche doit exécuter. Il s'embarque à Brest, le 15 décembre 1796, conduisant un peu plus de 13,000 hommes. Il est vaincu par les éléments. Une tempête disperse la flotte, et l'expédition rentre dans le port de Brest un mois après en être partie.

V.

Appelé au commandement de l'armée de Sambre-et-
Meuse, il effectue un double passage du Rhin, et manœuvre habilement et avec succès, lorsque les préliminaires de la paix de Léoben arrêtent ses projets.

Ici se place un voyage politique du général Hoche. Il se
rend-à Paris et doit être le chef militaire d'un coup d'Etat.
Il adresse même des ordres dans les premiers jours de
thermidor. Les contre-ordres ne tardent pas à suivre les
ordres. Bref, le général, qui semble n'avoir pas eu la confiance entière du gouvernement, s'éloigne douloureusement affecté. Tout cela ressemblait fort à une intrigue de
parti. Nous aimons mieux croire que Hoche fut dupe, que
de le soupçonner de complicité dans un acte de violence.

Hoche ne se consola pas de n'avoir pu obtenir la dictature promise par Barras. En parlant de ces projets, Rousselin rapporte cette conversation entre les meneurs et le
général Hoche : « .... Les troupes peuvent être dans Paris
avant deux jours, dit le général. — Etes-vous sûr de vos
troupes? lui demanda Marbot; vos chefs de corps oseront-
ils fouler un moment à leurs pieds le prestige de la représentation nationale? Auront-ils le dévouement intrépide
de ne pas balancer entre la crainte de la destitution, de
l'échafaud même, et l'exécution de vos ordres? — Je suis
assuré des officiers et des soldats, » répondit Hoche.

Peu de jours après, mécontent, ombrageux, profondément irrité, le général Hoche se rendait à Wetzlar. C'était
le 15 thermidor.

« Il était extrêmement abattu; et quelque effort qu'il fît sur lui-même pour cacher la peine qui le dévorait, il était impossible de ne pas en lire sur son front l'impression profonde.... Son âme si forte, si énergique jusqu'alors dans les contradictions, était flétrie et semblait avoir perdu tout son ressort. L'état de découragement dans lequel il se sentait tomber approchait du désespoir; le dépérissement de sa santé ajoutait à l'altération de ses forces morales. Il avait beaucoup maigri; ses yeux étaient éteints, et son teint très pâle.... »

Pendant ce temps, une enquête avait lieu sur la marche des troupes. Thibaudeau proposait l'organisation d'un tribunal pour juger cette tentative contre l'Assemblée. Willot et surtout Delarue faisaient un nouveau rapport, et adressèrent un message au Directoire contre le général de l'armée de Sambre-et-Meuse. Hoche comprit qu'il serait traduit devant des juges.

« Les Français mériteront-ils encore longtemps, disait le général, d'être la terreur et la risée de l'Europe? »

Malgré ses souffrances et ses peines, Hoche voulut donner une grande fête pour l'anniversaire du 10 août. Les républicains ont fait grand bruit de cette fête, qui fut embellie par des discours, des revues, le spectacle d'une petite guerre, et surtout par un banquet patriotique. Au dessert, les toasts les plus ardents furent portés, sous la présidence du général en chef, qui, se levant, prononça d'une voix forte: « A la République! Que toujours ses anciens défenseurs lui soient fidèles.... »

Puis le général Lefebvre se leva pour s'écrier: « *A la haine des ennemis de la République! Feu de file sur les coquins qui souillent le sol de la liberté!* »

Le farouche républicain qui prononçait ces paroles devint maréchal de l'empire et duc de Dantzig.

Le général Ney porta ce toast : « *Au maintien de la République. Grands politiques de Clichy, ne nous forcez pas à sonner la charge.* »

Cet autre républicain devint maréchal, duc d'Elchingen, prince de la Moskowa.

Ce fut à ce banquet qu'un général ayant porté la santé du général Bonaparte, et voulant développer sa pensée, Hoche s'écria : *A Bonaparte tout court ; son nom dit tout !*

Le procès-verbal de cette fête républicaine fut placardé sur les murs de Paris. Le public s'en émut, et Boissy d'Anglas, de concert avec Dumolard, fit une motion contre ces affiches.

Hoche devait donc exécuter le coup d'Etat du 18 fructidor. Mais les républicains lui préférèrent Augereau, alors ardent démocrate, et depuis duc de Castiglione et maréchal de l'empire. On se méfiait de Hoche, soit qu'on le supposât capable d'exploiter la dictature à son profit, soit que les meneurs ne le crussent pas assez niais pour le rôle de gendarme.

Pendant ce temps, au nom de la république, la Réveillère-Lepeaux pressait contre son cœur le général Bernadotte, qui apportait les drapeaux de l'armée d'Italie.

Hoche fut heureux de la journée du 18 fructidor, il envia la grande part faite à Augereau, et se réjouit de voir partir pour l'exil et la déportation soixante-cinq députés, nommés par le peuple, et dont le caractère était aussi sacré que celui des proscripteurs. Parmi les députés se trouvaient Boissy d'Anglas. Bourdon (de l'Oise), Dumolard,

Camille Jordan, Pastoret, Pichegru, du conseil des Cinq-Cents, Barbé-Marbois, Matthieu Dumas, Lafond-Labédat, Rovère, Tronçon-Ducoudray, Portalis, etc., du conseil des Anciens.

Ce coup d'Etat devait nécessairement être suivi de la journée du 18 brumaire. Le général Bonaparte mesura d'un coup d'œil la faiblesse du Directoire, et jugea que lorsque le moment serait venu, il chasserait à coups de crosse ces proscripteurs cruels et pusillanimes.

Une longue lettre politique écrite, le 26 fructidor, par le général Hoche prouve qu'il se jetait à corps perdu dans la politique. Cette lettre est affligeante, parce que le général s'y recommande lui-même au Directoire, il sollicite, il est presque dénonciateur des officiers généraux dont il demande l'épuration.

Pendant ce temps, une sourde maladie minait son existence. Mourant, il s'agitait toujours, en proie à cette fièvre dévorante qu'on nomme l'ambition, à ce délire qui trouble la raison.

Le 19 septembre 1797, le général Hoche mourut à Wetzlar.

L'un des historiens de Hoche, l'un des plus sérieux, M. Bergounioux, a dit que Hoche est mort par la contrainte qu'il dut s'imposer, avant trente ans, pour composer son maintien et montrer constamment, vis-à-vis de ses inférieurs, la réserve et la dignité convenables à son grade et à ses fonctions.

Il y a du vrai dans cette opinion. Complètement privé d'éducation, sans instruction classique, étranger au monde et aux choses de la vie, Hoche éprouva de terribles froissements. Son intelligence prompte, son esprit vif, son âme ardente, sa nature passionnée, étaient en lutte perpétuelle avec la civilisation. Il n'en connaissait ni les pièges ni les amorces. Après avoir été dupe, il devint méfiant. Ses allures soldatesques, son langage raboteux, passèrent, aux yeux des généraux, pour des calculs ambitieux, pour des concessions à la grossièreté révolutionnaire, pour des actes de courtisanerie envers la populace.

Peu à peu, l'exercice de l'autorité fit disparaître, aux yeux de Hoche, toutes les illusions. Le général en chef fut aux prises avec d'immenses difficultés. Un travail opiniâtre lui permit de combler en partie les vides creusés par une jeunesse abandonnée. Il refit son instruction autant qu'il est possible de réparer un mal irréparable.

Il ne mourut pas de la contrainte imposée, mais de l'étourdissement que lui fit souffrir une élévation trop subite.

Une phrase se trouve souvent dans ses lettres : « Je ne demande qu'à m'effacer dans les rangs, d'où *le hasard et mon travail m'ont fait sortir trop tôt pour ma tranquillité.*

Il était donc mal à l'aise sur ces hauteurs où son ambition, ses talents et ses services l'élevaient comme dans un tourbillon.

Le temps ne respecte que ce qu'il fait avec une sage lenteur. L'arbre est longtemps à grandir; les fruits ne mûrissent pas au premier rayon du soleil ; le fleuve, avant de rouler ses flots dans la vaste plaine, n'est que petit ruisseau murmurant dans les herbes de la prairie. La nature intellectuelle et morale se développe doucement, aussi bien que la nature physique.

Hoche avait échappé à la suprême loi, il n'avait pas été

mûri par le temps, mais par l'orage. Des fibres s'étaient brisées sous l'effort surhumain. La flamme qui brillait d'un éclat si pur le consumait heure par heure.

L'empereur a dit dans ses mémoires : « D'un patriotisme exalté, d'un caractère ardent, d'une bravoure remarquable, d'une ambition active, inquiète, Hoche ne sut pas attendre les événements, et s'exposa par des entreprises prématurées. Il témoigna, en toute occasion, de l'attachement pour Napoléon. »

« Hoche, disait encore l'empereur, était d'une ambition hostile, provocante ; il était homme à venir de Strasbourg avec 25,000 hommes, saisir le gouvernement par force. »

Quoiqu'il aimât le plaisir et l'argent, le général Hoche était désintéressé et d'une exacte probité. Humain envers les vaincus, il pardonnait volontiers ; Quiberon seul fait tache dans son passé. Mais il ne faut pas chercher en lui une grande suite ; ses passions l'emportent trop souvent. Ses mœurs sont loin d'être irréprochables, et nous devons jeter un voile épais sur des faiblesses dont l'âge est en partie responsable.

A dix ans, Hoche avait été pris comme enfant de chœur par M. le curé de Saint-Germain en Laye. Ce vieux prêtre déposa dans son âme des principes religieux. Ils y sommeillèrent profondément sans s'y éteindre. Aussi, dans ses pensées écrites en prison, Hoche place celle-ci : « J'estimerai toujours un homme pieux. La morale de l'Evangile est pure et douce, et quiconque la pratique ne peut être un méchant. Loin de moi le fanatisme, mais respect à la religion ; elle console des maux de la vie, et il est des instants où l'âme y cherche un refuge. »

VI.

La nature avait été prodigue envers lui. Vaste intelligence, beau courage, grand cœur, esprit d'une extrême finesse, Hoche avait en partage ce qu'il faut à l'homme pour s'élever.

Il vécut à une époque de profonde corruption et sous un gouvernement égoïste, jaloux, et tour à tour imbécile et cruel. Ce gouvernement utilisa ses talents sans lui accorder sa confiance.

Hoche, qui n'avait pas l'habileté nécessaire pour déjouer les intrigues, s'indigna contre la société. Il devint misanthrope, maladie mortelle pour les hommes énergiques.

Il aimait à lire Sénèque, Condillac, J.-J. Rousseau. Tout cela était trop substantiel pour une tête aussi jeune et aussi chaude. Hoche y perdait son naturel et s'enivrait de pédantisme. La lecture de Voltaire le conduisit même jusqu'à la poésie, car il voulut faire des vers, tout aussi bien que le grand Frédéric.

Comparer le général Hoche au général Bonaparte comme stratégiste et tacticien ne saurait être tenté sérieusement. Hoche a le coup d'œil, il juge promptement et sait persévérer dans ses résolutions. Mais il n'a pas une tactique tranchée, bien arrêtée dans son esprit. Il règle ses mouvements sur ceux de son adversaire, le contrariant et le battant. Il manœuvre le moins possible, allant au choc le plus vite qu'il peut. Au reste, il a le don de la guerre. Étant au siège de Dunkerque, il adresse un mémoire contre la dissémination des troupes le long de la frontière, et dit que

les *petits paquets* ne valent rien, et qu'une bonne masse écrase tout.

Hoche n'eut pas le mérite de supprimer les tentes pour mobiliser ses troupes, les tentes se supprimèrent parce que les magasins n'en contenaient plus.

La guerre de la Vendée mit en relief les qualités inventives de Hoche. Il employa une autre tactique : celle des camps retranchés, se reliant les uns aux autres, et les colonnes mobiles fouillant le pays en tous sens.

Le général Hoche modifia l'organisation des armées de la république en renonçant aux divisions mixtes, pour avoir des divisions composées d'une seule arme. Il voulait ainsi ôter aux généraux le désir naturel d'opérer chacun pour son compte, au moyen des armées réunies entre leurs mains. Il disait que la division n'est pas une petite armée, mais une fraction de l'armée. Il augmentait la puissance de la cavalerie et mettait une masse d'escadrons à la disposition du général en chef. Il forma des divisions de cuirassiers, d'autres de dragons et enfin de cavalerie légère. Il savait bien employer ces diverses sortes de cavalerie, d'après le champ de bataille et le moment précis de l'affaire.

Hoche est pour l'unité du commandement à une époque où les conseils, les avis, se multipliaient jusqu'au ridicule. Il repousse l'élément civil dans la conduite de la guerre, et commande haut et ferme, acceptant toutes les responsabilités. Nous parlons de sa dernière manière, car, au début, il écoutait avec complaisance les représentants du peuple.

Il est ami de la discipline, veut que tout avancement soit obtenu hiérarchiquement, sans franchir un seul échelon. Il n'oublie pas qu'il a servi aux gardes-françaises et se montre souvent parfait gentilhomme.

Ainsi, un régiment s'étant révolté pour ne pas rester sous les baraques pendant l'hiver, le général met à l'ordre du jour que pour punir ce corps, il le prive de l'honneur de marcher au premier combat. Cela rappelle le maréchal de Richelieu. Une autre fois, deux bataillons se mutinent, prennent les armes, et font mine de résister; Hoche accourt, saisit le chef de la révolte, et le renverse d'un coup de sabre. Le maréchal de Saxe n'eût pas fait mieux.

L'un des historiens du général Hoche, Delabarre du Parcq, officier supérieur du génie, a dit : « On représente ordinairement notre héros comme un homme rude et austère ; disons qu'il nourrit, au contraire, des goûts délicats, et affectionne les usages et les conversations de la société la plus élevée, la plus polie, la plus raffinée, de cette société de l'ancien régime, dont il ne restait plus alors que des vestiges. Tel il se montre avec ses amis et auprès des captives de la Conciergerie, dans les salons de Paris. Où cette tendance l'aurait-elle mené s'il avait vécu? »

Depuis le 9 thermidor, qui le rendit à la liberté, le général Hoche devint une sorte d'aristocrate.

Il recherchait la société des personnages d'autrefois; son maintien avait pris de la noblesse, son langage était mesuré. Il se montrait réservé. Cependant le 18 fructidor le trouva républicain plein d'ardeur, moins cependant qu'Augereau et Bernadotte.

Aucun homme n'a aussi complètement changé que le général Hoche. Quelque courte qu'ait été sa vie, la fin ne ressemble pas au début.

Dans cette voie où il était entré parce qu'il était pénétré de sa supériorité réelle, parce qu'il était homme d'ordre et d'autorité, Hoche devait logiquement se trouver, le 18 brumaire, à côté du général Bonaparte.

Les républicains pensent le contraire. Ils ont raison s'ils ne connaissent que les années turbulentes de l'ancien sergent aux gardes-françaises.

Hoche fut un grand général. S'il eût vécu, il serait devenu peut-être un grand homme.

Une opinion souvent exprimée par Hoche, sous des formes différentes, est celle-ci : le bon général ne doit pas réunir de conseils de guerre, il ne doit pas confier à une assemblée, quelle qu'elle soit, le soin de discuter les opérations; les hommes réunis sont pusillanimes; des opinions flottantes troublent les plus fermes; on perd un temps précieux en paroles inutiles; les parleurs, les vaniteux, les jaloux, les timides, les aveugles, les sots et les fous, au lieu d'aplanir les difficultés, en font naître de nouvelles. Tout général qui se met sous la tutelle des conseils est battu d'avance. Un homme d'un esprit ordinaire, mais doué de bon sens et ferme de caractère, fera mieux, tout seul, que vingt ou trente gens très instruits et très spirituels, réunis autour d'une table. Hoche décidait seul, après avoir jugé seul. Il jetterait au feu son bonnet si ce bonnet connaissait ses moindres projets.

Tous les grands hommes de guerre ont été de l'avis du général Hoche, comme le prouvent Plutarque et Brantôme. Les modernes ne se sont pas élevés contre cette doctrine.

Ne serait-ce pas la principale raison de l'antipathie qu'éprouvent les généraux de toutes les époques pour les corps délibérants, pour ce qui se nomme le parlementarisme?

Il y a un antagonisme bien évident entre les armées et les gouvernements parlementaires.

C'est dans cet ordre d'idées qu'il faut chercher la raison de la répulsion qu'éprouvent les capitaines éminents pour le gouvernement républicain.

On peut dire du général Hoche ce que les chroniqueurs rapportent de Gustave III. Le trait le plus saillant de sa figure était la vivacité remuante d'un esprit ouvert, entreprenant, attentif aux bruits du dehors, docile aux vents qui soufflaient. Soucieux d'attirer l'attention, de fixer les yeux de la foule, d'obtenir l'ascendant d'une renommée populaire, il calculait ses moindres propos et ses démarches les plus naturelles en apparence. Plus brillant que profond, plus agité qu'actif, prompt aux vastes projets qui séduisent l'imagination et s'évanouissent en chimère, attiré par les mirages de la gloire, avide de triomphes personnels, il sacrifiait parfois les intérêts sérieux de la chose publique à ceux de sa réputation. Aussi épris de généreux projets que de futiles plaisirs, habile aux combinaisons qui demandent une fine souplesse, mais inégal, inconstant, chagrin, ambitieux, inquiet, manœuvrant au jour le jour, sans vues suivies, sans principes arrêtés, sans croyances réfléchies, sans convictions, il pourrait facilement passer pour un caractère privé de réelle grandeur.

La capricieuse et tyrannique puissance à laquelle il a soumis sa vie, la popularité, pour lui donner son nom, en a fait un héros, peut-être parce qu'il est mort à propos.

S'emparant de ce héros, la politique lui a élevé un immense piédestal, une sorte d'autel devant lequel les républicains s'agenouillent dévotement.

Cette dévotion a pour but principal d'amoindrir Napoléon

Bonaparte. Puis on veut éblouir les généraux ambitieux par la perspective d'une glorification démocratique.

N'oublions pas les paroles prononcées par le vieil empereur sur le rocher de Sainte-Hélène :

« L'histoire n'est pas de la métaphysique : on ne peut pas l'écrire d'imagination et bâtir à volonté; il faut d'abord l'apprendre. »

VII.

Le citoyen Rousselin, qui écrivait en 1798 la vie du général Hoche, dit : « Dans l'une des fêtes célébrées à Thionville, au temple de la Raison, les regards de Hoche s'arrêtèrent sur une jeune fille de quinze ans. L'air de candeur et d'humilité qui l'avait frappé ne tarda pas à fixer son choix. »

Cette jeune personne, fille du citoyen Dechaux, garde-magasin des vivres, devint quelques jours après Mme Hoche. Ceci se passait à la fin de pluviôse, an II de la république. Mlle Dechaux apportait au général cinquante mille livres de dot.

Cette digne femme, aimable, bonne et distinguée, ne tarda pas être veuve; elle était mère d'une petite fille d'un an.

La veuve du général Hoche porta noblement son nom. Son salon du faubourg Saint-Germain a laissé de doux souvenirs à ses nombreux amis.

La fille unique du général Hoche a épousé M. le comte des Roys, d'une ancienne maison de la haute Auvergne.

LUCKNER

LUCKNER

I.

Les destinées humaines sont singulières. Une fille naissait en France, en 1722, dans la mansarde d'un boucher
de Paris. Elle se nommait Antoinette Poisson. La fortune
lui sourit, et cette pauvre fille devint marquise de Pompadour, protectrice de Voltaire, correspondante de Marie-
Thérèse, souveraine adulée des ministres et des généraux
d'armée.

Dans la même année 1722, la petite ville de Kampen, en
Bavière, voyait naître dans une famille pauvre aussi, obscure comme celle du boucher de Paris, un enfant qui reçut
le prénom de Nicolas. Celui-là devint baron allemand,
maréchal de France, généralissime.

Antoinette Poisson, ou plutôt la marquise de Pompadour, causa la mort du maréchal de Luckner, qui, on le
sait, périt sur l'échafaud.

Pendant son règne de favorite, la marquise avait lu dans
les gazettes de merveilleux récits sur la guerre. Un nom
revenait sans cesse sous la plume des journalistes, celui de
Luckner, chef de partisans. Les imaginations se donnaient
carrière, et Luckner était pour les Parisiens une sorte de

héros mystérieux, invincible, invulnérable, d'une bravoure éclatante et d'une incomparable beauté. Mme de
Pompadour, qui créait les modes, donna le nom de Luckner à une coiffure chiffonnée dont les nœuds exprimaient
l'agitation des doigts.

Dans ses *Lettres spirituelles*, imprimées en 1781, on
trouve une épitre adressée par la marquise au maréchal
de Soubise; elle s'écrie : « Quel est ce brave Luckner dont
on m'a tant parlé, et qui a acquis tant de gloire à nos dépens? Il faut avouer que les Anglais sont trop bien servis. »

La marquise déploya toute sa finesse pour obtenir du
roi que Luckner fût admis au service de France. Elle
réussit. Maintenant, jetons un regard en arrière.

Entré comme cadet dans le régiment de Morasvitzki,
au service de l'Electeur, Luckner avait fait ses premières
armes en Hongrie.

Devenu major du régiment de Ferrary-hussards, il passa
au service de Hanovre en qualité de colonel.

En 1760, le roi d'Angleterre, Georges III, nomma Luckner lieutenant général et commandeur de Ratzebourg.

Le corps qu'il avait souvent conduit à la victoire ayant
été licencié par le ministre, malgré la promesse du roi,
Luckner en conçut un grand ressentiment et se démit de
toutes ses charges.

Louis XV ayant su par Mme de Pompadour que Luckner
seul battait ses troupes, mit en campagne sa diplomatie
secrète pour gagner le capitaine à la cause du roi de
France. Des honneurs et surtout des pensions facilitèrent
le traité, et Luckner entra dans l'armée qu'il avait com-
battue.

Les généraux français montrèrent un vif mécontentement en voyant leur ennemi de la veille devenir leur compagnon ou leur chef.

Alors Louis XV, pour ne déplaire ni à ses généraux ni à la marquise de Pompadour, décida que Luckner compterait au service de France, mais ne serait jamais employé.

Les courtisans vantèrent l'esprit du roi, qui avait privé l'étranger d'une grande épée, sans confier ses troupes à un Allemand. Chacun se montra satisfait, mais la gloire militaire de Luckner y gagna peu.

L'histoire ne dit pas que Luckner se plaignît très amèrement d'un repos qui dura trop longtemps.

Ce repos ne fut pas inutile à la fortune du général. Lorsque la Révolution eut lieu, Luckner fut considéré par l'opposition comme une victime de la cour. Les profonds politiques s'engouèrent de lui. La monarchie ne l'avait pas employé, donc il était un grand général.

Pendant la guerre de Sept ans, Luckner avait commandé un petit corps de partisans fort incommode à nos troupes. Il ne cessa de harceler les Français durant la campagne de 1757, et leur fit éprouver de sérieuses pertes à la bataille de Rosbach.

Telle était sa carrière militaire. Il n'avait jamais commandé en chef, jamais conçu un plan, jamais exécuté un mouvement stratégique.

Entré au service de France le 20 juin 1763, avec le grade de lieutenant général, il vécut dans un repos complet. Sa retraite durait donc depuis près de trente ans, lorsque le parti de la Révolution obligea Louis XVI à élever Luckner à la dignité de maréchal de France. Il reçut le bâton le 28 décembre 1791.

Un peu surpris de se voir saluer du titre de victime, Luckner finit par se considérer comme ayant subi de cruelles disgrâces.

On écrivait alors : « Plus ce vieux général avait paru négligé par les ministres, plus l'Assemblée nationale veut venger M. de Luckner. Elle désire que le roi augmente les honneurs d'un guerrier qui s'est déclaré pour la liberté. Un représentant de la nation a dit à la tribune : Le général Luckner a battu des Français lorsqu'il commandait des Allemands; qui ne vaincra-t-il point lorsqu'il sera à la tête des Français ? »

La marquise de Pompadour n'avait pas été plus capricieuse que l'Assemblée constituante, et le bonhomme Luckner, en entendant les discours des députés, songea peut-être au bon sens de la marquise.

Le 18 mai 1792, Louis XVI appela Luckner au commandement de l'armée du Nord. Peu de jours après, les journalistes accusaient Luckner de trahison, et sa popularité d'un jour s'évanouissait.

Cependant l'Assemblée nationale déclara que le maréchal Luckner avait toujours la confiance de la nation.

Le ministre de la guerre Narbonne, qui fut depuis aide de camp de Napoléon, conduisit le maréchal à une séance solennelle de l'Assemblée nationale.

Les cheveux blancs du vieux soldat inspirèrent tout d'abord le respect. Mais lorsqu'il prononça un discours pour donner l'assurance de son dévouement à la liberté, l'accent germanique de Luckner, les rudes atteintes qu'il portait à la langue française, son emphase théâtrale, provoquèrent les sourires. Voyant que la représentation était manquée, Narbonne s'empressa de dire : « M. Luckner a le cœur plus français que l'accent ; il lui est plus facile de gagner une bataille que de faire un discours. »

Flattés de cette pensée qu'un discours était moins facile qu'une victoire, les députés applaudirent, et Luckner se retira fort satisfait de ses débuts politiques.

Il composa son plan de campagne, se déclarant pour la guerre offensive. Ni l'Assemblée ni la cour n'adoptèrent ces idées, celle-ci par prudence, celle-là parce qu'elle redoutait les grandes réputations militaires. De leur côté, les révolutionnaires ne cessaient de répéter que le baron de Luckner était un noble odieux, un étranger ennemi de la liberté, dont il se souciait peu et qu'il caressait par ambition.

Le pauvre maréchal disait aux gens de cour qu'il serait fidèle au roi, et donnait en même temps l'assurance aux députés qu'il aimait fort la constitution nouvelle, dont il ne savait pas le premier mot.

En 1792, il osa se plaindre très franchement des clubs, qui détruisaient la discipline et parlaient sans cesse de trahisons.

L'armée française avait conservé un vague souvenir du mal fait à nos régiments par Luckner, pendant la guerre de Sept ans. Les gens de lettres l'accusaient de s'être vendu à M. de Choiseul ; enfin, le pauvre maréchal n'inspirait que peu de confiance.

Malgré ses soixante-dix ans, Luckner était actif et vigoureux ; mais le moral répondait peu au physique. Cependant sa jactance de hussard allemand, sa gaieté bruyante et sa tournure de cavalier plaisaient au peuple. Il parlait une langue semi-tudesque, semi-gauloise.

Officier d'avant-garde, sabreur émérite, intrépide buveur, il ne comprenait pas le plus petit mot de politique. Tantôt on l'entendait dire : « Quelques régiments étrangers frotteront sans peine les oreilles à madame la nation, fût-elle quatre fois plus grosse. » Le même jour il s'écriait : « Je mettrai l'empereur d'Allemagne dans *mon* poche droite, et le roi de Prusse dans *mon* poche gauche. »

Luckner parut devant les troupes, vêtu à la Frédéric II, la poitrine couverte de différentes croix de chapitres. Le peuple cria à l'aristocrate, et le vieux hussard fit le sacrifice de ses décorations, mais avec un vif regret.

L'habile officier du génie Doiré montrait à Luckner la place de Landau. L'ingénieur croyait avec raison mériter des éloges. Luckner ne regardait rien, n'écoutait pas un mot, priait les officiers du génie de marcher en avant et ralentissait le pas, afin de raconter aux cavaliers mille aventures d'avant-postes et autres histoires de la guerre de Sept ans. Lorsque le colonel Doiré voulut prendre ses ordres, Luckner lui dit : « Mes places fortes sont dans *mon* tête. »

II.

Le maréchal Luckner était à Strasbourg et y exerçait le commandement suprême, lorsque la ville se crut menacée d'une attaque prochaine.

Les officiers municipaux publièrent une proclamation pour exhorter les citoyens à se joindre aux travailleurs. Le maire Diétrich, accompagné des principaux habitants, se rendit aux redoutes en construction, afin de donner l'exemple. Le lendemain, les jeunes gens du meilleur monde prirent les pelles pendant quelques minutes, et puis

rentrèrent en ville, après avoir distribué quelques gra-
tifications.

La municipalité engagea le maréchal Luckner à venir
pendant une heure honorer de sa présence l'*atelier civique.*

Luckner accepte l'invitation. Il réunit chez lui les officiers généraux ainsi que les chefs de corps, et leur offre
un déjeuner. Ce repas très frugal dure vingt minutes. On
sort de table pour se rendre en corps à l'atelier. Décorés
de leurs écharpes, les municipaux attendent, la musique
de la ville fait entendre des airs guerriers, tandis que des
milliers de spectateurs saluent de cris joyeux la venue des
généraux. Le maire Diétrich prononce quelques paroles,
une manière de petit discours patriotique, puis il offre à
Luckner la pelle et la brouette. Le maréchal accepte celle-
ci. Chacun attend un discours en réponse à celui du
maire, on se rapproche, les curieux prêtent l'oreille, le
silence se fait. Alors le maréchal découvre sa tête blanche
en s'écriant : *En avant!* Puis il ôte son habit, dépose
son épée, approche ses deux mains de sa bouche, les
humecte, saisit le brancard de la brouette et se met à
l'ouvrage. La chaleur suffocante du mois d'août ne saurait arrêter ce vieillard vigoureux, il est sourd à toutes les
prières et ne dit plus un seul mot.

A neuf heures du soir, un officier lui rappelle qu'un
grand souper a été préparé pour lui au palais épiscopal.
Il s'y rend à pied, à travers une foule qui veut le porter
en triomphe. Il se met à table, mange, boit et pérore
comme un écolier en vacances.

Après le souper, un bal l'attend chez Mme Diétrich.
Cette charmante femme demande au maréchal, avec son
gracieux sourire, s'il daignerait ouvrir le bal.

« Je vais *walzer* avec vous, » répond Luckner. Il danse toute la nuit. A six heures du matin, il appelle un aide de camp et donne l'ordre que ses chevaux de selle soient à sept heures devant la porte du bal.

La visite des postes dure depuis sept heures jusqu'à dix, et la parade depuis dix heures jusqu'à midi.

A midi, le maréchal se rend à un grand dîner chez le général Choisi.

A ce régime, la part de la politique n'était pas grande. Le 13 juin 1792, l'armée du Nord s'empara de Menin. L'avant-garde, commandée par le général Valence et le maréchal Luckner en personne, prit Courtrai, défendu par les Autrichiens. Le maréchal s'exposa comme un simple soldat. Les officiers voulaient en vain e retenir : « Non ! mes amis, disait-il, les balles respectent les braves. »

Lorsque Rochambeau eut donné sa démission, accompagnée de celles d'un grand nombre d'officiers, une crainte vague s'empara du public. Dans le moment même Luckner traversait Paris. A sa vue, le peuple fit éclater des transports de joie. Se trouvant dans une maison du quai des Théatins, il fut forcé de se présenter sur un balcon. Profitant d'un moment de silence, le maréchal adressa dans son jargon, mais vivement, spirituellement, des reproches au peuple sur son inconstance. Une populace abrutie par l'ivresse applaudit furieusement, criant : Vive Luckner !

Bientôt après, cette même populace accompagnait sa marche vers l'échafaud, avec les mêmes applaudissements. Le cri seul était changé ; cette fois, le peuple hurlait : Mort à Luckner !

Quoique prévenu contre le maréchal, le roi ne l'en

traita pas moins avec une touchante bonté. L'avarice sordide de Luckner l'empêchant de se mettre en équipage, Louis XVI lui donna des chevaux de son écurie.

Pendant que Luckner protégeait avec la Fayette la ligne du Rhin, ce dernier confia à son collègue ses plans pour la délivrance du roi. Affaibli par l'âge, entouré d'intrigues, entraîné tantôt d'un côté, tantôt de l'autre, le vieillard versait d'abondantes larmes et se laissait aller au découragement.

Que pouvait comprendre à la Révolution française ce hussard allemand brave et loyal? Il ne pouvait être que royaliste, et jouait malgré lui le rôle de démocrate. Il aimait son titre de baron, il aimait ses décorations, il aimait ses honneurs et ses pensions. Tout cela lui échappait. Homme de discipline, habitué à l'obéissance allemande, il ne voyait partout qu'indiscipline et désobéissance.

Luckner n'y tint plus. On l'entendit maudire la Révolution et tourner la république en ridicule.

Invité par l'Assemblée nationale à venir rendre compte de ses opérations et de sa conduite, il se rendit à Paris et se justifia en compromettant ses collègues.

Ici commence l'agonie du vieillard. Accusé de trahison et d'incapacité, il est l'objet des insultes et des outrages. On lui retire son armée, puis il est interné dans Paris jusqu'au jour où la Convention l'autorise à séjourner à Strasbourg. Le Comité de salut public le fait enlever pendant la nuit, et les gendarmes le traînent à l'Abbaye.

Il y resta pendant un mois, étendu sur la paille, dans un cachot privé de lumière. « Il était tellement sûr de son innocence, a écrit son fils, le comte de Luckner, grand bailli dans le Holstein, qu'il ne voulut jamais quitter la France, malgré les instances de sa famille. »

Après une séance d'un quart d'heure, le tribunal révolutionnaire condamna le vieillard à avoir la tête tranchée *pour avoir conspiré contre la nation*. Il fut envoyé à l'échafaud le jour même de sa condamnation. Contrairement à l'usage de marcher au pas, la charrette qui conduisait le maréchal de Luckner traversa Paris au galop, par ordre supérieur.

Nous devons dire que Luckner avait été oublié pendant toute l'année 1793, et l'on peut supposer qu'il eût échappé au supplice. Mais, au commencement de 1794, il commit l'imprudence de réclamer le paiement de ses pensions au ministre de la guerre. L'arriéré ne laissait pas que d'être considérable. L'attention se reporta donc sur le maréchal, et ses ennemis le firent arrêter, juger et exécuter, le 4 janvier 1794, à l'âge de soixante-douze ans.

Jamais il n'avait conspiré contre la nation ; tout ce qui se passait autour de lui le surprenait, mais il avait renoncé à comprendre les causes ou les effets des événements. Un jour il achetait les biens du clergé et se félicitait de quelque bonne affaire, le lendemain il défendait les privilèges.

Un grand nombre d'écrivains ont présenté Luckner comme un soldat brutal, un traîneur de sabre, plongé dans de grossières voluptés, et toujours sur la pente de l'ivresse. Au contraire, le maréchal se piquait d'une grande éducation. Toujours poli, bienveillant, affable, il savait conquérir l'estime et l'affection. S'il connaissait mal la langue française, il possédait la littérature allemande d'une remarquable façon. Il récitait Klopstock par cœur, et peu d'Al-

lemands ont connu, aussi bien que Luckner, l'histoire de
la Germanie.

Son défaut capital fut l'avarice. Quant à ses talents militaires, il en faut parler modestement. Sa réputation d'habile partisan attira l'attention de Mme de Pompadour. Sans
la marquise, Luckner serait resté en Allemagne. Il n'aurait pas vécu plus longtemps peut-être, sa vie n'eût pas
été plus heureuse, mais le baron ne serait jamais monté
sur l'échafaud.

III.

Parmi les passions qui fermentaient autour de Luckner,
il en était une qu'il lui était difficile d'éprouver. Les
mots : liberté, égalité, fraternité, pouvaient sortir de ses
lèvres, mais le nom sacré de patrie s'éteignait sans réveiller un écho.

Ce capitaine allemand, quel que fût d'ailleurs son
amour pour la France, aurait dû repasser le Rhin dès que
sonna l'heure première de la Révolution.

L

JOUBERT

JOUBERT

Joubert était grand, maigre, et paraissait souffrir. Son
regard brillant, sa voix creuse, semblaient indiquer un
état fébrile. Certainement la nature l'avait créé pour la
maladie, mais son caractère énergique l'emportait, et ce
jeune homme, à l'attitude molle, était d'une activité pro-
digieuse. Intrépide au feu, infatigable dans les marches,
il voyait et calculait tout. Le sourire mélancolique qui
errait sur ses lèvres, les longs cheveux qui ombrageaient
son front, sa physionomie peu vive, lui donnaient l'apparence d'un poète ou d'un artiste. Ce corps frêle, en apparence, enveloppait une âme de soldat.

Le général Bonaparte écrivait au Directoire, le 26 brumaire an VI (16 novembre 1797), avant la mort de Joubert : « Le général Joubert, qui a commandé à la bataille
de Rivoli, a reçu de la nature les qualités qui distinguent
les guerriers. Grenadier par le courage, il est général par
le sang-froid et les talents militaires. Il s'est trouvé souvent dans les circonstances où les connaissances et les
talents d'un homme influent tant sur le succès. C'est de

lui qu'on a dit, avant le 18 fructidor : Cet homme vit encore ! Malgré plusieurs blessures et mille dangers, il a échappé aux périls de la guerre ; il vivra longtemps, j'espère, pour l'honneur de nos armes, le triomphe de la Constitution de l'an II et le bonheur de ses amis ! »

L'Empereur dit encore dans ses Mémoires : « Le général Joubert était fort attaché à Napoléon, qui le chargea, en novembre 1797, de porter au Directoire les drapeaux de l'armée d'Italie. En 1799, il se jeta dans les intrigues de Paris et fut nommé général en chef de l'armée d'Italie après la défaite de Moreau. Lorsqu'il fut tué à la bataille de Novi, il était jeune encore et n'avait pas acquis toute l'expérience nécessaire. Il était fait pour arriver à une grande renommée militaire. »

Garat prononça l'oraison funèbre de Joubert. Membre de l'Institut, esprit distingué, Garat, qui avait été nommé le *Jacobin malgré lui*, ne semble pas avoir compris le caractère de Joubert. L'homme qui notifiait à Louis XVI son arrêt de mort, le républicain qui devait devenir comte de l'Empire et sénateur, avait le monopole des oraisons funèbres. Il exalta les gloires de Desaix et de Kléber, après les éloges de l'Hôpital, de Suger, de Montausier et de Fontenelle. Ses louanges étaient délicates. Mais les figures militaires, trop accentuées pour son pinceau, prenaient avec lui une attitude théâtrale, et se couvraient d'un masque héroïque plus goûté aux académies que dans les camps.

Ainsi, Garat dit en parlant de Joubert : « La haute stature de Joubert l'appelait parmi les grenadiers. C'est le premier rang qu'il voulut avoir pour mieux mériter tous les autres.... Enveloppé dans une incursion, on le

conduisit à Turin, comme pour faire voir à un roi un de
ces hommes singuliers qui ne respiraient que pour la
liberté. Sans affecter aucune hauteur républicaine, il
imprima le respect à une puissance qui n'en connut jamais
que pour la force. On le redouta dans les fers, comme si
sa présence devait ébranler un trône; et le cabinet de
Turin regarda comme un acte d'une politique habile le
soin qu'il prit lui-même d'un échange d'un tel prisonnier. »

L'académicien peut croire que la présence d'un prisonnier de guerre ébranle les trônes, mais les gens de guerre
ne peuvent que sourire en lisant de semblables histoires.

La modestie de Joubert, sa modération, son esprit plein
de finesse, le retenaient dans une demi-obscurité. Quelques-uns l'accusaient même d'habileté politique. Cette
habileté consistait à connaître les divers partis qui se dis-
putaient le pouvoir. Il méprisait les uns, sans beaucoup
estimer les autres. C'est assez dire qu'il se tenait sur la
réserve.

Son républicanisme un peu moqueur sentait fort le
mépris. Point assez sot pour être dupe, trop honnête pour
tromper la foule, il regardait passer les fripons et les victimes, le sourire aux lèvres et le mépris dans l'âme.

Il n'avait pas, comme Kléber, de vieux comptes à régler
avec la société, il n'éprouvait pas les éblouissements de
Hoche à sa première étape; il ne jetait jamais un regard
vers le passé comme Custine ou Biron; il ne jouait point
un rôle comme la Fayette, il restait lui-même, c'est-à-dire
l'homme de son temps, toujours à sa place, n'ayant ni
perdu ni gagné à la Révolution.

Il se nommait Barthélemy-Catherine Joubert, fils d'un

bon avocat. Il était né à Pont-de-Vaux, département de l'Ain, en 1769, la même année que Napoléon Bonaparte, mais quatre mois avant le futur empereur.

Le jeune Joubert faisait ses études avec succès, lorsqu'en 1785, il s'échappa du collège pour s'engager dans l'artillerie.

Son père, qui n'était pas d'épée, mais de robe, se montra mécontent de ce coup de tête. Espérant que la discipline militaire calmerait les ardeurs du jeune homme, M. Joubert le laissa quelque temps à la caserne, où tant de rêves s'évanouissent.

M. Joubert, le père, ayant été nommé juge et désirant laisser à son fils sa clientèle d'avocat, sollicita et obtint le congé définitif du jeune artilleur, qui revint au logis, non sans regrets.

Il aimait la carrière des armes; la vie militaire, franche et pleine de labeurs, lui plaisait plus que toute autre. Ses progrès avaient été rapides, et son instruction, jointe à ses goûts, lui promettait un avancement dont se serait contenté sa modeste ambition.

Cependant, il quitta tout pour ne pas désobliger son père. Le jeune soldat devint étudiant.

Après la rhétorique et la philosophie au collège de Lyon, Joubert fit son droit et fut reçu avocat. Il avait plaidé avec succès, et l'avenir s'ouvrait brillant devant lui, lorsque les armées ennemies parurent sur nos frontières.

En 1791, Joubert, s'arrachant aux étreintes de sa famille, s'engagea comme simple soldat.

Il remit sa robe d'avocat aux mains de son père, promettant de venir la reprendre lorsque l'ennemi serait vaincu.

Quelques années après, Joubert, général en chef, revenant du Tyrol, s'arrêtait dans sa famille et demandait sa
robe. « Tu trouves ton uniforme plus beau? lui dit son
père avec un sourire douloureux et fier. — Non, répondit
le général, car cette robe est l'uniforme de la justice; sans
cet uniforme le mien serait odieux. »

Joubert parcourut les grades inférieurs avec rapidité.
Six mille Hongrois occupaient une redoute à Melegnano.
Joubert reçoit l'ordre d'enlever la position. Il n'a que deux
mille hommes, mais ne balance pas un instant. Les boulets et la mitraille de la redoute renversent la moitié de
son monde. Joubert s'élance à la tête de ceux qui restent.
Ils disparaissent dans un tourbillon de fumée, se précipitent avec furie dans le fossé, escaladent le parapet,
brisent le fer des baïonnettes et font prisonniers les Hongrois, frappés de terreur. Joubert avait été constamment
le premier, et c'est depuis ce temps que l'on disait :
« Comment cet homme vit-il encore ? »

La bravoure de Joubert était contagieuse. Sa grande
taille l'élevait comme un drapeau. Tout en se précipitant
en avant, il ne perdait pas de vue ceux qui le suivaient.
Ses soldats se sentaient entraînés par ces bras, électrisés
par ce regard, complètement dominés par ce courage qui
semblait supérieur à la mort.

Chaque capitaine a son genre de bravoure, comme
chaque écrivain a son style. Il y a le courage magnifique
de Kléber, qui plane sur la bataille, comme l'aigle plane
dans les airs ; il y a le courage insouciant de Napoléon Ier,
plus occupé de la science que du danger, courage fort rare
parce qu'il est le triomphe de l'âme sur le corps. Dugommier disait à son aide de camp, qui atteignait à peine sa

vingtième année : « Pendant une heure encore, renfermez votre jeune courage, pour n'user que de mon vieux courage. »

Qui ne connait le courage passif, que nous nommerions volontiers le courage égoïste? Celui-là ne rayonne pas. Il échauffe celui qui le possède, sans embraser ceux qui entourent cet homme et l'admirent en silence. On voit souvent aussi le courage de tempérament, qui aveugle; le courage obligatoire, qui refroidit; le courage théâtral, qui fait sourire ; le courage ambitieux, qui se calcule.

Joubert possédait le charme du courage. Ce charme était d'autant plus puissant que la nature ne l'avait pas doué des dehors héroïques. Il ressemblait à ces femmes qui, privées de beauté, ont néanmoins une séduction irrésistible.

Les soldats de Joubert étaient heureux un jour de bataille, parce qu'ils voyaient leur général au feu.

Quelle différence y avait-il entre lui et un autre général? Nul ne le saurait dire, mais le charme agissait. Le courage de Kléber rappelait la majesté des draperies de Paul Véronèse, tandis que celui de Joubert touchait le cœur comme la simplicité de Raphaël et la pureté du Corrège.

Ce don précieux contribuait puissamment aux victoires de Joubert, parce qu'il le mettait en contact avec ses soldats.

II.

Les foules ont des admirations pour l'orateur qui, maître de son sujet, toujours logique, déroule savamment un long discours. Le timbre de la voix, l'habileté du geste, les notes discrètes succédant aux notes éclatantes, les silences calculés, les attitudes du corps, produisent des effets divers. Cela se nomme l'art de la parole. La parole est donc un art, comme la musique ou la peinture.

Joubert, qui avait été avocat, savait ces choses, et disait en riant qu'une bataille bien conduite était un discours en action, et qu'il y avait dans la bataille cinq parties : l'*exorde*, c'est-à-dire l'ordre de bataille ; la *narration*, mouvements préliminaires, tels que dispersion des tirailleurs, etc.; la *confirmation*, attaque principale; la *réfutation*, mouvements à opposer aux manœuvres de l'ennemi ; enfin la *péroraison*, attaque décisive sur le point faible de l'adversaire par des forces supérieures.

Mais, ajoutait Joubert, si le bon avocat étudie son sujet, le bon général étudie son terrain et la puissance de l'ennemi. Comme l'avocat, le général embrasse tous les détails et en fait un ensemble dont le génie de l'homme dispose.

Lorsqu'on lui reprochait d'exposer sa vie avec trop de générosité, Joubert répondait : « Je prononce mon discours; il ne suffit pas de m'entendre, il faut me voir. Les soldats sont des mots dont je compose des phrases, les bataillons sont les phrases. Je dois donc, si je suis orateur, manier habilement les mots et les phrases. »

Ces détails sont empruntés à une correspondance de Joubert avec l'un de ses amis, avocat à Lyon. Il y compare assez gaiement le général d'armée avec le défenseur de la veuve et de l'orphelin. Ces pages, écrites au courant de la plume, sont pleines d'humour. Dans l'une de ces lettres, Joubert développe cette idée, que le médecin est un général, dont les médicaments sont les soldats et la maladie l'adversaire. Il établit un parallèle fort original entre Alexandre de Macédoine et le docteur Hippocrate. Elevé au sein d'une magistrature fière et sceptique, très autoritaire et frondeuse en même temps, le jeune chef d'armée déploie une verve singulière. Son style est concis, très imagé et d'un naturel exquis. C'est le jet naturel dépouillé de tout artifice. Un jour il s'amuse, entre deux batailles, à se promener — c'est son expression — de Sparte à Athènes. C'est une page à la façon de Paul-Louis Courrier. Joubert soutient que les Spartiates ou Lacédémoniens étaient des républicains fort aristocrates, et qu'il faut être doublement sot pour admirer une constitution politique qui admet d'une façon absolue le principe d'hérédité, hérédité d'Ilotes, aussi bien qu'hérédité des Doriens ou maîtres du peuple. Il préférait Athènes avec Miltiade et Thémistocle. Mais cette promenade dans les républiques de l'antiquité n'était, pour Joubert, qu'un jeu d'esprit qui lui permettait de flageller la moderne république. Il termine une lettre par ce *post-scriptum :* « Si par hasard vous rencontriez Pisistrate, dites-lui que je l'attends. »

La partie la plus remarquable de cette correspondance est relative au Tyrol. Joubert décrit cette principauté de l'empire avec un soin extrême. Il considère le Tyrol comme la continuation de la Suisse, et cherche la cause de l'absence des vastes lacs. D'après Joubert, le Tyrol est une contrée chérie des dieux ; il vante les vins des vallées de l'Adige, et les fruits de Méran. Il dit que les hautes montagnes recèlent dans leurs flancs des mines d'or et d'argent, de cuivre et de plomb, de salpêtre et de sel. Il s'étend sur le caractère des habitants, sur leur franchise, leur gaieté et leur patriotisme.

Joubert n'était donc pas un vulgaire conquérant, qui marchait le fer en main, comblant les sillons et chassant devant lui les peuples vaincus. Il n'était pas non plus le soudard politique, qui, les yeux fermés, exécute aveuglément les ordres sans les comprendre.

Son âme pure, sa vaste intelligence, son instruction complète, son éducation très élevée, la finesse gauloise de son esprit, l'auraient placé partout au premier rang. La modération, qui ne l'abandonnait jamais, donnait à son jugement une rectitude bien rare à cette époque. S'il était ambitieux, nul ne le remarquait, tant la modestie l'enveloppait de toutes parts.

Ses goûts, ses penchants, son naturel, le portaient vers l'aristocratie. Il aimait le beau sous toutes ses formes, quoiqu'il fût indifférent au luxe. Les spectacles de la nature l'attiraient, il écoutait avec délices la belle musique, admirait les tableaux des grands maîtres, se plaisait aux salons habités par l'esprit, en un mot, il faisait très large part à la vie intellectuelle et morale.

Par contre, il éprouvait un véritable malaise aux clameurs de la multitude, aux bruits de la rue, aux tumultes du forum. Il fuyait le vulgaire.

Joubert était le vrai fils du Tiers Etat, l'enfant de la vieille bourgeoisie. Depuis 1789, cette antique bourgeoisie a été prise d'assaut comme la noblesse. Tout parvenu s'est dit bourgeois. Ne l'était cependant pas qui voulait. Au moment de la Révolution, la bourgeoisie française servait d'asile à l'esprit, à l'instruction, au vieil honneur héréditaire, et aux traditions de la famille. Le Code civil fut rédigé par des hommes de l'antique bourgeoisie que Napoléon Ier sut découvrir ; l'Institut se recruta dans la bourgeoisie; l'Ecole polytechnique fut fondée par la bourgeoisie; la bourgeoisie donna à la France des soldats et des généraux ; elle peupla les tribunaux de jurisconsultes éminents, elle s'empara de toutes les sciences pour les pousser en avant ; elle créa l'industrie française, honora les arts, et empêcha la France de mourir sous les coups d'une populace aveuglée par l'ignorance et déchaînée par l'incrédulité.

Joubert n'était donc pas du peuple, comme on l'a dit, mais il appartenait par naissance et par intelligence à la vieille bourgeoisie française, dans laquelle Louis XIV lui-même choisissait ses ministres.

Pour tout dire, en un mot, Joubert, si plein de dignité personnelle, si délicat dans ses instincts, tendait bien plus à monter qu'à descendre, il respirait plus à l'aise dans le grand monde que dans le petit.

Le Tiers Etat, quoi qu'on ait dit, n'était pas républicain. Il voulait des réformes justes et utiles, mais non par la révolution sanglante. Les Girondins se recrutèrent dans le Tiers, et surtout parmi les avocats, dont Joubert faisait partie.

Avant la Révolution, le Tiers Etat fournissait les légistes, qui finirent par occuper tous les postes de la magistrature. Le Tiers a toujours été fort étroitement lié à la couronne par des offices importants, qui faisaient du bourgeois un officier du roi.

· Ces hommes du Tiers luttaient souvent contre l'aristocratie féodale, mais respectaient la royauté.

· Au moment de la Révolution, la classe à laquelle appartenait Joubert possédait une large part de pouvoir par les parlements, les prévôtés, la justice, l'administration.

Ces observations nous sont inspirées par la correspondance de Joubert, par son attitude, par sa conduite et le
choix de ses relations.

Son mariage, dont il faudra parler, vient à l'appui de ce
que nous disons.

III.

D'après le plan de Carnot, les armées combinées d'Italie
de Sambre-et-Meuse et du Rhin devaient se réunir en Allemagne et marcher sur Vienne. Joubert, alors colonel, fut
envoyé à l'armée d'Italie sous le général Bonaparte. Après
s'être distingué au combat de Loano, Joubert fut nommé
général de brigade sur le champ de bataille. Après Mon-
tenotte, Bonaparte dit : « Voilà un jeune officier à ne pas
perdre de vue, il a tout pour lui. » Après Millésimo,
le général en chef écrivit au Directoire : « L'intrépide
Joubert est tout à la fois un grenadier par son courage et
un général par ses talents et par ses connaissances militaires. »

A Dégo, au Tanaro, à Mondovi, Joubert se fit remarquer
dans la marche sur Turin ; il s'empara de l'importante
position de Cherasco. Après l'occupation des forteresses
de Coni, Céva, Tortone et Alexandrie, les Français s'éten-
dirent dans les plaines de la Lombardie. Franchir le Pô,
marcher sur Lodi, fut l'affaire de quelques jours. Bientôt
notre armée est maîtresse de Vérone, où Joubert entre
le premier.

L'armée ennemie s'étant retirée dans le Tyrol, le général Bonaparte, qui avait décidé le siège de Mantoue,
confia à Joubert la délicate mission de maintenir l'ennemi.

Le 27 juin, Joubert força le retranchement du col de Compione, entre le lac de Garde et l'Adige.

Peu de jours après il eut l'occasion de prouver sa haute capacité militaire. Le général autrichien Wurmser, à la tête de 30,000 hommes, l'attaqua au défilé de Corona. Les forces dont disposait Joubert étaient très inférieures, mais il prit de si belles dispositions, déploya une si grande énergie, qu'il arrêta pendant vingt-quatre heures cette armée qui espérait écraser Bonaparte. Celui-ci eut le temps nécessaire pour parer aux événements.

Après les combats de Fano, de Lonato et la bataille de Castiglione, Joubert se distingua encore dans le Milanais, aux affaires de Compara et de Montebaldo. Alors seulement il fut nommé général de division.

Joubert avait rudement conquis ce grade. Lorsque la campagne de 1797 commença, les talents de Joubert étaient extrêmement développés. La journée de Rivoli fut son triomphe. Son courage s'y déploya magnifiquement, et il donna des preuves de haute capacité. Au commencement de la bataille, les corps de l'armée française, placés dans des positions éloignées, firent penser à Alvinzi qu'il pourrait forcer la ligne commandée par Joubert et marcher sur Mantoue. Joubert, qui n'avait pas d'ordres, comprit qu'il serait attaqué le premier. Son plan fut promptement conçu. Bonaparte, qui se tenait près de l'Adige, eut aussi la pensée que Joubert allait être attaqué. Il accourut auprès de son divisionnaire. Celui-ci lui expliqua son plan : « Très bien ! dit Bonaparte ; comme dispositions isolées, je les admire, mais voici mon plan général.... » Il n'avait pas prononcé trois paroles, que Joubert s'écrie : « Je le devine, et je n'ai pas un moment à perdre avant de commencer. » Il déroule le plan général devant Bonaparte, qui lui tend la main silencieusement.

Ce plan consistait à empêcher l'ennemi de s'emparer du plateau de Rivoli, seul point par lequel son artillerie et sa cavalerie pouvaient déboucher entre le lac de Garde et l'Adige. Au milieu des alternatives de la bataille, les Autrichiens envahissent le plateau, qui est le cœur de l'action. Joubert, éloigné du plateau et manœuvrant pour s'en rapprocher, a son cheval tué sous lui. Il marche à pied en tête des colonnes d'attaque, l'assaut est furieux, on combat corps à corps, et Joubert précipite l'ennemi dans l'Adige et s'empare de son artillerie.

Il a bientôt le commandement d'un corps d'armée composé de trois divisions, et envahit le Tyrol. Cette opération militaire présentait de telles difficultés, que l'armée du général Bonaparte crut le corps de Joubert entièrement perdu, mais le général Bonaparte ne cessait de répéter : « Je m'en rapporte à Joubert, que rien n'étonne. »

Un jour, il arrive à la tente de Bonaparte, qui avait donné l'ordre de ne laisser entrer personne. La sentinelle arrête Joubert, qui insiste. Attiré par le bruit, Bonaparte avance et reconnaît son illustre lieutenant. Il se précipite dans ses bras et dit au factionnaire étonné : « Le brave Joubert, qui a forcé le Tyrol, a bien pu forcer ta consigne. »

En l'an VII, Joubert fit la conquête du Piémont, puis se porta sur Livourne. Nommé successivement général en chef de l'armée de Hollande, puis de celle de Mayence, il revint en Italie.

Fatigué de se voir contrarié dans ses opérations par le gouvernement de la république, il donna sa démission et revint à Paris.

Au 30 prairial, Barras et Sieyès jetèrent les yeux sur Joubert pour commander dans Paris et agir contre les Jacobins. Mais on craignit qu'accusé de royalisme, le jeune général n'eût pas une popularité suffisante pour accomplir un coup d'Etat avec succès. On voulut donc lui créer cette popularité par de nouvelles victoires.

Dès l'année 1799, la république française avait perdu presque toute l'Italie. Joubert fut nommé général en chef de l'armée immortalisée par le génie de Bonaparte, qui alors était en Egypte.

La nomination de Joubert est du 17 messidor. Le temps pressait, et il n'y avait pas un jour à perdre.

Cependant, Joubert demeura un mois entier à Paris, préoccupé des soins de son mariage.

Il épousa, en effet, la fille du sénateur marquis de Sémonville, qui, depuis son veuvage, devint la maréchale Macdonald, duchesse de Tarente.

Le marquis de Sémonville, ancien conseiller au Parlement de Paris, ancien ambassadeur à Gênes et à Constantinople, prisonnier des Autrichiens, avait été échangé, en 1795, contre la malheureuse fille de Louis XVI. Le 18 brumaire le trouva du côté du général Bonaparte, qu'il servit dans les plus hautes fonctions, avec une incontestable capacité.

Louis XVIII nomma le marquis de Sémonville pair de France et même grand référendaire. Il conserva cette honorable situation sous le règne de Louis-Philippe. Le marquis de Sémonville avait épousé la veuve du président de Montholon, mère du général, fidèle ami de l'empereur à Sainte-Hélène.

Ces détails ne sont pas inutiles. Ils peuvent compter

comme éléments pour résoudre la question de savoir si Joubert était animé d'un républicanisme bien ardent.

Le jour même de son mariage, Joubert quitta sa jeune épouse en disant : « Je ne reviendrai que mort ou victorieux. »

Il partit. Mais Souvarow avait profité de ce mois perdu pour nos armes. Il s'avança en réunissant toutes ses forces. Joubert avait prié Moreau de l'aider de ses conseils, et celui-ci avait généreusement promis son concours à ce jeune successeur, dont il aurait pu se montrer jaloux. M. Thiers dit à ce propos : « Noble et touchante confraternité, qui honore les vertus de nos généraux républicains, et qui appartient à un temps où le zèle patriotique l'emportait encore sur l'ambition dans le cœur de nos guerriers ! »

Sans doute, ce spectacle est beau, mais l'historien militaire dit regretter que Moreau ne se soit pas éloigné à l'arrivée de Joubert.

Ce qui manquait au général Moreau était la décision. Pour la première fois, Joubert, en prenant son commandement, se montre indécis. Moreau avait le talent de la défensive. Joubert, au contraire, était offensif. Il rompit, dans cette circonstance, avec ses habitudes. Il donna aux Russes le temps d'attaquer son armée, fort inférieure en nombre. Elle ne comptait pas 20,000 hommes, contre 40,000 Austro-Russes.

« Il fut prévenu par Souvarow, » dit M. Thiers.

Nous le répétons, quoique aucun historien ne l'ait dit, il faut regretter que Joubert n'ait pas été seul et n'ait pas écouté ses inspirations.

Accourant au plus fort du danger, Joubert, mêlé aux

tirailleurs, reçut une balle près du cœur. Il tomba mort. Les historiens lui prêtent des paroles. M. Thiers lui fait dire : « *En avant, mes amis, en avant!* »

D'autres assurent qu'il put prononcer ces mots : « *Prenez mon sabre et couvrez-moi.* »

Les journaux du temps se contentent de ce cri : « *Couvrez-moi, que les Russes croient toujours que je combats parmi vous.* »

La mort fut presque instantanée. Il s'affaissa, en laissant échapper, comme un dernier soupir, le nom de sa jeune femme.

C'était le 15 août 1799.

Les concitoyens de Joubert lui ont élevé une statue, et son corps repose dans un fort de Toulon, qui porte le nom de ce général, mort à trente ans.

Carnot avait donné à l'expédition du Tyrol le nom de *campagne de géants*. Joubert y déploya des talents remarquables. Il est vrai que la reddition imprévue de Mantoue augmenta la puissante armée de Souvarow.

Que pourrions-nous ajouter à ce portrait? Le nom de Joubert a été placé parmi ceux des ardents républicains. Cependant, aucun acte de sa vie, aucun écrit de sa plume, aucun discours, ne justifient l'opinion que l'on semble s'être formée de Joubert. Le contraire serait plus vrai.

Quoi qu'il en soit, tous les partis seront d'accord pour reconnaître que le jeune général était un honnête homme et un bon patriote, et qu'il a bien mérité de la patrie.

MARCEAU

MARCEAU

Ce serait un glorieux spectacle que celui de la réunion des généraux qui sauvèrent la France à la fin du siècle dernier. Le regard contemplerait avec émotion Kléber le superbe et Desaix l'honnête homme ; on admirerait la fougue de Lazare Hoche et la bravoure entraînante de Joubert. Ces preux gentilshommes, nommés le duc de Biron, le marquis de Custine et le marquis de Dampierre, attireraient l'attention, tandis que l'on saluerait avec respect les cheveux blancs de Dagobert de Fontenilles et du brave Dugommier.

Mais une figure brillerait de plus d'éclat : nous n'avons pas besoin de nommer Marceau. Il semble personnifier cette époque. Le peuple l'a adopté comme sa propre image. Une légende poétique s'est créée d'elle-même, et le front de Marceau a été entouré d'une auréole vaporeuse qui laisse le héros dans ce demi-jour si favorable aux illusions.

Tout semblait prêter à ce charme. Marceau était jeune et gracieux, vaillant et plein de bonté. Il sortait de la bourgeoisie la plus modeste et faisait honneur aux classes inférieures. Il n'est pas jusqu'à son uniforme de housard, à ses longs cheveux tressés, à toute sa personne étrange et coquette, qui n'aient contribué à rendre Marceau populaire.

Sa mort au champ de bataille, les honneurs rendus par l'ennemi à sa dépouille, ont eu plus d'éclat, plus de retentissement que les morts non moins héroïques de Desaix, de Dugommier et de Joubert.

Ses funérailles ont été saluées par l'artillerie des deux armées. Kléber a dessiné lui-même le monument funèbre élevé à la mémoire de son ami; lord Byron a tracé des vers sur son tombeau; enfin l'un des grands bas-reliefs de l'arc de triomphe de l'Etoile représente les derniers honneurs rendus au général Marceau.

Son oraison funèbre retentit non seulement en France, mais au delà des frontières. Un magistrat de Coblentz, en prononçant son éloge, dit, au sein d'une nombreuse assemblée : « Dans la guerre, il soulagea les peuples, préserva les propriétés et protégea le commerce et l'industrie des provinces conquises. »

L'étranger érigea une pyramide au lieu même où la mort avait frappé Marceau, et sur ce monument se lisaient les mots qui suivent : « Amis et ennemis du brave, respectez son tombeau. »

Le pèlerin, après s'être incliné devant Notre-Dame de Chartres, le voyageur, après avoir admiré les magnificences de la cathédrale, ne s'éloignent jamais de la ville, sans aller saluer la statue de Marceau. Devant ce bronze qui représente le général dans son costume légendaire, chacun se prend à songer. Le docte comprend qu'il y a là une grande pensée patriotique, une sorte de symbole national. Le peuple, moins profond, mais plus sensible, considère cette statue comme l'image de ses fils.

Ce bronze est à ses yeux le résumé de la Révolution en ce qu'elle a d'honnête et de bienfaisant : la possibilité, pour tous, de parvenir au sommet par le labeur et le courage.

Bien coupable l'historien qui tenterait d'amoindrir la gloire de Marceau. Cette gloire est d'ailleurs consacrée par le temps.

Mais celui qui meurt à vingt-sept ans n'a pu atteindre toute sa hauteur. Celui qui porte en lui de vives passions n'a pu toujours les dominer et les vaincre. Marceau eut donc quelques journées sans gloire. Nous soulèverons tous les voiles, et l'on verra l'homme tel qu'il était. Ce que pourrait perdre l'admiration sera gagné par l'amitié. Oui, l'on aimera plus familièrement ce jeune homme si sympathique, ce bon compagnon si dévoué, ce brave camarade qui, pour nous servir d'une expression vulgaire, avait le cœur sur la main.

Marceau fut aimé de tous parce qu'il était plein de naturel, sans orgueil, sans ambition, affable et prévenant. Kléber, peu facile à séduire, disait que Marceau était séduisant.

Cependant, il faut toujours en revenir aux contes de l'enfance, aux fées protectrices et aux mystérieuses influences.

Etre, à vingt-deux ans, général en chef des deux armées de l'Ouest, sans services éclatants, doit faire supposer l'existence de quelque bon génie. Kléber seul n'aurait pu accomplir ce miracle.

II.

Châteauneuf, qui, le premier, a publié la vie du général, nous dit : « Marceau a écrit ses *Mémoires*. C'est un livre précieux des pensées et des campagnes du général Marceau, écrit par lui-même, et qui n'est pas encore imprimé (en 1810). »

Ces *Mémoires* nous seront d'une grande utilité pour placer l'histoire à côté de la légende.

Fils d'un avocat-avoué de la ville de Chartres, qui se nommait Marceau des Graviers, le général naquit en 1769, année féconde en grands hommes. Il était du même âge que Napoléon, Joubert, Soult, et tant d'autres illustrés par les armes.

Son père le destinait au barreau. Ses études terminées, le jeune Maurice fut condamné, malgré lui, à l'austère travail de la législation. Il avait alors quinze ans, et s'égarait souvent aux portes de la caserne et sur le terrain de manœuvre de la garnison. Il voulait être soldat.

Le père honorait la robe et dédaignait l'épée. La lutte fut courte entre lui et son fils.

Un jour, Maurice, au lieu de se rendre au tribunal pour le procès que caressait son père l'avocat, prit la route de Paris et s'engagea dans le régiment de Savoie-Carignan.

Son historien, qui nous semble un peu louangeur, juge ainsi les débuts de Marceau : « Entré au service, il étudia, sans maître, les mathématiques; en deux ans, il lut et médita Xénophon, Polybe, Feuquières, Saxe, Folard, le grand Frédéric et les meilleurs historiens. Malgré sa jeunesse, ses seuls plaisirs étaient l'étude dans une chambre solitaire. Cet amour pour les lettres plut à M. de Séran, colonel du régiment de Savoie. Il le fit sergent.... »

Ayons maintenant recours aux *Mémoires* de Marceau. Son père ne lui pardonnait pas d'avoir embrassé la carrière militaire, et ce mécontentement paternel troublait la vie du jeune sous-officier. « J'étais loin de ma bonne sœur, écrit-il, et tout languissait autour de moi. »

Cette sœur lui tenait lieu de sa mère, morte depuis longtemps. Il avait pour elle autant de respect que d'affection. Elle lui écrivait que la famille entière partageait le courroux du père, et qu'il fallait se faire pardonner en revenant au logis. L'absence durait depuis cinq ans et la garnison était à deux cents lieues de la famille. Une sorte de nostalgie s'empara de ce jeune homme de vingt ans.

Il obtint un congé fort court. « J'étais sur le point de rejoindre mon corps, dit-il, lorsque les événements du mois de juillet 1789 changèrent pour moi la face des affaires. »

Pour tout dire, sa permission était expirée. Notre législation actuelle donne à cette position militaire le nom cruel de désertion.

Marceau était donc à Chartres, ne se montrant jamais pendant le jour et ne sortant que le soir, entouré de minutieuses précautions.

Il y eut, en ce temps-là, de graves désordres dans la ville de Chartres, à l'occasion de la cherté des grains. Une garde nationale fut organisée, et les jeunes gentilshommes se firent un honneur d'y servir en qualité d'officiers. Deux frères, MM. Dutemple et de Chevrigny, furent nommés capitaines. Ils ignoraient jusqu'aux plus simples éléments du métier, et s'adressèrent au sergent Marceau pour obtenir des leçons. Le sergent venait lorsque l'obscurité lui permettait de quitter sa demeure. Peu à peu, toute la jeunesse dorée, nombreuse à Chartres, se réunit dans la maison de Dutemple, et il y eut des soirées militaires. Après l'exercice, on causait des choses de l'armée, puis d'autres choses encore. Marceau charmait ces gentilshommes par son esprit, ses reparties vives et ses allures militaires. Tous le prirent en estime et en affection. Il fut décidé que Marceau ne quitterait pas la maison de ses élèves, afin d'éviter les mauvaises rencontres.

Quelques jours après, les officiers de la garde nationale le conduisirent à Paris dans un carrosse. Chacun s'intéressa au sergent : par le crédit de ses nouveaux amis, il profita d'un décret de l'Assemblée constituante qui accordait un congé absolu aux soldats qui s'étaient unis à la bourgeoisie. Trois ou quatre boutiquiers attestèrent que Marceau avait marché, le 14 juillet 1789, avec un détachement de la section de Bon-Conseil.

Les jeunes gens de Chartres se trouvant à Paris avec Marceau lui firent partager leurs plaisirs. Ils le présentèrent dans le salon de Mme de Sainte-Amaranthe, salon fort à la mode.

Maximilien Robespierre avait fréquenté cette maison, ce qui ne l'empêcha pas d'envoyer à l'échafaud la famille de Sainte-Amaranthe. Ce fut sa dernière vengeance, car le misérable périt peu de jours après.

« Il faut détrôner Sa Majesté le hasard, » disait Frédéric Ier. Une majesté plus difficile à détrôner est celle qui se nomme *la faveur*. Marceau ne dédaigna pas de la courtiser.

M. Coubré de Saint-Loup, qui fut colonel de la garde nationale de Chartres en 1814 et en 1815, bretteur émérite, brave gentilhomme, mit le jeune Marceau en relations avec le chevalier de Saint-Georges, qui était le lion du jour. Saint-Georges se chargea de l'éducation de Marceau, qui ne fut pas son plus mauvais élève.

Sa renommée dans l'art de l'escrime a donné à Saint-Georges une certaine notoriété. Né à la Guadeloupe, son père, M. Boillongue de Préminville, colon fort riche, l'amena en France lorsqu'il devint fermier général. L'opulent financier fit donner à son fils une brillante éducation, et changea son nom de Georges en celui de chevalier de Saint-Georges. Le chevalier entra aux Mousquetaires, devint écuyer de Mme de Montesson et capitaine des gardes du duc de Chartres. Nul ne maniait l'épée avec autant d'habileté ; mais Saint-Georges n'était pas duelliste. Ami intime du duc de Lauzun (Biron), de Custine, de Sillery, très avant dans les intrigues du Palays-Royal, le chevalier, doué de cette audace flexible du créole, occupait dans le monde de la jeunesse une position exceptionnelle. Sa brune beauté, sa taille élégante et souple, sa finesse pleine de bonhomie, lui valurent de grands succès de salons et de boudoirs. Il donnait le ton. La maison de Mme de Sainte-Amaranthe suivait son impulsion, et l'on comprend que l'écuyer de Mme de Montesson n'était pas le plus républicain des mousquetaires.

Cependant, à cause du Palais-Royal, on affectait de prononcer, de temps à autre, quelques mots à effet, tels que réformes sociales, égalité ou souveraineté du peuple. Ces mots n'empêchaient pas les quolibets contre la Révolution, et le rire joyeux au seul nom de république.

Tel fut le milieu dans lequel vécut Marceau. Il ne s'en plaignait guère, préférant la douce voix d'une grande dame aux rauques accents d'un tribun en délire. Marceau fut particulièrement recommandé par Saint-Georges à Mme de Gonzéville, l'une des femmes aimables dont s'entourait Mme de Sainte-Amaranthe.

Mme de Gonzéville avait eu quelques bontés pour le fils de M. de Sartines, malheureux jeune homme qui périt sur l'échafaud le 17 juin 1794. Lors donc que Marceau connut Sartines, celui-ci, par ses relations, put prêter un utile appui à l'ancien sergent.

Cependant, Saint-Georges avait levé un corps franc dont il se fit le colonel, et qu'il conduisit à l'armée du Nord sous Dumouriez. Ce corps devint, en 1800, les hussards volontaires de Paris. Ils étaient vêtus d'un drap jaune serin, ce qui prêta fort aux plaisanteries et donna lieu à plus d'un duel. Saint-Georges fit entrer Marceau dans les *housards des Canaries*, nom créé par l'esprit français.

Notre héros, qui avait été sergent d'infanterie, prit donc le coquet uniforme des housards. Il ne quitta plus cette pelisse, ce dolman, cette culotte collante, ces bottes à la Souvarow, ce shako à la flamme tombante, enfin le costume que lui a conservé la tradition.

Toutes les histoires de Marceau répètent, les unes après les autres, qu'il fut nommé chef de bataillon des volontaires d'Eure-et-Loir par ses concitoyens de Chartres. Il n'en est rien. Il suffit, pour s'en convaincre, de consulter les archives départementales ou les états officiels du dépôt de la guerre.

Eure-et-Loir fournit trois bataillons de volontaires. Le premier, créé en novembre 1791 et commandé par

M. Huet, a formé le 29ᵉ de ligne; le second, organisé en décembre 1792, avait pour chef M. Sevin; il est devenu 44ᵉ de ligne; enfin le troisième, du 6 septembre 1793, avait mis à sa tête M. Maugars. Ce bataillon a été le noyau du 6ᵉ de ligne.

Le nom de Marceau n'a pas été prononcé à la formation des bataillons de volontaires. L'ancien sergent est rentré dans l'armée en qualité de sous-lieutenant dans les housards, par le crédit de Saint-Georges, appuyé des instances de Mᵐᵉ de Gonzéville.

Marceau avait su plaire à cette charmante femme. Une correspondance, détruite il y a peu de temps, aurait pu jeter de vives lumières sur les premiers pas de Marceau dans la carrière où il devait s'illustrer.

Si de rigides moralistes pouvaient blâmer l'intervention d'une fée bienfaisante en matière d'avancement, nous les renverrions à l'histoire de tous les peuples et de tous les temps. Marceau a prouvé, par sa vie et par sa mort, que le cœur d'une femme sait découvrir le mérite plus sûrement que les caprices d'un commis à la guerre.

Sans avoir l'âme ambitieuse de la princesse des Ursins, Mᵐᵉ de Gonzéville aimait à régner. Elle fut pour Marceau une providence toujours bienfaisante, quoique païenne. Elle nommait Marceau : le chevalier des Graviers.

On sait que sous la régence d'Anne d'Autriche, la mode consistait à être frondeur ou royaliste, selon qu'il plaisait aux dames. Il en fut ainsi au commencement de la Révolution. Or, Mᵐᵉ de Gonzéville n'étant point républicaine, Marceau entra aux housards *des Canaries* avec des goûts et des pensées fort aristocratiques.

Après la défection de Dumouriez, Saint-Georges, qui

servait dans son armée avec ses housards, fut dénoncé comme royaliste. Quand Fouquier-Tinville lui lut l'acte d'accusation, il ajouta : « Pare cette botte-là. »

III.

Lorsque la Fayette crut devoir passer à l'étranger, une partie de son armée semblait vouloir le suivre. Les housards *des Canaries*, formés par le chevalier de Saint-Georges, n'étaient pas les moins ardents à maudire le gouvernement. La désertion commençait. Marceau, le sabre à la main, s'élance devant le front des troupes : « Camarades, s'écrie-t-il, il est un devoir plus sacré que l'amour pour le général, c'est de défendre son pays. N'abandonnons pas la frontière, au nom de l'honneur, restons devant l'ennemi. »

Ses accents passionnés, sa jeunesse, sa physionomie franche, tout se réunit pour lui donner un ascendant irrésistible. Il empêche cette émigration militaire, qui eût été désastreuse.

Marceau était au nombre des défenseurs de Verdun, lors du siège de cette place. Au conseil de guerre qui eut lieu, il fut d'avis de résister. Mais, comme toujours, les timides l'emportèrent, et l'on résolut de se rendre. Le commandant de place, colonel Beaurepaire, se donna la mort pour échapper au déshonneur.

Le plus jeune officier de la garnison devait porter la capitulation au roi de Prusse. Marceau eut cette douleur. Les yeux couverts d'un bandeau, il marcha au milieu des soldats ennemis et remit au général prussien les pièces dont il était chargé. Marceau ne dit pas un mot, mais des larmes coulaient sur ses joues, tandis que ses mains tremblantes prouvaient le trouble de son âme.

Il avait tout perdu dans le siège : équipages, tentes, argent et chevaux. « Quelle indemnité demandez-vous ? lui dit le représentant du peuple. — Je ne demande qu'un sabre, » répondit Marceau.

On l'envoya dans la légion germanique, en qualité de lieutenant-colonel. Cette légion guerroyait dans la Vendée d'une façon peu distinguée. Marceau fut donc dénoncé au Comité de salut public par le représentant du peuple Bourbotte, qui l'accusa de trahison.

« Marceau, dit son historien Châteauneuf, Marceau, si brave sur le champ de bataille, parut devant les cinq proconsuls avec une timidité touchante. Sa défense fut simple et persuasive ; sa jeunesse et les grâces naïves de son langage firent expirer le reproche sur les lèvres de son cruel accusateur. »

Le tribunal révolutionnaire de Tours acquitta l'accusé, qui fut rendu à la liberté.

Il marche sur Saumur, que les royalistes attaquaient. Marceau était dans la campagne avec sept cuirassiers, lorsqu'une troupe de Vendéens, entraînant un prisonnier, passa non loin de lui. Il reconnaît, dans ce prisonnier, son dénonciateur, son ennemi, le représentant Bourbotte. A la tête de ses hommes, il charge les Vendéens.

Trois de ses cavaliers sont tués, les quatre autres sabrent et pointent. Marceau s'élance, saisit Bourbotte, le place sur son propre cheval, en lui disant : Sauvez-vous. L'un des cuirassiers tombe à son tour et s'écrie : « Mon capitaine, je ne puis vous défendre ; je meurs ; prenez mon cheval. » Marceau saute sur le cheval et se fait jour avec les trois autres cuirassiers.

Son grade était fort indéterminé, puisque le cavalier mourant lui donne le titre de capitaine.

Quoiqu'il n'eût jusqu'alors prouvé que sa bravoure, Marceau fut, peu de jours après, nommé général de brigade, pour sa généreuse conduite envers le représentant Bourbotte.

Bientôt le général Kléber ayant déclaré que le plus ou le seul capable d'exercer le commandement était le jeune Marceau, celui-ci eut, à l'âge de vingt-deux ans, le commandement en chef des deux armées de l'Ouest.

Dans une lettre intime et familière écrite à cette époque, Marceau exprime avec modestie son insuffisance pour une charge aussi difficile, et il ajoute : « Je me bornerai à dire : les généraux agiront toujours militairement. »

Très puissamment secondé par Kléber, le nouveau général en chef gagne la bataille du Mans, où périrent dix mille républicains et vingt mille Vendéens. Marceau combattit comme un simple soldat, toujours au premier rang.

En cette circonstance, il prouva la noblesse de ses sentiments. Quelques heures avant la bataille, les représentants du peuple lui remirent la destitution du général Westermann, avec la formelle injonction de l'éloigner sur-le-champ. Marceau prit sur lui de ne pas exécuter cet ordre rigoureux. Après l'affaire, il affirma que la conduite brillante de Westermann, et les services qu'il venait de rendre, méritaient au moins sa conservation. Il eut le bonheur de l'obtenir.

Une jeune Vendéenne, dont la beauté attirait tous les

regards, se précipite aux genoux de Marceau ; ses longs cheveux flottants, ses traits animés par la crainte, ses vêtements en désordre, donnent à cette jeune fille quelque chose d'étrange. Elle supplie d'une voix tremblante, ses yeux sont voilés par les larmes, et de ses lèvres frémissantes s'échappe ce cri : *Sauvez-moi!*

Des soldats de la république la poursuivent, car les représentants ont donné l'ordre de tuer sans miséricorde.

Marceau sauve la jeune fille.

Quelques heures après il la confie à une honnête famille, qui doit lui donner asile.

La loi punissait de mort tout républicain qui faisait grâce à un Vendéen pris les armes à la main. La jeune fille était au milieu des combattants, elle devait donc mourir. Marceau, voulant s'y opposer, fut dénoncé et arrêté.

On le jugeait. En présence du texte formel de la loi, la sentence ne pouvait être douteuse.

Un homme accourt, venant de Paris, exprès pour sauver Marceau. Cet homme est Bourbotte, qui lui doit la vie; Bourbotte, son ancien accusateur, le représentant du peuple, si puissant aux armées. Sous prétexte d'examiner les pièces du procès, le représentant les jette au feu, puis fait rendre la liberté à Marceau.

Mais la jeune fille fut arrachée de la maison où le général l'avait placée. A l'âge de dix-sept ans, elle comparut devant une commission militaire présidée par deux proconsuls. Son arrêt de mort fut prononcé.

Malgré les dangers qui le menaçaient, Marceau implora sa grâce. Il alla des proconsuls à Bourbotte, il supplia, mais tout fut inutile.

La jeune Vendéenne marcha au supplice, les mains liées

derrière le dos, une rose entre les lèvres et le front calme.

Le bourreau, ayant tranché la tête de l'enfant, la saisit par les cheveux et la montra au peuple. La rose rouge, serrée par les dents de la mourante, se voyait de loin. Le peuple prit cette fleur pour le sang de la victime.

Il serait impossible de peindre la douleur de Marceau. Par moments, il parlait de venger la jeune Vendéenne.

La république sanguinaire lui faisait horreur.

Il avait commandé en chef provisoirement, quoique simple général de brigade.

Promu général de division à l'armée de Sambre-et-Meuse, il était à la tête de l'aile droite à la bataille de Fleurus, où deux chevaux furent tués sous lui. Démonté, il combattit à pied, *en désespéré*, pour nous servir de son expression.

Aux batailles de l'Ourthe et de la Roër, il guidait les avant-gardes. Il emporta les forts de Coblentz en escaladant les obstacles. Dans le Lunsdruch, hérissé de rochers, coupé de profonds ravins, couvert de forêts impénétrables, au milieu de défilés périlleux, Marceau prouva une grande intelligence de la guerre, un courage à toute épreuve, une initiative prompte et une présence d'esprit remarquable. Dans cette guerre, où les combats étaient de tous les instants, Marceau montra une humanité, une bonté, nous pourrions dire une charité, qui prouvaient les tendresses de son cœur.

Jamais homme de guerre ne fut meilleur. Il avait besoin d'affection. Sa nature était aimante et douce, ce qui n'excluait pas l'énergie virile du commandement.

Marceau avait perdu sa mère lorsqu'il était encore au berceau. Elevé par un père d'une extrême sévérité, il trouva dans l'affection de sa sœur, plus âgée que lui, une sorte d'abri protecteur. Mais une femme du peuple, la bonne Francœur, était devenue la providence de l'enfant. Elle veillait sur lui comme une mère, et Marceau affectionnait cette femme.

Un soir, après une victoire éclatante, le général, qui avait reçu la visite de sa sœur, réunit quelques amis. La conversation fut naturellement amenée sur la gloire des conquêtes : « La guerre, s'écria Marceau, fait le malheur du monde. Ah ! puisse la paix descendre sur la terre ; nous irions la cultiver, cette terre féconde. J'ai deux cents louis pour toute fortune, je pourrai faire quelque bien. » Puis, s'adressant à sa sœur : « Sais-tu ce que nous ferons en arrivant à Chartres ? Nous irons chez la bonne mère Francœur. Il y a si longtemps que je ne l'ai vue ! »

Après un moment de silence, il essuya, du revers de sa main, deux larmes qui glissaient le long de ses joues. Il pensait au pays, qu'il ne devait plus revoir.

Forcé de lever le blocus de Mayence, qu'il commandait, en 1796, Marceau couvrait la retraite de l'armée. Il repoussa l'archiduc Charles, qui avait battu Jourdan. Ses troupes se défilaient par la chaussée d'Altenkirchen, serrées de près par l'ennemi. Il fallait l'arrêter pour favoriser la retraite de l'armée. Marceau choisit une bonne position et y plaça une batterie de dix pièces d'artillerie légère. Alors il s'avance pour reconnaître l'ennemi. Un tyrolien caché derrière une haie l'ajuste et tire. Marceau ne tombe pas, mais les douleurs sont tellement violentes qu'il s'évanouit. Des grenadiers l'emportent sur un brancard formé de fusils, et ne s'arrêtent qu'à la petite ville d'Altenkirchen.

Les principaux officiers de l'armée accourent, et Marceau ne prononce que ces mots : « Je suis trop regretté. »

Les terribles lois de la guerre obligèrent les Français à laisser le général pour retourner au combat. Un seul ami resta près de son lit. Marceau s'endormit jusqu'au matin. Vers six heures, un capitaine des hussards de Kaiser, qui commandait les avant-postes autrichiens, se présenta. Peu d'instants après, le général Haddick vint lui-même exprimer à Marceau la douleur de ses ennemis et la part qu'il prenait à son malheur. L'archiduc Charles et le général Kray lui envoyèrent leurs chirurgiens, et bientôt tous les généraux autrichiens entourèrent la couche du mourant.

Le général Kray, que Marceau avait longtemps combattu, tenait les mains froides du blessé, et, la tête inclinée sur lui, il pleurait en silence.

Les hussards de Blankenstein et de Barco, qui si souvent avaient admiré le jeune Marceau dans le tourbillon des mêlées, voulurent le saluer. Ils défilèrent religieusement dans cette petite chambre : Marceau, d'une voix éteinte, leur adressa quelques bonnes paroles, pleines de douceur et d'estime.

Après un délire assez prolongé, accompagné d'atroces douleurs, Marceau recouvra la raison. Il promena un long regard autour de lui, et dit à son aide de camp : « Mon ami, je ne suis plus rien ! »

Sa tête eut un mouvement convulsif et ses yeux se fermèrent. Il était mort.

Ceci se passait le 21 septembre 1796. Marceau avait vingt-sept ans.

Les Autrichiens rendirent son corps à l'armée de Sambre-et-Meuse. On sait quels honneurs exceptionnels entourèrent sa tombe. Les deux armées, les deux pays mêlèrent

leurs hommages. Les arts, la poésie, l'éloquence, rivali-
sèrent, et le nom de Marceau retentit dans toute l'Europe.
Ses restes furent réunis à ceux du général Hoche.

IV.

Marceau était-il le meilleur de nos généraux? Non, sa
vie avait été trop courte. Avait-il rendu à la patrie des
services supérieurs à ceux de ses compagnons? Non, le
temps lui avait manqué. Sa naissance, sa fortune, son
génie, ses travaux, le plaçaient-ils à une hauteur exceptionnelle; en un mot, planait-il dans les sphères inaccessibles aux autres hommes? Non.

Pourquoi donc tant de renommée et tant d'honneur?
Pourquoi cette popularité qui est venue jusqu'à nous, à
travers les gloires éclatantes de l'empire, les bruyants
échos du parlementarisme, et les sinistres rumeurs des
révolutionnaires?

Il y a là un sentiment que nous aimons à constater,
parce qu'il honore le peuple français. Hoche et Kléber
prouvèrent plus de véritables talents militaires; mais
celui-ci était sévère jusqu'à l'extrême, celui-là fougueux
et passionné. Desaix aussi était supérieur à Marceau; mais
Desaix, enveloppé dans la sagesse, n'était pas à la portée
de tous. Les intrigues de Dumouriez, la science froide de
Pichegru, le renom politique de Moreau, écartaient pour
ainsi dire la foule. Les habiles seuls, l'élite du monde, pé-
nétraient dans les sphères habitées par ces grands hommes.

Marceau avait été favorisé du ciel. Il inspirait aux
grands et aux petits, aux superbes et aux humbles, une

sympathie soudaine et durable. On l'aimait comme l'enfant de la maison.

Il était si beau, si bon, si aimant, qu'il attirait à lui tous les cœurs. D'une franchise et d'une loyauté à toute épreuve, jamais il ne connut la jalousie, la haine ou l'envie. Il s'effaçait volontiers, le sourire aux lèvres, laissant passer les plus pressés.

Il vivait, pour ainsi dire, dans la générosité, non pas qu'il fût plus qu'un autre prodigue de son or, mais il était généreux dans tous ses actes, généreux envers les faibles, les vaincus, les malheureux. Son cœur était rempli d'amour, il faisait le bien par plaisir, nous nous trompons, il faisait le bien par instinct.

Marceau fut toujours étranger à la politique. Le sang versé au nom de la république révoltait sa conscience. Ses goûts et sa raison l'entraînaient du côté de la monarchie.

On pourrait croire que ce caractère si aimant et si tendre était peu propre au commandement militaire.

Cependant il commandait avec fermeté et l'on obéissait aveuglément. C'est qu'en vérité il semblait fait pour l'autorité. Sa belle et noble figure, le son harmonieux de sa voix, les rayons enflammés de ses yeux, une sorte de fluide mystérieux, imposaient un respect amical, qui soumettait les volontés.

Et puis, sa bravoure éclatante et chevaleresque commandait l'obéissance.

Son immense popularité venait donc d'une tête séduisante et d'un cœur plus séduisant encore.

Il fut à la portée de tous. Le public put le comprendre et l'admirer à son aise.

Lorsqu'il fut nommé général en chef par *intérim* dans

la Vendée, la destitution de Kléber lui parvint. Mais Marceau ne voulut accepter le commandement qu'à la condition que Kléber dirigerait toutes les opérations. « Je garde pour moi, dit Marceau, toute la responsabilité, et ne demande que de marcher à l'avant-garde au moment du danger. — J'y consens, répondit Kléber ; nous serons guillotinés ensemble. »

En Vendée, Rossignol, ce prétendu général, dénonce Marceau comme aristocrate.

Les honneurs de la victoire du Mans sont dus à Kléber, qui sut réparer une faute commise par Marceau. « Marceau est jeune, dit Kléber, il a fait une sottise, il est bon qu'il la sente, mais il faut se hâter de le tirer de là. »

La jeune Vendéenne à laquelle Marceau voulait sauver la vie se nommait Blanche Desmeuliers. Marceau n'eut avec elle qu'une seule entrevue, en présence de Kléber.

Cette entrevue faillit coûter la vie aux deux généraux.

Au milieu de ce concert d'amour qui s'élevait autour de Marceau, des voix ennemies se firent entendre, rares il est vrai, mais féroces. C'étaient les représentants, qui ne pouvaient pardonner la popularité d'un général et son dédain pour les intrigues républicaines.

Le 24 décembre 1794, Kléber et Marceau reçurent une ovation dans la ville de Nantes. La Société populaire leur offrit une couronne civique. Alors le représentant du peuple Turreau, qui avait les instructions du Comité de salut public, instructions hostiles aux généraux, s'écria qu'il fallait décerner la couronne aux soldats, et non pas aux généraux. Kléber répondit d'une voix éclatante : « Ce sont les soldats qui remportent les victoires, mais il faut pour cela qu'ils soient conduits par les généraux.

Les généraux sont les premiers soldats de l'armée, ils maintiennent l'ordre et la discipline, sans lesquels il n'y a point d'armée. Je n'accepte cette couronne que pour l'offrir à mes camarades et l'attacher à leurs drapeaux. »

Voilà les deux intérêts qui étaient toujours en présence : l'intérêt de la patrie, de l'armée, de l'ordre, de la discipline, représenté par les généraux; et puis l'intérêt du gouvernement républicain, égoïste, cruel, aveugle, prêchant l'indiscipline, mendiant la popularité, par la voix des représentants.

Une hostilité sourde, mais constante, n'a jamais cessé d'exister entre le gouvernement républicain et les généraux de l'armée.

Les historiens ont éprouvé quelque embarras pour expliquer comment le jeune Marceau fut nommé général en chef. Le journal de Kléber donne le mot de cette énigme. Lui-même, Kléber avait désigné Marceau pour l'étrange fonction de commandant de toutes les troupes, sous un général en chef. Et Kléber ajoute : « Je me sentis alors allégé d'un grand fardeau. J'étais certain qu'il n'entreprendrait rien sans s'être concerté avec moi. Marceau était jeune, actif, plein d'intelligence, d'audace. Plus froid que lui, j'étais là pour le contenir. Nous prîmes l'engagement de ne point nous quitter jusqu'à ce que nous eussions ramené la victoire sous nos drapeaux. »

V.

Nous avons montré les débuts de Marceau. En ce temps de futiles plaisirs, il ouvrit peut-être le livre de

Vauvenargues, officier comme lui, et cette pensée imprima une direction à sa vie incertaine :

« La fortune exige des soins. Il faut être souple, amusant, cabaler, n'offenser personne, plaire aux femmes et aux hommes en place, se mêler des plaisirs et des affaires, cacher son secret, savoir s'ennuyer la nuit à table, et jouer trois quadrilles sans quitter sa chaise : même après tout cela, on n'est sûr de rien. Combien de dégoûts et d'ennuis ne pourrait-on pas s'épargner, si on osait aller à la gloire par le seul mérite ! »

C'est le chemin que prit Marceau, il atteignit la gloire la plus pure.

PICHEGRU

PICHEGRU

~~~~~~

I.

Le rêve de Pichegru fut d'imiter le général Monk. Il servait la république, mais Georges Monk avait bien servi Cromwell. La restauration de Charles II s'était montrée généreuse envers le soldat de fortune, ancien compagnon du Protecteur. Pichegru pouvait aussi bien que Monk devenir membre du conseil privé, grand officier de la couronne et gouverneur de provinces. Puis les richesses immenses distribuées à Monk par le nouveau roi, sa sépulture princière dans l'abbaye de Westminster, n'apparaissaient à Pichegru que sous les dehors enchanteurs d'une récompense nationale.

Mais entre le général anglais et le général français la différence est grande. Monk ne fit pas alliance avec l'étranger. Il écouta les séduisantes promesses de John Greenville, et joignit son armée à celle de Fairfax. Cependant tout se passa entre fils de la vieille Angleterre. Il n'y eut pas même de guerre civile, et ce fut le Parlement qui proclama Charles roi de la Grande-Bretagne.

Pichegru n'avait jamais été républicain. Son mépris

pour la Convention n'était pas un mystère, et ses sentiments monarchiques, fort intéressés d'ailleurs, se laissaient
deviner. Il écrivait : « Je ne ferai rien d'incomplet. Je ne
veux pas être le troisième tome de la Fayette et de Dumouriez ; mes moyens sont grands, tant à l'armée qu'à Paris.
Je sais qu'il faut en finir ; je sais que la France ne peut
rester en république, et qu'il lui faut un roi, mais qu'il
ne faut commencer ce changement que quand on sera sûr
de l'opérer. Il faut, en faisant crier : vive le roi ! au soldat français, lui donner du vin et un écu dans la main.
Il faut que rien ne lui manque à ce premier moment. Il
faut solder mon armée jusqu'à la troisième ou quatrième
marche sur le territoire français. »

Ceux qui ont pris la défense de Pichegru disent, il est
vrai, qu'il ne voulut livrer aux Autrichiens aucune place
de sûreté. Il demandait seulement que l'armée autrichienne occupât les frontières, pendant que le prince de
Condé, à la tête des émigrés, marcherait sur Paris. Cependant Pichegru et ses intermédiaires ont été en correspondance avec la cour d'Autriche et le gouvernement anglais.
Ils en ont reçu des sommes considérables, et plus d'un
secret sur nos opérations militaires a été vendu au poids
de l'or.

Les talents militaires de Pichegru sont incontestables. Il fut l'un des bons généraux de la république.
Son âme toujours troublée par les intrigues, son caractère
inquiet, sa sourde ambition, son mépris des hommes, la
mobilité de ses idées, son goût pour les jouissances matérielles, etc., tout sembla se réunir pour ramener au ni-
veau de la terre cette intelligence faite pour les sphères
élevées.

Sa vie entière fut la conséquence logique d'une jeunesse malheureuse et d'une éducation à peine ébauchée.

Charles Pichegru était né à Arbois, département du Jura, le 16 février 1761. Son père était vigneron.

Les historiens disent que Pichegru fit ses études au collège d'Arbois. Il n'en est rien ; il apprit tout à l'école militaire de Brienne. Voici comment :

Les Minimes de Champagne étaient chargés de cet établissement. Leur pauvreté, leur manque de ressources, ne leur permirent pas de le soutenir seuls. Ils eurent alors recours aux Minimes de Franche-Comté. Parmi ces derniers se trouvait le P. Patrault, qui devint professeur de mathématiques de l'élève Napoléon Bonaparte. Une tante de Pichegru, sœur de Charité, suivit le P. Patrault à Brienne, en qualité d'infirmière. Elle amena son neveu, qui reçut gratuitement des leçons, et suivit même, lorsqu'il fut en âge, les cours des élèves, sans concourir avec eux. Doué d'une vive intelligence, l'enfant fit de rapides progrès. Le P. Patrault, qui l'affectionnait, le prit pour répétiteur. Lorsqu'il eut terminé ses mathématiques spéciales, Pichegru obtint le titre de maître de quartier, et, d'après les conseils de sa tante, songea à se faire Minime. Le P. Patrault l'en dissuada, parce que, disait-il, cette profession n'était plus du siècle. Cependant le futur général commença son noviciat.

Quelques écarts prouvèrent au P. Patrault que son répétiteur se soumettrait difficilement aux exigences de la vie religieuse. Les Minimes invitèrent Pichegru à déposer le froc et à s'éloigner.

Il erra de ville en ville, cherchant vainement un emploi. La misère et le dédain l'accompagnèrent. Un jour qu'il se trouvait sans asile et sans pain, il fit la rencontre d'un sergent recruteur du régiment d'Auxonne-artillerie. Après une conversation courte, mais concluante, le recruteur mit trois louis dans la main de celui qui devait conquérir la Hollande.

Les officiers du régiment d'Auxonne furent surpris de rencontrer un mathématicien sous l'uniforme de la nouvelle recrue.

Pichegru fut chargé d'enseigner les mathématiques aux sous-officiers. Il donnait même des leçons aux soldats et aux jeunes gens de la ville, moyennant trois livres par mois. Bientôt il fut sergent-major.

Une blessure que Pichegru se fit à la main dans un exercice d'artillerie le fit réformer du service militaire.

Il reprit le chemin de l'école de Brienne. Les bons Pères lui confièrent un cours de mathématiques, avec cinquante louis d'honoraires. Il eut bientôt 300 livres de plus, à la condition qu'il prendrait l'habit religieux. Pichegru pensait que l'argent mérite considération, et se soumit au froc et au scapulaire.

Ce froc et ce scapulaire eurent une grande influence sur le caractère de Pichegru. Même sous le manteau du général qui détrônait le stathouder, on retrouvait des poses monacales, le langage et les allures du professeur.

La misère lui avait enseigné l'envie.

Le bon P. Patrault a donc eu la gloire de former deux élèves : l'empereur Napoléon et le général Pichegru. Le souffle puissant du premier l'entraîna bien au delà des horizons, le second eut quelques jours de gloire, puis tomba pour ne plus se relever. Une sorte de pédantisme l'avait alourdi. La vigueur lui était restée, mais non l'agilité. Il ne fut pas de force à se passer de l'intrigue ; ce qui le mit en contact avec les égoïsmes et les médiocrités.

Les facultés de Pichegru étaient de celles qu'utilisent les monarchies et que les républiques n'ont pas l'habileté de mettre en œuvre. Il était trop supérieur pour ne pas porter ombrage, il ne l'était pas assez pour dominer ou dédaigner les petites choses et les petites gens, qui forment les républiques et les républicains.

II.

En 1789, Pichegru alla offrir ses services aux émigrés de Coblentz, qui commirent la faute de les dédaigner. Peut-être l'armée de Condé aurait-elle pu prendre quelque influence sur la marche des affaires, si ces cœurs chevaleresques avaient eu un véritable général pour combiner les opérations et diriger les campagnes de guerre.

Repoussé par les émigrés, Pichegru se rendit à Besançon, où se trouvait en garnison un bataillon de volontaires du Gard. Le chef de ce bataillon mourut, et Pichegru fut nommé à sa place. Il dut ce choix à sa qualité de président de la société populaire. Cette société le présenta elle-même aux soldats.

On doit supposer que, malgré sa démarche auprès des émigrés, Pichegru se montrait peu sévère pour la république, car il obtint la protection de Lebas et de Saint-Just, commissaires de la Convention, connus par leur exaltation. L'un des historiens de Pichegru dit qu'il attira l'attention des proconsuls par sa jeunesse, sa modestie et sa timidité. Cet historien ajoute : « Sa gloire ne doit pas être plus ternie pour avoir trouvé de tels protecteurs, que celle des généraux romains qui durent leur fortune à Sylla et à Marius, plus barbares que les deux proconsuls Lebas et Saint-Just. »

Lorsque les Français perdirent les lignes de Wissembourg, ces deux hommes, Lebas et Saint-Just, destituèrent tous les généraux. A la suite du décret figurait une proclamation au nom du peuple français. Cette proclamation, peu connue, ordonnait *à tout militaire qui se sentirait destiné par la nature à commander une armée*, de se présenter, pour *maîtriser enfin la victoire*.

La perspective pouvait tenter les ambitieux. Mais la proclamation se terminait par une menace : « La colère du peuple retombera sur l'homme présomptueux qui oserait porter un fardeau qui devait accabler sa faiblesse. »

La colère du peuple n'était autre chose que l'échafaud. Onze officiers se présentèrent, et parmi eux Pichegru. Les deux proconsuls le placèrent à la tête de l'armée du Rhin.

Trois des généraux en chef de cette armée étaient successivement montés sur l'échafaud : Custine, Beauharnais et de Broglie.

Pichegru comprit que les clubs établis dans les camps seraient toujours un péril pour les chefs. Il fit destituer, au nom de la discipline, une foule d'officiers d'un *patriotisme sauvage*, suivant son expression. Les clubs furent fermés, et il prescrivit aux troupes des travaux tellement multipliés, qu'il ne resta pas un instant pour la politique.

Son système, au début, fut la petite guerre, dont il se servit avec succès. On connaît ses différends avec le géné-

ral Hoche. Ni l'un ni l'autre n'eut tout à fait tort ni entièrement raison.

Dans le courant de l'année 1793, Pichegru avait été
nommé général de brigade, général de division et général
en chef; mais les deux premiers grades furent presque
illusoires et destinés seulement à justifier le dernier.

Général en chef dans le Nord en 1794, il réorganise son
armée, bat l'ennemi à Cassel, à Courtrai, à Menin, et
s'empare de Bois-le-Duc, de Venloo, de Nimègue, passe le
Vahal sur la glace, et entre à Amsterdam le 19 janvier
1795. Deux jours après, il envoie sur le Zuyderzée un escadron de hussards prendre à l'abordage la flotte hollan-
daise enchaînée par la glace.

Il faut rappeler, pour la gloire de Pichegru, qu'à la tête
de l'armée du Rhin, il franchit ce fleuve avec audace et
s'empara de la forte place de Manheim.

Ce ne fut qu'en 1795 qu'il entretint des relations coupables avec l'ennemi. Général en chef de l'armée de
Sambre-et-Meuse, il eut la faiblesse d'accueillir les propositions qui lui furent faites au nom du prince de Condé,
chef de l'émigration.

Napoléon dit, dans ses *Mémoires*, que la trahison de
Pichegru date de l'armée du Rhin. « Il eut des relations
criminelles avec les généraux ennemis et concerta avec
eux ses opérations. Les armées de Sambre-et-Meuse et du
Rhin avaient ordre d'opérer un mouvement combiné pour
se réunir sur Mayence; il fit manquer cette opération en
laissant la majorité de ses forces sur le haut Rhin. A
quelque temps de là, la ligne de contrevallation qu'il occupait sur la rive gauche du fleuve, devant Mayence, fut
forcée par Clayrfait, qui s'empara de toute son artillerie

de campagne ; il se retira avec ses débris dans les lignes de Wissembourg. Ces événements et d'autres circonstances firent soupçonner sa fidélité.... »

Privé de son commandement, Pichegru vécut deux ans dans la retraite, à Arbois.

Il faut dire, à la louange de ce général, que jamais il ne se montra cruel. Lorsqu'un décret ordonna le massacre des Anglais, prisonniers de guerre, Pichegru refusa de le faire exécuter. « Il faut, disait-il, plus de temps pour égorger cent prisonniers que pour battre trois mille combattants. » Un sergent lui amena, un jour, trois cents prisonniers anglais et dit : « Mon général, sans doute, la Convention n'a pas entendu que les soldats français fissent le métier de bourreaux ; si les vingt cannibales qui gouvernent la France ont soif de sang, qu'ils viennent eux-mêmes massacrer les prisonniers. » L'un des représentants ordonna de saisir le sergent. Pichegru facilita sa fuite. De la retraite où il se tenait caché, le sergent écrivit au représentant du peuple : « Je ne déserte pas ; je me retire pour vous épargner un crime. Je verserai encore mon sang pour la patrie, lorsque les généraux, et non les députés, auront le commandement des armées. »

Après la prise de Bois-le-Duc, qui renfermait six cents soldats anglais, Pichegru fit sortir de la place trente chariots couverts, et défendit de les visiter. Ils cachaient les prisonniers que le décret vouait à la mort.

Pichegru a été l'un des meilleurs généraux de la république. Napoléon Ier a dit de lui : « Comme général, Pichegru était un homme d'un talent peu ordinaire, infiniment supérieur à Moreau, bien qu'il n'eût rien fait de véritablement remarquable, le succès des campagnes de Hollande étant, en grande partie, la conséquence de la bataille de Fleurus.

Notre but n'est point de faire le récit de campagnes ou de batailles. Nous supposons ces choses connues du lecteur. Nous voulons seulement porter des jugements, montrer les caractères, faire ressortir les talents, rappeler les services, afin de présenter l'homme tel qu'il a été.

En présence de Pichegru, cette tâche n'est pas facile. Au service d'un gouvernement tour à tour imbécile et cruel, il se sentait révolté par l'injustice, l'ingratitude et la plus implacable jalousie.

Le patriotisme ne lui apparut pas dans toute sa pureté. Son égarement devint tel, qu'il crut peut-être se dévouer au bonheur de la France en renversant la république.

Tout général qui oublie un seul instant que sa mission, son unique mission est de combattre l'ennemi, est un homme perdu. Le général doit avoir sa foi, comme le prêtre a la sienne. Si le prêtre discute la religion, il est sur le chemin du doute. Si le général discute le patriotisme, il fait un pas vers la trahison.

Les nations qui interdisent aux généraux l'accès des assemblées politiques sont pleines de sagesse. Le terrain politique est glissant, l'atmosphère des assemblées enivrante; les caractères s'y amoindrissent, et les consciences, blasées par l'intrigue, y perdent toute valeur.

Cependant, comme il faut toujours qu'une tribune soit soutenue par une épée ou protégée par l'ombre d'une épée, les assemblées sont instinctivement amenées à caresser ou à persécuter quelques généraux.

S'ils se laissent aller aux caresses, s'ils sont sensibles au persécutions, ces généraux n'échapperont pas au sort

qui les attend fatalement. Pichegru, la Fayette, Dumouriez, en sont des preuves éclatantes.

Le général ne doit voir que deux choses : son armée et
l'armée ennemie. Conduire la première à la victoire,
battre la seconde, est tout ce qu'il doit se proposer. Mais
s'il a le malheur de prêter l'oreille aux rumeurs lointaines
de la politique, si son cœur est déchiré par les morsures
de l'ambition, c'en est fait de son honneur militaire.

Il est un acte qui n'a pas de nom dans la langue française, et qui ne peut s'exprimer que par un mot emprunté
à l'idiome de l'Espagne ou du Mexique, mot sinistre et
grotesque tout à la fois. L'idée que fait naître ce mot :
pronunciamiento, révolte la conscience, car il y a dans
cette idée la violence brutale unie à la basse cupidité.

Au peuple seul appartient le droit de disposer de ses
destinées. Pichegru, nous le savons, n'admettait point
cette doctrine. Il se disait royaliste. A ses yeux, le trône
appartenait de droit à la maison de Bourbon, et ses efforts
tendaient à replacer sur ce trône les princes légitimes.

Si telle était la religion politique de Pichegru, s'il se
considérait comme appelé à l'accomplissement d'un grand
devoir national, pourquoi mettait-il un prix élevé à ce
simple devoir? Pourquoi vendait-il, au poids de l'or,
l'épée que la France lui avait confiée?

Ce royaliste consent à rétablir son roi sur le trône, à la
condition d'avoir la dignité de maréchal de France, les
grands cordons de Saint-Louis et du Saint-Esprit, le gouvernement de l'Alsace, le château de Chambord en propriété, un million en argent, 200,000 livres de rentes et
la terre d'Arbois qui prendrait le nom de Pichegru, enfin
douze pièces de canon.

En attendant la réalisation de ces promesses faites par le prince de Condé, au nom du prétendant, le ministre anglais en Suisse tient Pichegru aux gages de l'ennemi, et lui remet jusqu'à 900 louis à la fois.

De telles conditions font tomber du visage de Pichegru le masque dont il se couvre. Le royaliste disparaît ; il ne reste que le traître.

III.

L'armée de Condé, composée d'émigrés, était de 2,500 fantassins et de 1,500 cavaliers. Cette armée, dont le quartier général occupait une ville sur le Rhin, recevait de l'Angleterre sa solde et ses armes.

Le prince de Condé, connu par son intrépidité, se tenait prêt pour toutes les entreprises. Mais le valeureux prince était hors d'état de diriger une opération militaire ou de conduire une affaire quelconque.

Les intrigues de M. de Montgaillard et du libraire Fauche-Borel conduisirent le prince de Condé à écrire à Pichegru, qui se laissa séduire, car il aimait l'argent et les plaisirs.

Le prince demandait que Pichegru fît arborer le drapeau blanc par son armée, qu'il livrât la place d'Huningue aux émigrés, et qu'il marchât sur Paris en compagnie du prince.

Pichegru proposait, de son côté, de passer le Rhin avec un corps d'élite, de joindre ce corps à l'armée de Condé, et de marcher sur Paris avec le drapeau blanc. Livrer Huningue lui semblait trop périlleux.

Derrière cette intrigue se cachait le gouvernement autrichien. L'Angleterre encourageait et payait. Pichegru jouait un double jeu. Il pouvait, suivant les circonstances et son intérêt, trahir le prince de Condé ou trahir la république.

Montgaillard, l'un des agents de cette intrigue, la dénonça au Directoire. La corruption était si profonde, que Pichegru fut simplement privé de son commandement. On lui offrit même l'ambassade de Suède, qu'il osa refuser.

Nommé au Corps législatif en 1797, Pichegru devint le chef de l'opposition royaliste. Le comte de Rochecotte lui proposa d'enlever le Directoire à la tête des chouans qu'il avait introduits dans Paris, mais le général n'osa pas entreprendre ce vigoureux coup de main. Il manquait d'audace, quoiqu'il fût brave.

Arrêté le 18 fructidor, Pichegru fut déporté à la Guyane. Il parvint à s'évader et se réfugia à Londres, où il ne cessa de conspirer.

En 1801, il se rendit à Paris, pour conférer avec quelques chefs royalistes, MM. de Polignac, de Rivière et Georges Cadoudal. Il ne s'agissait plus, cette fois, d'échapper aux tyrannies républicaines. Le concordat était fait, la religion rétablie, et l'ordre régnait en France.

Une entrevue eut lieu dans un fiacre, sur le boulevard des Capucines, entre le général Moreau, le général Pichegru et Georges Cadoudal, que le comte d'Artois avait nommé lieutenant général et grand cordon de Saint-Louis.

La police les suivait pas à pas. Pichegru, caché dans un réduit, fut vendu par son intime ami Leblanc, pour la somme de 300,000 francs. La nuit venue, Leblanc con-

duisit les agents de police à la porte de Pichegru, leur
expliqua en détail la configuration de la chambre, et leur
dit que le général ne dormait qu'avec des pistolets sur sa
table de nuit et une bougie allumée. La porte fut doucement ouverte avec des clefs fournies par Leblanc. La table
de nuit, renversée d'un coup de pied, entraîna les pistolets
et la lumière s'éteignit. Réveillé en sursaut, Pichegru opposa une vigoureuse résistance. Sa force musculaire rendit cette expédition nocturne très difficile et périlleuse.
Pichegru rugissait de colère. Il fallut le lier et l'emporter
dans une voiture.

Emprisonné au Temple, le 4 avril 1804, il s'étrangla
avec sa cravate. Son corps fut exposé dans l'une des salles
du palais de justice. Ce corps, presque entièrement voilé,
était gardé par des factionnaires.

IV.

Bouillé, la Fayette, Dumouriez, avaient tenté, mais en
vain, d'entraîner leurs armées. Pichegru n'alla pas aussi
loin, parce que l'expérience de ses prédécesseurs l'avait
éclairé.

Une armée ne suit son général que lorsqu'il personnifie
l'idée de tous, lorsqu'il accomplit un acte désiré par tous,
lorsque cet acte met fin à un péril de la patrie, lorsque
enfin le général, par d'éclatants services, a conquis
l'amour et la confiance de son armée.

Pichegru ne pouvait donc être suivi de ses troupes. Il le
savait. Alors il voulut remplacer l'audace d'un hardi capitaine par les basses intrigues d'un conspirateur.

Le crime est d'autant plus grand que l'homme pouvait, par ses talents, honorer et illustrer son pays.

La postérité a prononcé son jugement. Mais pourquoi plus d'indulgence pour la Fayette que pour Pichegru?

Celui-ci a commandé les armées, remporté des victoires, accompli des conquêtes; celui-là n'a jamais servi son pays. Sans talents ni civils ni militaires, esprit borné, caractère dissimulé, toujours chancelant entre le bien et le mal, dominé par une vanité puérile, la Fayette, lorsqu'il monta pour la première fois à la tribune, demanda le renvoi des troupes réunies autour de Paris.

Longtemps après, il y monta de nouveau — c'était le 24 juin 1815 — pour provoquer l'abdication de Napoléon, c'est-à-dire le triomphe de nos ennemis. Le sang de Waterloo coulait encore au moment où la Fayette entrait dans le camp des Prussiens. Il oubliait que Napoléon l'avait arraché des cachots d'Olmütz; il oubliait qu'il avait lui-même écrit à l'Empereur : « Le 18 brumaire sauva la France !.... » Il oubliait, lorsqu'il demandait l'autorité suprême pour la Chambre des représentants, qu'autrefois il avait levé l'étendard de la révolte contre l'Assemblée législative, mis en état d'arrestation les commissaires du Corps législatif et tenté de soulever son armée contre le gouvernement.

Le nom de Pichegru réveille de douloureux souvenirs entremêlés de quelque gloire, le nom de la Fayette a quelque chose de sinistre, on le prononce avec tristesse, parce qu'il n'est écrit que sur les pages fatales de notre histoire.

Lorsque Dieu envoie à l'homme des épreuves au-dessus de ses forces, l'homme succombe. Les contemporains et la postérité jugent celui qui a succombé, et presque toujours le condamnent sans mesurer le poids des épreuves.

Elles sont rudes aux époques révolutionnaires; mais pourquoi celui qui ne se sent pas la force d'un athlète entre-t-il dans l'arène? pourquoi s'expose-t-il à être vaincu?

Autrefois, au temps où la Bretagne était dans la barbarie, les habitants de la côte se réunissaient sur les rochers à l'heure de la tempête. Lorsque l'obscurité de la nuit enveloppait la terre et la mer, lorsque l'ouragan se jouait des vaisseaux, lorsque les matelots luttaient contre la mort, les Bretons allumaient des feux sur les points les plus périlleux. Attirés par ces signaux trompeurs, les marins, remplis d'espérance, se dirigeaient vers la flamme. Les navires se brisaient, l'équipage était réduit en captivité ou mis à mort, et les barbares s'appropriaient les épaves.

C'est là l'image des révolutions, tempêtes déchaînées sur le monde. La société fait des efforts pour sauver ce grand navire, qui est la patrie, tandis que les fauteurs de désordre se coalisent pour égarer les voyageurs et asseoir leur fortune personnelle sur les ruines du pays.

PORTRAITS MILITAIRES.   12

DAMPIERRE

DAMPIERRE

GÉNÉRAL EN CHEF

~~~~~~

I.

La puissante main du cardinal de Richelieu courba le front de la noblesse française ; les officiers de la maison de Louis XIV lui firent prendre goût à la servilité; Louis XV avilit cette noblesse, en la soumettant aux caprices des courtisans. A ces malheurs s'en joignit un, le plus grand de tous, et qui fut le système de Law. M. de Bonald a dit : « Le plus grand mal que le luxe ait fait à la noblesse, dans toute l'Europe, est moins de l'avoir appauvrie que de l'avoir rendue avide de richesses. »

Au début du règne de Louis XVI, la noblesse de cour éprouva une surprise mêlée de mécontentement, lorsqu'elle vit un roi plein de vertu et une jeune reine non moins vertueuse.

La noblesse de province, appauvrie par les guerres des règnes précédents, jalouse de la noblesse de cour, indépendante par caractère, frondeuse par tempérament, se voyait, non sans dépit, réduite aux modestes charges de capitaine.

Dans les heures de loisir, la noblesse, grande et petite, se faisait lire les œuvres philosophiques. Les pages les plus licencieuses de Voltaire ou de Diderot prêtaient quelque esprit à ceux qui n'en possédaient pas. Les petits abbés trinquaient avec les mousquetaires, riant de bon cœur de la mission de Jeanne d'Arc ou du mot de monsieur le chevalier d'Assas dans les champs de Clostercamp.

Le mal était profond et appelait un terrible châtiment. Mais s'il était profond, le mal n'était pas universel.

Dans cette antique forêt, frappée par la foudre ou rongée par les vers, des arbres restaient debout, droits et vigoureux. Leur puissante racine les liait au sol, tandis qu'une sève riche et active circulait du tronc dans les branches.

La race des Dampierre faisait partie de celles que n'avaient pu courber les orages. Si ces races conservaient leur vigueur et leur pureté, ce n'était cependant pas sans quelques déchirures.

Le cœur restait entier, mais l'esprit se prêtait volontiers aux choses nouvelles. On parlait avec complaisance de J.-J. Rousseau et de Francklin ; on se pâmait d'admiration au spectacle du gouvernement anglais.

Le souffle qui passait sur la France était si doux, si caressant, si embaumé, que chacun voulut le respirer. On ne savait pas, alors, que ce souffle léger venait du désert et qu'il portait d'invisibles poisons enivrants et mortels.

Celui qui devint le général en chef Dampierre échappa, pour ainsi dire, au mal dont la noblesse était atteinte. Il salua les réformes proposées par Louis XVI, mais il repoussa énergiquement la Révolution.

Étranger aux intrigues politiques, il ne fit partie d'aucune assemblée et se montra modéré, indulgent pour les erreurs, implacable pour les crimes.

Tout démontra qu'il n'était pas républicain. Sa mort en est la preuve la plus éclatante. Il se fit tuer par l'ennemi pour échapper à l'échafaud des républicains.

II.

Ce qui prête un charme singulier au groupe formé par les généraux de la république est la variété des figures, la différence des caractères aussi bien que les oppositions d'âges et d'origines. La vertu militaire prend, dans ce groupe, toutes les formes et se présente sous tous les aspects.

Dampierre est là, comme la personnification de l'officier de l'ancienne monarchie. C'est toujours, malgré l'âge, malgré le grade, malgré l'habit bleu *par la victoire usé*, c'est toujours le jeune officier des gardes-françaises, brave jusqu'à l'étourderie, bon jusqu'à la charité, confiant jusqu'à l'imprudence, chevaleresque jusqu'à la mort.

Il aimait de toute son âme les armes et la guerre ; son patriotisme était sans bornes. Il avait raison d'aimer la France, car nul ne fut plus Français que lui, Français d'esprit et Français de cœur.

Auguste-Henri-Marie Picot de Dampierre était né à Paris, le 19 août 1756. Il était de la maison de Dampierre de Champagne. La branche dont il sortait avait été anoblie en 1496.

Vieille noblesse d'épée, les Dampierre servaient la France depuis des siècles. Le père du général de la république avait été blessé à la bataille de Deltingen, en 1743.

Son oncle, Charles de Dampierre, commandeur de Malte
et chef d'escadre, était rentré au manoir de ses pères
en 1779, après le combat naval de la Grenade, la mâ-
choire fracassée par un biscaïen.

A l'âge de quinze ans, le jeune marquis Auguste de
Dampierre entra aux gardes-françaises. L'un des historiens du général dit fort sérieusement : « Son éducation
avait eu le vice des éducations domestiques, où les maîtres,
sous les yeux des parents, ne songent à former leurs
élèves qu'à l'art de plaire. »

N'est-ce donc rien que l'art de plaire ? Aujourd'hui, cet
art est oublié ; les maîtres qui l'enseignaient, sous les yeux
vigilants du père et de la mère, ont disparu pour faire
place à d'autres maîtres. Les élèves de ceux-ci deviennent
habiles en l'art de discuter ou de calculer, mais rarement
entrent-ils dans le monde avec cet art charmant dont
profita si bien le jeune marquis de Dampierre.

Le même historien qui reprochait à Auguste de Dampierre de n'apprendre que l'art de plaire dit ensuite : « Le
jeune Auguste apprit dans la retraite les plus belles
langues de l'Europe, les hautes sciences, le droit public,
et approfondit l'art de la guerre dans les auteurs anciens
et dans les bons livres modernes. »

Le jeune marquis avait seize ans lorsque des nuages
semblèrent s'élever entre la France et l'Angleterre. On
était en 1772, et la guerre commençait dans les colonies
américaines. Dampierre demanda la faveur de partir
comme volontaire. Il fut le premier Français à solliciter
cette faveur. Faire la guerre était son seul désir, car il se
préoccupait fort peu des causes de la querelle. La cour
repoussa la demande de l'officier aux gardes.

Lorsque le comte d'Artois alla commander en personne au siège de Gibraltar, le prince fut suivi par une foule de volontaires. Dampierre, malgré ses prières, ne put obtenir l'honneur d'accompagner le comte d'Artois. Alors il partit secrètement. Le ministre de la guerre le fit arrêter à Barcelone et ramener à Paris. Le désespoir de Dampierre fut à son comble, la tristesse s'empara de lui, et sa santé donna de vives inquiétudes.

Son âme ardente ne pouvait se contenter des exercices monotones de la garnison, il souffrait d'un repos qu'il croyait indigne de son courage.

Pour donner un aliment à sa vie, sa famille le maria avec une descendante du célèbre compositeur Lulli. Cette jeune et belle personne apporta une dot d'un million, somme considérable pour ce temps.

En parlant de la bonté de Dampierre, nous avons prononcé le mot charité. Faut-il chercher dans les sentiments religieux le secret de cette charité? Faut-il penser que l'amour de l'humanité eut la puissance de l'inspirer et de le soutenir? Toujours est-il que le jeune officier distribuait aux pauvres jusqu'à ses vêtements; il visitait les hôpitaux, et consolait les malades par de douces paroles. Cet homme si intrépide aux batailles ne pouvait supporter la vue de la douleur. Lorsqu'il était général en chef, une malheureuse paysanne vint du village à l'armée, pour réclamer son fils, simple soldat et soutien de son vieux père. La paysanne, le visage inondé de larmes, se jeta aux pieds du général, en lui demandant son unique enfant. Dampierre n'avait pas le pouvoir de congédier le soldat, et cependant il dit à cette mère désolée : « Allez, bonne femme, emmenez votre fils, je me battrai pour deux. Allez vite, et que les représentants du peuple ne vous voient pas. » Son aide de camp ajouta mystérieusement : « Mais, mon général, il y va pour vous de la guillotine. — C'est possible, reprit Dampierre, mais ces pauvres gens étaient si malheureux! »

Implacable pour la moindre faiblesse sur le champ de bataille, sévère pour les fautes contre la discipline, Dampierre avait pour le soldat un amour paternel. Dans les marches, il s'arrêtait pour voir passer devant lui les bataillons, entendre les propos de la troupe, étudier ses besoins et connaître son esprit. Au bivouac, il se promenait lentement, interrogeant les uns, visitant les tentes, goûtant les aliments, examinant les distributions. Il se levait la nuit pour parcourir les camps. Les soldats, qui l'aimaient, avaient en lui une confiance sans bornes,

Lorsqu'il servait encore aux gardes-françaises, le marquis de Dampierre obtint un congé pour voyager en Angleterre. A Londres, il vit de près la haute aristocratie et les hommes politiques.

Il se rendit ensuite en Prusse, et fut présenté au grand Frédéric. Invité aux manœuvres et aux revues, admis à la cour militaire du roi de Prusse, Dampierre, qui à Londres s'était engoué du gouvernement de l'Angleterre, se laissa séduire à Berlin par le militarisme prussien.

Chez Dampierre, l'imagination était peut-être trop puissante. Sa nature généreuse l'entraînait vers l'inconnu. Toujours à la poursuite du mieux, il confondait le changement et le progrès.

L'admiration du marquis de Dampierre pour Frédéric II devint une passion. Le roi avait daigné l'interroger sur les gardes-françaises, et plaisanter sur l'ordre mince et sur l'ordre profond.

A son retour en France, Dampierre parut à une revue du roi avec le chapeau à la prussienne, la longue queue germanique, et la raideur des soldats de Postdam. Louis XVI, qui remarqua ces choses, dit au maréchal de Biron, commandant des gardes-françaises : « Avez-vous vu ce fou de Dampierre, avec ses manières prussiennes! »

Il n'en fallait pas plus pour briser une carrière. La cour, les ministres, les généraux, les gens en place, les solliciteurs d'emplois et autres échos très sonores pour le mal, répétèrent huit jours durant : « Avez-vous vu ce fou de Dampierre, avec ses manières prussiennes! »

Louis XVI n'avait pas tort de préférer les *manières* françaises aux façons de la Prusse. Mais quoique le Français soit essentiellement inventeur, il a pour l'imitation un faible singulier. Nos aïeux imitaient après Rosbach, et nous imitons après Sedan.

Ces travestissements ne durent qu'un jour. Dès que la guerre reparaît, le génie national reprend sa place, et les défroques allemandes vont rejoindre au vestiaire les vieux pourpoints et les manteaux fripés.

Dès qu'il sut que Frédéric II allait terminer sa carrière, le marquis de Dampierre repartit pour la Prusse, afin d'assister aux derniers moments de son héros. Ce pèlerinage mit le comble aux défaveurs du jeune officier aux gardes. Mais il ne tenait nul compte de l'humeur de la cour.

Lorsque Montgolfier découvrit les aérostats, le public ne fut pas moins ému que les savants. Deux hommes osèrent les premiers tenter la périlleuse navigation : un gentilhomme languedocien, le marquis d'Arlande, et Pilatre de Rozier. Ce dernier périt depuis, dans une ascension.

Dampierre, lorsqu'il apprit que l'on pouvait ainsi planer au-dessus de la terre et s'élever à perte de vue, supplia Montgolfier de lui donner place dans sa nacelle, la première qui fut construite à Paris; il éprouva un refus. Mais peu de temps après, un autre ballon devait s'élever à Lyon; Dampierre, qui était de garde, attendit avec impatience l'heure de la liberté; il courut à Lyon, espérant que son retour serait possible avant sa prochaine garde.

Il fut assez heureux pour réussir dans son projet. Toute la ville de Lyon et les foules accourues des environs saluèrent de cris d'admiration ce jeune officier, qui s'élevait majestueusement dans les nuages, saluant avec grâce, et prononçant des paroles qui se perdaient dans l'immensité.

Après la descente, la ville de Lyon donna des fêtes au marquis de Dampierre, qui oublia que son tour était venu de prendre la garde au régiment.

Le maréchal de Biron lui infligea six mois de prison.

Cette sévérité fit abandonner à Dampierre les gardes-françaises. Il passa successivement au régiment de Chartres et dans les chasseurs à cheval de Normandie.

Le marquis de Dampierre était en semestre dans sa terre, lorsqu'un soir d'hiver, au milieu d'une fête splendide, des cris de détresse se firent entendre. Le bal en fut troublé. Les femmes s'évanouirent, les jeunes seigneurs se précipitèrent au dehors.

Un paysan, père de famille, était tombé dans la rivière glacée, le courant l'entraînait, il allait périr. Ses parents, ses amis, réunis sur le bord, faisaient retentir l'air de douloureuses clameurs, mais nul n'osait porter secours au malheureux paysan.

Le marquis de Dampierre, galamment vêtu de soie brodée d'or, les cheveux accommodés par une main habile, le jabot de dentelle au vent, terminait un menuet. La chaleur des appartements faisait perler sur son front des gouttelettes que ne pouvait tarir un mouchoir du plus fin tissu.

On lui dit qu'un paysan se noie. S'élancer au dehors, courir vers la rivière, se précipiter dans l'eau, plonger trois fois de suite est l'affaire d'un instant. L'homme allait être écrasé sous la roue d'un moulin, le marquis le saisit ; entraîné lui-même, il va être écrasé comme lui. Un effort suprême le dégage, et il ramène vers la terre le pauvre paysan évanoui.

L'eau glacée avait tué cet homme. Rappelé pour quelques heures à la vie, il ne put que remercier d'un regard attendri celui qui avait voulu le sauver.

Rapporté dans son château, le marquis de Dampierre resta longtemps évanoui ; une fluxion de poitrine se déclara, et de longs mois se passèrent avant qu'il pût quitter sa chambre.

La famille du paysan reçut une pension de Dampierre. Les gens de sa terre bénirent un aussi bon seigneur, et les gentilshommes du voisinage écrivirent aux dames de Paris qu'il avait sauvé un paysan prêt à se noyer. L'un d'eux même le compara au duc Léopold de Brunswick, qui avait péri dans l'Oder en se précipitant au secours du plus humble de ses sujets.

III.

La connaissance est faite. Nous savons maintenant ce qu'était Auguste-Henri-Marie Picot, marquis de Dampierre.

Sa naissance, son éducation, sa personne, ses idées, ses habitudes, ne sauraient nous faire penser que nous sommes en présence d'un républicain.

L'année 1787 venait de commencer, les assemblées provinciales se réunissaient, celle du département de l'Aube nomma Dampierre son président. La populace, qui commençait son œuvre, venait de massacrer le maire de Troyes. Son cadavre, traîné dans les rues, avait glacé de terreur les honnêtes gens.

Dampierre fit, dans ce département, tout le bien possible. La reconnaissance des habitants voulut le porter à l'Assemblée nationale avec M. Beugnot, connu par son érudition et son éloquence. Le nom de Dampierre sortait de l'urne, lorsqu'une foule séditieuse envahit la salle. Ces gens, que Dampierre avait dû poursuivre pour leurs crimes, veulent s'opposer à sa nomination. Une émeute menace la paix de la ville, Dampierre accourt. Des cris, des hurlements se font entendre contre lui. Les agents de l'ordre sont désarmés, le sang coule.

L'intrépide officier parvient à prononcer ces paroles : « Vous ne m'effrayez pas, mais je ne me pardonnerais jamais d'arriver à l'Assemblée nationale sous de pareils auspices. Je renonce donc à vous représenter. »

En ce temps-là, on vit, dans les autres cités, les suffrages enlevés par la violence ou par la corruption. Mais, traité de noble, d'aristocrate, de royaliste, Dampierre ne voulut renier ni le passé de sa race ni les sentiments de son cœur.

Il prit sa place dans l'armée, où l'honneur français se réfugiait alors.

Aide de camp de Rochambeau, puis colonel du régi-

ment de dragons de la colonelle-générale, Dampierre eut
une peine infinie à rétablir la discipline dans l'ancien
régiment du duc de Luynes.

Chose singulière, les dragons voulaient un chef appartenant à la noblesse. Aussi se battait-on, chaque jour,
avec les volontaires du bataillon de l'Oise, le plus animé
de tous contre les troupes de ligne.

Le régiment de la colonelle-générale, accusé d'aristocratie, reçut le marquis de Dampierre avec une bruyante
satisfaction ; ce régiment, dès longtemps habitué à la garnison de Versailles, avait pris des habitudes d'indiscipline qu'une main ferme et habile pouvait seule déraci-
ner. Dampierre comprenait que l'élément démocratique
allait prendre le dessus, et que ni le respect ni l'attachement de ses dragons ne seraient assez puissants pour
résister au torrent.

Lorsque, le 29 avril 1792, le premier combat fut livré
près du village de Bossat, le régiment commandé par
Dampierre passa devant le front du bataillon de l'Oise. Les
volontaires jetèrent des cris contre les dragons, qu'ils trai-
taient d'aristos, de Versaillais et de séides. De leur côté,
les cavaliers ripostaient par d'injurieuses paroles : blancs-
becs, lapins de garenne, va-nu-pieds.... Les deux troupes
étaient prêtes à en venir aux mains, lorsque Dampierre,
par d'énergiques paroles, par son patriotisme éclatant,
parvint à rétablir l'harmonie.

Dans le mois de mai 1792, l'indiscipline avait envahi
tous les corps de l'armée. Les dragons de Dampierre
lui envoyèrent une députation de cinq d'entre eux pour
demander que l'argent de leur masse fût distribué,
« attendu, disaient-ils, qu'allant faire la guerre et pou-

vant être tués, chacun devait jouir de ce qui était à lui. »

La demande fut rejetée par Dampierre, et les cinq députés se retirèrent en proférant cette menace : « Cela suffit. »

Le régiment sortait à peine de Mons pour marcher à l'ennemi, que les dragons rompent les rangs et crient en tumulte : « La masse, ou nous ne marchons pas ! »

Dampierre voit le péril et le déshonneur : « Officiers et sous-officiers, crie-t-il d'une voix terrible, vous répondez sur vos têtes de l'ordre que je vais donner : que les dragons mutinés suivent les soldats fidèles ! » L'ordre se rétablit. Après une marche d'une heure, le colonel fit faire halte au régiment. « Cavaliers, dit-il, apprenez que si je refuse tout à la révolte, j'accorde à la soumission. » Et il fit donner à chaque dragon six livres sur la masse.

En ce temps-là, le commandement n'était pas chose facile ; il fallait, pour nous servir d'une expression de cavalier, arrêter et rendre.

Dans la nuit du 29 avril, le régiment bivouaquait à Mons par le chemin de Valenciennes. Tout à coup, des masses de cavalerie en désordre inondent le camp aux cris de : Sauve qui peut ! tout est perdu ! l'ennemi ! l'ennemi !

Foulé aux pieds des chevaux, son casque brisé, les membres meurtris, Dampierre conserve son sang-froid. Il se précipite au-devant de ses dragons, il ordonne, il prie, il supplie au nom de l'honneur, il frappe du plat de son sabre, et fait tant et si bien qu'il rallie deux escadrons, puis quatre, court après les fuyards, les dépasse et parvient à les arrêter et à les ramener. Cette panique, l'une des plus horribles dont l'histoire militaire ait conservé le souvenir, aurait été suivie d'incalculables malheurs et de hontes effroyables sans le courage et la présence d'esprit de Dampierre.

Après avoir rallié les troupes, il alla seul, à portée de pistolet de l'ennemi, reconnaître ses positions et juger de ses intentions. Il fut reçu par une grêle de balles.

Dès que le jour parut, les généraux français virent que la frayeur régnait encore dans les âmes. Ils ordonnèrent la retraite, qui se fit dans un tel désordre et avec une si grande promptitude, que Dampierre craignit une poursuite, qui eût été l'extermination de l'armée.

Les Autrichiens, moins nombreux que les Français, ne pouvaient croire que la retraite fût sérieuse. Ils redoutaient une ruse. Cependant, lorsqu'ils comprirent, en interrogeant les nombreux prisonniers, que les têtes étaient égarées et les cœurs troublés, les Autrichiens lancèrent leurs troupes légères à la poursuite des nôtres, et leur armée tout entière s'ébranla.

Dans ce péril extrême, Dampierre prend sur lui d'arrêter les derniers bataillons. Il envoie son fils demander du canon, établit des batteries sur la route de Valenciennes à Mons, et parvient à arrêter l'ennemi. Alors cette faible arrière-garde peut repasser le défilé de Quiévrain. Le général Biron, qui commandait, n'inspirait plus confiance, et les soldats criaient : « A Valenciennes! à Valenciennes! nous ne serons en sûreté que là! »

Après s'être distingué aux camps de Maulde et de Maubeuge, Dampierre, toujours à la tête de son régiment, se porta vers la Champagne. Il avait sous ses ordres quatre mille hommes d'infanterie qui arrivèrent à Sainte-Menehould la veille de la bataille de Valmy.

Dans cette affaire, toute d'artillerie, Kellermann empêcha Dampierre de s'avancer sur le flanc des Prussiens, ce qui eût donné à la bataille un tout autre caractère.

Réuni à la division du brave général Stengel, Dampierre commanda un corps d'avant-garde. Stengel, que Napoléon, dans ses Mémoires, proclame le meilleur officier d'avant-garde, était l'ennemi déclaré de la Révolution et des républicains. « Je me moque de leurs constitutions, disait-il hautement, mais toutes ces comédies détruisent la discipline, seule chose indispensable en ce bas monde. »

Dampierre se fit remarquer à Jemmapes, non seulement par son intrépidité, mais aussi par d'habiles manœuvres. Il entra le premier à cheval dans une redoute.

A la bataille d'Anderlecht, près de Bruxelles, Dampierre commandait un corps de dix mille hommes. Après Nerwinde, il sauva l'armée.

La ville d'Aix-la-Chapelle donna des fêtes à Dumouriez. Un grand spectacle lui fut offert, et les acteurs présentèrent une couronne de laurier au général en chef. Les soldats qui remplissaient le parterre, les officiers groupés dans les loges, crièrent : « Une couronne à Dampierre, il l'a bien méritée ! »

Dumouriez partagea sa couronne et en présenta la moitié à Dampierre. Mais le général en chef ne pardonna jamais à son lieutenant cette acclamation de l'armée. Au reste, Dampierre aimait peu Dumouriez et se gênait encore moins pour le dire.

Dans le mois de janvier 1793, Dumouriez donna l'ordre à Dampierre de rester à Aix-la-Chapelle. Pendant cette sorte d'exil, Dampierre adressa au ministre de la guerre,

Pache, des mémoires militaires, qui presque tous commencent par ces mots : Ou le Rhin, ou la Meuse.

Dumouriez a maltraité Dampierre dans ses Mémoires, parce qu'il considérait son lieutenant comme l'obstacle le plus invincible à ses projets de trahison. Il disait un soir au général Dampierre : « Vous et moi avons de cruels ennemis à la Convention; il faut les abattre, ou ils nous abattront ! — En attendant, battons les ennemis, » répondit Dampierre.

. Lorsque l'heure de la trahison fut arrivée, Dumouriez relégua loin de l'armée, dans la ville du Quesnoy, le général Dampierre avec le seul régiment de Flandre et deux bataillons de Paris.

Apprenant que son général en chef allait livrer la France aux ennemis, Dampierre réunit sa garnison de deux mille hommes. Il fit le serment solennel de rester fidèle à la France. A cheval au milieu du carré, ayant près de lui le général Gobert, chef de son état-major, Dampierre mit l'épée à la main et, d'une voix stridente, fit entendre ces mots : « Soldats ! nous avons tous juré de défendre la patrie. Eh bien! ce serment sacré que Dumouriez fit avant nous, il l'a violé : il vend la France à nos implacables ennemis. Vous frémissez d'un tel crime; l'honneur parle ; il sera plus puissant que la voix du traître qui vous a séduits. Jurons de rester fidèles jusqu'à la mort! »

Les soldats, électrisés, répétèrent le serment. A peine les soldats de Dampierre ont-ils rompu les rangs, que le général, suivi de deux aides de camp, se dirige en poste vers Valenciennes. Les portes de la ville sont fermées, le commandant Ferrand a maintenu l'ordre le plus parfait, mais Dumouriez a des intelligences dans la place, et l'on

dit hautement qu'une grande partie de l'armée est disposée à suivre le général en chef.

Dampierre se présente, il parcourt la ville, fait réunir
la garnison, lui adresse une chaleureuse allocution, ranime
les courages indécis, rétablit la confiance et fait prêter le
serment de fidélité. Le chef d'un bataillon de l'Yonne
s'avance et propose d'arrêter Dumouriez. « Allez, commandant Davoust, lui dit Dampierre, arrêtez le traître. »

Ce commandant devait devenir maréchal de France,
prince d'Eckmühl, duc d'Auerstædt. Dumouriez lui
échappa.

Après trois jours d'efforts, Dampierre parvint à réunir
toute l'armée sous les murs de Valenciennes.

Après avoir trahi, Dumouriez avait déserté. Dampierre
eut le commandement en chef de son armée.

La désastreuse influence des représentants du peuple
obligea le général Dampierre à exécuter des opérations
qu'il désapprouvait; il fut cependant assez heureux pour
faire une belle retraite sur le camp de Famars.

Le 6 mai, il obtint des secours, mais son centre ne put
soutenir le feu des batteries autrichiennes. Le lendemain,
Dampierre attaqua la réserve ennemie, retranchée dans le
bois de Vicogne.

Le général semblait désespéré, il voyait ce qu'il fallait
faire, mais les représentants ordonnaient le contraire.

Dampierre donna un ordre à porter à son fils, qui était
l'un de ses aides de camp; il éloigna les autres en les
chargeant de missions diverses, fit signe à son escorte de
se tenir à distance, et, seul, s'avança dans une sorte de
fournaise, où la mitraille, les balles et les boulets se croi-
saient en tous sens.

Il tomba. Un boulet lui avait emporté la cuisse. Six
heures après, Auguste-Henri-Marie Picot de Dampierre
avait cessé de vivre.

La douleur de son armée ne saurait s'exprimer. Tous
les soldats se dirigèrent vers sa tente pour contempler une
dernière fois les traits de leur général.

« Il s'est fait tuer, » disaient-ils. Ces paroles trouvèrent de l'écho. Paris en fut ému, et la Convention,
pour calmer le sentiment public, décerna à Dampierre
les honneurs du Panthéon. L'année 1793 n'était pas terminée que déjà le représentant Couthon proposa de retirer les cendres de Dampierre de sa sépulture. Danton
s'y opposa.

Peu de jours avant sa fin, Dampierre disait à un ami :
« Lorsqu'on est parvenu à ce comble du malheur, il faut
savoir mourir. »

La veille même de cette bataille où il devait périr, Dampierre, après un long silence, prononça lentement ces
noms : Luckner, Biron, Custine, Houchard, Alexandre
Beauharnais !.... — Quatre victimes de la furie révolutionnaire.

IV.

Lorsqu'il fut élevé au grade de général, Dampierre réclama contre l'insertion de son nom sur la liste des
membres du club monarchique, fondé par le comte de
Clermont-Tonnerre.

Ce souvenir lui était désagréable ; il produisait sur
l'esprit de Dampierre un effet singulier. Tous les clubs,
réunions, associations, lui étaient insupportables ; les

assemblées politiques surtout semblaient le fatiguer de leurs vaines discussions.

Son entrée dans la vie avait été entourée de promesses. Sa nature généreuse, ardente, devait l'entraîner vers cet inconnu qui attirait la jeunesse française. Il fut donc séduit et crut à la liberté, au désintéressement, aux sacrifices et aux grandes vertus.

La France fut attaquée, et il accourut pour la défendre. Il vint sans ambition, sans arrière-pensée, apportant tout ce qu'il avait de cœur et d'âme.

L'illusion fut de courte durée. Il vit autour de lui et au-dessus de lui la plus odieuse des tyrannies ; il vit tomber la tête de son roi ; il vit le crime régner partout ; il vit la sottise arrogante s'associer à la rapacité pour dévorer la malheureuse France ; il vit les lâchetés, entendit les calomnies, assista aux trahisons. Alors Dampierre se sentit défaillir. Son regard se détourna de ce fantôme sanglant, nommé la république.

Son destin était tracé, il ne pouvait y échapper. L'échafaud attendait le marquis de Dampierre.

Que se passa-t-il dans cette âme si belle, lorsqu'elle mesura la profondeur du gouffre ? Dampierre eut-il des regrets ? C'est un secret emporté dans la tombe.

Comme les philosophes de l'antiquité, il ne marcha pas au-devant de la mort, la coupe de ciguë près des lèvres ; il préféra la mort du soldat, cette mort envoyée par Dieu, glorieuse et sainte en même temps.

Dampierre fut un brave et honnête homme, un citoyen utile à son pays, il servit loyalement la république sans être républicain, fit beaucoup de bien et jamais de mal.

Quel rang doit-il occuper parmi les gens de guerre appelés au commandement des armées ?

Cette question ne saurait donner lieu à la moindre dif-ficulté.

Le général Dampierre mourut au mois de mai 1793, c'est-à-dire au commencement des grandes guerres de la Révolution. Les savantes campagnes n'eurent lieu que plus tard. Si Kléber ou Desaix avaient été tués en 1793, leur supériorité militaire serait à peu près inconnue.

Le temps, l'expérience, les occasions manquèrent donc au général Dampierre. Il servait sous Dumouriez, qui était loin de favoriser ses entreprises, et qui même cherchait à lui nuire.

Dans les arts, comme dans les lettres, on cite souvent les noms de peintres, de sculpteurs ou de poètes qui, morts jeunes après une grande œuvre, sont jugés dignes de prendre place parmi les célébrités ; il en est ainsi de Dampierre. Lorsqu'il est tombé, son œuvre était à peine commencée.

Cependant ses études, son savoir, ses instincts, doivent faire penser qu'il aurait atteint les sommets. Dans la sphère où il fut placé, Dampierre montra de véritables talents tactiques. Il maniait les troupes avec une habileté qui touchait à l'audace. On l'a même accusé d'imprudence ; on a dit aussi qu'il ne tenait pas assez compte des ordres supérieurs. Ces accusations, inventées et propagées par Dumouriez et par les représentants du peuple, ne sont pas justifiées d'une façon complète.

Les mémoires militaires adressés par Dampierre au ministre de la guerre prouvent de grandes connaissances stratégiques et des vues élevées.

. La perte de la bataille de Famars, le 23 mai, et l'invasion des Autrichiens dans la Flandre française avaient été prévues par Dampierre.

Lorsqu'il prit le commandement en chef de l'armée de Dumouriez, sa situation était dans un état désespéré. Les représentants accablaient de leur haine le nouveau chef, substituaient leurs caprices à ses calculs et le torturaient par d'injurieux soupçons.

Dampierre savait que Couthon devait l'accuser et demander sa mise en jugement. L'échafaud devait lui apparaître à toute heure, et cette vision troubla les derniers jours du général en chef.

Ce qu'il serait devenu au milieu des grandes guerres de la fin du XVIIIe siècle, nul ne le saurait dire.

. Ce qu'il a fait en peu de temps prouve qu'il était de taille à accomplir de grandes choses.

L'aîné des fils de Dampierre, qui avait été son aide de camp, périt en 1802, dans l'expédition de Saint-Domingue ; il était parvenu au grade d'adjudant général.

Le second fils du général en chef, Charles Picot, marquis de Dampierre, servit sous son beau-père, le général Dessoles, et parvint au grade de colonel ; il fit avec distinction la campagne de Russie. La Restauration éleva le marquis de Dampierre à la dignité de pair de France.

. Dampierre appartenait donc à ces races qui, de génération en génération, versaient leur sang pour la France à Dettingen, à Nerwinde et à la Moskowa.

Pendant le siège de Paris, un comte de Dampierre fut tué au combat de Bagneux, le 13 octobre 1870.

CHAMPIONNET

CHAMPIONNET

~~∽◦◦◦∽~~

I.

Le général Championnet a écrit ses *Mémoires*. Son aide de camp Romieu a laissé des notes fort nombreuses sur le chef qu'il ne quitta jamais. Les documents ne nous manquent donc pas pour retrouver la vérité au milieu des accusations et des calomnies qui troublèrent l'existence de cet homme de guerre.

Nous avons sous les yeux les registres d'ordres et les registres de correspondance du général, volumineuse collection qui, des mains de sa famille, était passée dans la bibliothèque de Séfer-Pacha, ancien ambassadeur de la Porte ottomane à Paris. Ce dignitaire, ami de la France, a bien voulu nous confier les documents officiels qui font connaître Championnet. Nous le voyons ainsi dans les moindres détails de sa vie, jour par jour, heure par heure.

Il est à regretter que M. Thiers n'ait pas connu ces pièces. L'historien de la Révolution aurait pu éviter les sévères jugements qu'il porte sur Championnet. Il aurait compris que si les généraux de la république voulaient gouverner et administrer les pays conquis par eux, ce n'était pas pour dominer et s'enrichir, mais dans le seul intérêt des armées sous leurs ordres. Témoins du pillage effroyable des agents civils, ils restaient pauvres, pendant qu'autour d'eux s'élevaient de scandaleuses fortunes.

L'aide de camp Romieu trace le portrait de son général : « Il avait cinq pieds neuf pouces, de grands yeux bleus, des cheveux blonds, un nez aquilin, de belles dents ; sa figure était très gracieuse. Il était nerveux et bien proportionné ; il était bel homme. »

Championnet est l'un des plus remarquables exemples du pouvoir de la volonté sur la destinée. L'histoire nous montre, de tout temps, des hommes d'une naissance obscure, sans famille, sans richesse, s'élevant au faîte de la société. Mais il faut se demander si le hasard, un caprice de la fortune, une circonstance imprévue, n'ont pas produit le miracle. Il faut se demander surtout si ces parvenus n'ont pas été au-dessous de la place supérieure à laquelle ils étaient arrivés.

Nul ne peut aussi bien que Championnet soutenir cet examen. On est surpris de voir cet homme qui n'avait étudié ni les lettres ni les sciences, qui, à l'âge de trente ans, était étranger au monde, à la politique, à l'administration, aux combinaisons de la guerre, devenir très promptement, par un travail assidu, bon général, organisateur habile, diplomate clairvoyant, politique remarquable, gouvernant les provinces avec autant de sagesse que de fermeté. Le style de ses *Mémoires* laisse à désirer, mais sa correspondance est pleine de considérations élevées. Il connaît l'histoire des peuples, la géographie des divers Etats ; il sait quels intérêts séparent les nations ; il pénètre les intrigues des gouvernements et possède l'état de leurs ressources. En un mot, Championnet est à la hauteur des plus importantes missions.

. Pour légitimer aux yeux du lecteur notre jugement sur le général Championnet, nous donnerons d'abord le récit des principaux événements de sa vie. Ces événements mettront en relief un caractère imparfaitement connu. Etranger aux affaires politiques, Championnet s'est renfermé dans le cercle militaire, et les historiens se sont bornés à raconter ses victoires et ses revers. Nul n'a cherché à connaître l'homme. Le public a une opinion plus ou moins vraie sur Hoche, sur Kléber, sur Desaix, mais Championnet reste dans une demi-obscurité. Ceux qui ont étudié l'histoire militaire savent ce qu'il fit dans le royaume de Naples et ne connaissent point sa personne.

En 1762, un avocat de Valence, département de la Drôme, nommé M. Legrand, eut un fils auquel il ne put donner son nom. Plus tard, cet avocat épousa la mère de l'enfant, qui était une jeune et jolie fermière.

L'enfant reçut les noms de Jean-Etienne. Il grandit pour ainsi dire sur la place publique, dans les chemins et les champs qui entourent Valence. Il suivait au loin les chasseurs, parcourait les montagnes, s'égarait dans les bois, et revenait au logis les habits en lambeaux, les mains déchirées par les ronces et le visage bronzé par le soleil.

Ses jeunes compagnons le surnommaient Championnet, qui, dans le patois du pays, signifie petit champignon.

Pour les villageois, le champignon est le symbole de la croissance rapide, et rappelle, en même temps, ce qui vient sans culture.

Ce sobriquet déplut à Jean-Etienne. Lorsqu'il atteignit ses treize ans, son âme était naturellement fière.

Tout en menant sa vie d'aventure, l'enfant avait fréquenté l'école et profité des leçons. S'il était le plus dissipé des élèves, il n'en conservait pas moins le premier rang.

Sa naissance illégitime le mettait mal à l'aise. Il prit, à quatorze ans, le parti de s'expatrier, et s'engagea dans les gardes Wallonnes. Il fit sous le drapeau de l'Espagne le siège de Gibraltar.

Pendant qu'il servait à l'étranger, Championnet, se sentant seul et comme abandonné, fit un retour sur lui-même et se prit de passion pour l'étude. Il lisait les histoires de guerres, les récits de voyages, apprenait l'art militaire, et se faisait remarquer par ses connaissances variées.

Le duc de Crillon, si distingué par ses talents militaires, et qui publia ses *Mémoires* en 1791, était passé au service de l'Espagne à l'époque de la guerre de Sept ans. Ayant appris qu'un jeune Français se trouvait aux gardes Wallonnes, il manda Championnet auprès de lui, et, séduit par son esprit, l'attacha à son état-major. Jusqu'à sa mort, qui eut lieu en 1796, à Madrid, le duc de Crillon prit le plus vif intérêt à Championnet.

Ce duc de Crillon avait auprès de lui la Tour d'Auvergne, capitaine des grenadiers au régiment d'Angoumois, et qui, depuis, porta le titre de *premier grenadier*.

La Tour d'Auvergne, qui avait vingt ans de plus que Championnet, le dirigea, non seulement dans les détails du service, mais encore dans ses études générales. On sait que la Tour d'Auvergne était un savant et, qui mieux est, un homme de bien. Son affection pour Championnet fut utile à ce dernier, au point de vue intellectuel et moral, bien entendu. Tous deux devaient tomber la même année sur les champs de bataille.

Championnet avait près de trente ans en 1791. Il était revenu d'Espagne comme imprégné du génie castillan. Sa démarche digne et fière semblait un peu lente ; il portait la tête haute et son visage sérieux commandait le respect. Il parlait peu, mais avec élégance. Sa réserve ressemblait presque au dédain. Homme distingué, d'ailleurs, formé par le duc de Crillon et par la Tour d'Auvergne, instruit par les voyages et la guerre.

Ses services militaires étaient brillants, et il aimait à raconter, en peu de mots, les prouesses des soldats de l'Espagne. Son caractère, ferme jusqu'à la raideur, n'excluait pas une grande bonté. Il aimait la solitude et se livrait au travail avec une ardeur surprenante.

Championnet servit aussi au régiment de Bretagne. En 1791, il entra dans un bataillon de volontaires de la Drôme, et fut nommé chef du 6ᵉ bataillon le 5 août 1792.

Une insurrection éclata dans le Jura, en 1793. Les habitants voulaient venger leurs représentants opprimés par la Convention. Le Comité de salut public ordonna des poursuites dans les provinces. Chargé de réduire l'insurrection et porteur des ordres les plus sévères, Championnet fit preuve d'une extrême modération dans cette délicate circonstance. Il se montra ferme et bienveillant tout à la fois. Il calma les troubles, fit cesser les révoltes, sans effusion de sang.

II.

A cette époque de sa vie, Championnet était Girondin.

Il appartenait même à la partie la plus modérée de la Gironde. Nous pensons, en écrivant ceci, bien plus aux sentiments qu'aux opinions politiques de Championnet.

Il se distingua à l'armée du Rhin, puis à l'armée de la Moselle, où il servit sous le général Hoche. Après la reprise des lignes de Wissembourg et l'invasion du Palatinat, lorsque la campagne fut terminée, Hoche nomma général de division Championnet, qui devait prononcer son oraison funèbre quelques années après.

Empruntons quelques lignes aux *Mémoires* de ce dernier : « Le lendemain d'un engagement malheureux sur les hauteurs de Neustadt, je vis deux conducteurs de mon artillerie pendus à un arbre par l'ennemi, et à moitié brûlés sur un bûcher de fascines. L'horreur de cette action me fit donner un ordre barbare : tous mes soldats jurèrent de ne faire aucun prisonnier. Un combat s'engage ; mes troupes sont trop cruellement fidèles à leur serment. Un jeune homme de quatorze ans, de Valence, ma patrie, tambour dans mon bataillon, conduit devant moi un grenadier autrichien de la plus haute taille. « Général, en voilà un que je vous amène. — Malheureux ! as-tu oublié mon ordre ? — Général, il était sans armes. »

» La sublimité de cette réponse me fit rougir : j'embrassai le tambour. Il me fallut toute l'autorité d'un chef pour le forcer à recevoir l'argent que j'avais sur moi. Le lendemain, ce vertueux enfant, qui promettait tant à la patrie, fut emporté par un boulet de canon. »

L'armée française, commandée par Jourdan, qui avait pour divisionnaires : Hatry, Kléber, Moreau, Bernadotte, Lefebvre, Colaud, Morlot, Montaigu et Championnet, rencontra l'ennemi à Fleurus le 26 juin 1794. Dans cette grande bataille, Championnet donna des preuves de haute capacité et se montra tacticien fort habile.

Après la prise de Juliers et la reddition de Cologne, l'armée de Sambre-et-Meuse prit ses quartiers d'hiver. Championnet profita de ce repos pour parcourir les bords du Rhin, explorer les champs d'opérations militaires, et suivre, la carte sous les yeux, les marches et batailles des époques antérieures. Il rédigea même un travail important où les manœuvres étaient étudiées au point de vue critique. Championnet ne laissait pas échapper une seule occasion de s'instruire.

A Clostercamp, il fit élever un monument au chevalier d'Assas.

Partout, dans les campagnes aussi bien que dans les villes, les habitants rendaient à Championnet les hommages les plus sincères, pour la justice et l'excellente discipline de ses troupes. Toujours prêt à rendre service, il écoutait les réclamations du plus pauvre paysan et lui venait en aide.

En l'an III, le Comité de salut public résolut de porter la guerre au cœur de l'Allemagne. Jourdan et Pichegru franchirent le Rhin, le premier à la tête de l'armée de Sambre-et-Meuse, le second conduisant l'armée du Rhin. Kléber devait passer le fleuve vis-à-vis de Dusseldorf, à la tête de trois divisions. Jourdan consentit, à regret, au sacrifice d'une division, afin que son centre et sa gauche pussent aborder le flanc droit des Autrichiens.

La division Championnet devait, en périssant, sauver l'armée. Le général la sauva par son audace, ses sages mesures, ses habiles dispositions. Ses troupes abordèrent la rive opposée et s'emparèrent de Dusseldorf. Cette opération, l'une des mieux conçues de nos grandes guerres, plaça Championnet au nombre des principaux capitaines.

« Au combat de Costeim, l'un des plus meurtriers où je me sois trouvé, dit Championnet dans ses *Mémoires*, un officier de la 59ᵉ demi-brigade, fait prisonnier, s'aperçoit que nos tirailleurs cessent leur feu dans la crainte de le blesser ; il s'écrie d'une voix forte, au milieu des soldats qui l'entraînent : Camarades, tirez toujours ! »

Kléber avait pour Championnet une profonde affection et lui accordait une entière confiance. Lorsque l'armée de Sambre-et-Meuse et celle du Rhin battirent en retraite, Championnet avait la difficile mission de maintenir l'ennemi.

Nous ne suivrons pas le général à la prise de Stromberg, à la bataille de Sondwal, au combat de Dorback. Il se distinguait partout, et sa réputation grandissait de jour en jour.

Lorsqu'il repassa le Rhin à Neuwied, Championnet fit jouer toutes les musiques, afin, disait-il à son chef d'état-major, d'agir sur le moral.

L'armée vint camper près de Francfort, et le général Championnet, voyant les vastes plaines couvertes de moissons, publia cet ordre : « Mes amis, craignons de fouler les dons de cette terre fertile ; ne détruisons pas l'espoir du pauvre laboureur. J'aime mieux supporter encore une marche et reposer plus loin ma tête fatiguée, que de ruiner deux cents familles qui sont à la veille de recueillir le fruit de leurs sueurs. »

Très peu de généraux ont fait la guerre aussi activement et aussi constamment que Championnet. On ne saurait, dans un résumé rapide de ses campagnes, citer même les noms des combats auxquels il a pris part. Il passa trois fois le Rhin sous le feu de l'ennemi. La paix de Campo-Formio lui permit de prendre un repos de courte durée.

Lorsqu'il apprit la mort du général Marceau, son ami, il s'écria publiquement : « Heureux jeune homme ! je voudrais mourir comme toi ! »

Jourdan, remplacé par Beurnonville, se retira à Cologne. Championnet se rend auprès de l'ancien général en chef et lui dit : « Général, lorsque vous commandiez l'armée, je crus avoir à me plaindre de vous. Depuis que vous êtes devenu mon égal, je me représente vivement que moi seul j'eus des torts. Je vous demande votre amitié. » Ces deux hommes se jetèrent dans les bras l'un de l'autre.

Nommé général en chef d'une armée presque détruite et mourant de misère, Championnet refusa et voulut retenir Kléber. C'est alors qu'il lui écrivit : « Et vous aussi, mon cher Kléber, vous nous quittez ! Vous, l'un des pères de cette armée de Sambre-et-Meuse ! Chacun de nous se faisait gloire de lui appartenir, lorsqu'elle moissonnait des lauriers sur les remparts de Charleroi, aux bords de la Roër et sur les rives du Rhin. Je ne vois autour de moi que des ruines. Nos soldats, couverts de lambeaux, sont consumés par la faim sur le sol glacé qui les porte ; mais je retrouve encore sur leurs faces desséchées et livides l'ardeur de ce courage qui les fit triompher de l'Autriche. Devons-nous les abandonner, lorsqu'ils ressemblent aux spectres de ces braves que la guerre a plongés dans la nuit éternelle ? Ah ! revenez, pour ranimer nos bataillons, pour triompher de la fortune par votre génie, pour mourir avec nous, s'il le faut ; pour moi, je vous le jure, Kléber, mon sort est lié à celui de l'armée; j'ai partagé ses triomphes, je veux partager son malheur. »

Kléber fut inflexible. Il n'écouta que son ressentiment contre le Directoire.

Ainsi, nous voyons toujours et partout le gouvernement républicain dégoûter les généraux, répandre le découragement, semer la désunion, écarter les chefs dignes du commandement, dès qu'ils inspirent aux troupes quelque confiance.

Chargé seul de cette armée, Championnet mit tout en œuvre pour adoucir le sort de ses hommes. Sa correspondance est pleine de douleur. Il peint énergiquement la misère et les privations du soldat, qu'il oppose à la rapacité des agents du Directoire, aux vols audacieux des fournisseurs.

Hoche vint prendre le commandement de l'armée. Championnet eut l'aile gauche, forte de 22,000 hommes. Il passa la Vupper, et enleva le même jour Ulckérat et Altenkirchen. Hoche, Lefebvre, Ney, Richepanse, Debelle, battaient en même temps l'ennemi dans les plaines de Neuwied.

On était en l'an v, et la paix fut signée à Léoben.

Hoche mourut, et Championnet lui éleva un monument.

III.

Championnet, ayant lu le récit des victoires de l'armée d'Egypte, demandait au gouvernement la faveur de passer en Orient. Son amitié pour Kléber, son admiration pour le général Bonaparte, lui faisaient désirer de se rapprocher d'eux. L'une de ses lettres au gouvernement se termine ainsi : « Qu'ai-je fait pour être condamné à ce cruel repos, quand mes camarades versent leur sang pour la patrie? »

Lorsque Joubert eut le commandement de l'armée de Mayence, Championnet fut placé à la tête de l'avant-garde. Une intime amitié s'établit entre les deux généraux. Ce fut Joubert, général de l'armée d'Italie, qui demanda le commandement de l'armée de Rome pour Championnet.

Jamais, peut-être, campagne ne fut aussi surprenante. A la tête de 12,000 Français, Championnet sauva le territoire de Rome, envahi par les Napolitains. Il battit une armée de 80,000 hommes, et détruisit 60,000 lazzaroni. Ce miracle s'accomplit en quarante jours.

L'ennemi était bien approvisionné, puissamment armé, possédait de nombreuses garnisons à Naples, Capoue, Pescara, Gaëte, Civitella. Aucun obstacle n'arrêtait la marche du roi de Naples. Les Français étaient répandus sur une étendue de soixante lieues; leur artillerie consistait en quatre canons, et chaque soldat n'avait que quinze cartouches. Le parc du roi de Naples comptait cent vingt bouches à feu.

Couverts de lambeaux, nos soldats ne touchaient aucune solde depuis trois mois, tandis que l'or ruisselait dans le camp ennemi.

Rome, que devait défendre Championnet, était contre lui, et la prudence ne lui permettait même pas de camper sous les murs de la ville. Les vaisseaux anglais, napolitains, russes et barbaresques, couvraient l'Adriatique et la Méditerranée.

Du premier coup d'œil, le nouveau général reconnut

que la trahison était partout. Il vit autour de lui les administrateurs français mettre au pillage les dernières ressources.

La retraite était impossible et Championnet ne voulait
pas capituler.

Le Directoire avait perdu la France. Championnet dit
dans ses *Mémoires :* « La Commission civile, qui possédait la confiance du Directoire, si attentive quand il s'agissait de toucher les finances de la république romaine, ne
voyait aucun des dangers qui menaçaient. Si le Directoire
fut instruit des préparatifs du roi de Naples, la nation a
le droit de lui demander quels renforts il envoya à l'armée
française pour protéger l'indépendance de Rome : si les
agents du Directoire ont dissimulé la grandeur du péril
et la faiblesse de l'armée, ne les avait-il nommés que pour
pressurer la république romaine, lui montrer un fantôme
de liberté et l'abandonner ensuite à la colère de ses anciens maîtres? »

Championnet réunit un conseil de guerre et prit seul la
parole pour dire : « Une retraite n'est pas possible sans
une capitulation contraire à la gloire et à l'honneur des
armées françaises. Autant vaudrait une bataille perdue;
l'armée serait enveloppée, suivie, harcelée par 70,000 ennemis. Je vous ai réunis pour vous faire connaître ma résolution et non pour délibérer ou discuter, ma résolution
est de vaincre ou périr. »

En quinze jours, Championnet disperse l'armée royale
à Fermo, à Terni, à Civita-Castellana. Il rentre dans Rome
après avoir enlevé les magasins de l'ennemi, soixante-
quinze canons et deux cent quarante voitures d'artillerie.

Le Directoire lui annonça un renfort de 50,000 hommes.

« Je n'en reçus jamais que l'état par écrit, » dit-il dans ses *Mémoires*.

Un seul officier de l'armée napolitaine se conduisit avec bravoure. Il était émigré français et se nommait le comte de Damas.

Championnet se montra généreux; il ne fit mettre à mort qu'un espion napolitain qui s'était fait nommer commandant de la garde nationale de Rome, afin de soulever le peuple contre les Français.

L'armée napolitaine fut poursuivie sans relâche, car Championnet, après avoir délivré Rome, comprenait qu'il importait de conquérir le royaume de Naples.

La population se souleva contre nous. Nos soldats tombaient sous le poignard des assassins, c'était une lutte d'extermination. Les généraux Macdonald, Ney, Duchesne, aidèrent puissamment Championnet.

Un jeune aide de camp du général en chef, Jourdel, qui marchait à la tête de deux compagnies, eut la jambe cassée d'une balle, après une mêlée corps à corps. Le malheureux resta au pouvoir des Italiens, qui l'emportèrent dans un bois, l'attachèrent à une potence et le brûlèrent vif, à petit feu.

La situation de Championnet devenait critique. Tandis qu'il avait sur son front la place de Capoue et l'armée du général Mack, ses flancs et ses derrières étaient entourés de nuées d'assassins qui s'appuyaient à Civita-Vecchia. Chaque soldat n'avait plus que six cartouches, les vivres manquaient, et le cercle ennemi se resserrait de plus en plus.

On trouva sur un mort cet ordre du roi de Naples : « Aussitôt que les Français auront mis le pied sur le territoire de mon royaume, il est ordonné à toutes les communes de se lever en masse et de commencer le massacre. »

Ce manifeste royal fut mis à l'ordre de l'armée par Championnet.

Tel était, en ce temps, la réputation de l'armée française, son ascendant, son autorité, que les magistrats de la ville de Naples proposèrent à Championnet une suspension d'armes. Le vice-roi offrit de lui remettre sur-le-champ la forteresse de Capoue, d'étendre et de fixer notre ligne depuis Palerme jusqu'aux extrémités de la Pouille, de fermer ses ports à nos ennemis, et enfin de verser dix millions dans les caisses de l'armée. La seule obligation de Championnet était de ne pas entrer dans la ville de Naples.

Le général français ne pouvait, dans la situation de son armée, refuser des conditions aussi avantageuses. L'armistice fut donc signé.

Le Directoire désapprouva cette suspension d'armes et accusa Championnet d'avoir violé la constitution.

Cependant, mieux informé de l'état des choses, le gouvernement français modifia son jugement.

A cette occasion, Championnet dit dans ses *Mémoires :* « Quelles étaient donc les limites où le Directoire prétendait renfermer l'autorité d'un général en chef, commandant à quatre cents lieues, et maîtrisé par les événements qui variaient à chaque pas qu'il faisait sur une terre ennemie ? Fallait-il que chaque opération passât à la censure de son gouvernement avant qu'il pût la terminer ? Avec ce système, que serait devenue l'armée de Naples ? »

Les injustices du gouvernement républicain, sa pro-

fonde ignorance, sa corruption, son cynisme effrayant,
imprimèrent dans l'âme de Championnet un dégoût qui
atteignait les limites du découragement. Il écrivait à l'un
des directeurs, qui était de ses amis : « .... Je vais me hâter d'établir le gouvernement et de rendre utile à la République française la conquête du royaume de Naples ; et
puis, citoyen directeur, j'en fais la confidence à votre attachement pour moi, je solliciterai comme une grâce, auprès du Directoire, la permission de me retirer chez moi,
pour jouir enfin du repos dont j'ai tant besoin ; mes forces
sont très affaiblies. J'ai résisté, je résisterai encore jusqu'à
ce que l'armée soit établie solidement ; je ne demanderai
alors d'autre récompense que celle de vivre tranquille et
paisible dans mes foyers, à l'abri des sourdes intrigues,
des méchants et des fripons. Mon cœur est ulcéré de voir
de quelle manière perfide des hommes, pour qui l'or est
la patrie, trompent le gouvernement sur le compte de ceux
qui lui sont le plus sincèrement attachés. Je vous le dis
avec ma franchise ordinaire : l'arrêté du Directoire, qui
établit une commission civile, est très humiliant pour les
généraux ; en voulant mettre de l'ordre dans les finances,
simplifier les opérations, il multiplie la race dévorante
des agents, et accorde tout aux hommes qui n'ont rien fait
pour la patrie ; je ne citerai pour preuve que l'article qui
accorde une remise de trois centimes par franc au rece-
veur-caissier ; calculez : si les contributions que je frap-
perai dans le royaume de Naples s'élèvent à soixante millions, la remise du caissier sera donc de dix-huit cent
mille livres ! Et le pauvre militaire qui tous les jours
verse son sang pour la patrie ?.... Voyez la cruelle position
d'un général en chef qui n'a pas le droit d'accorder un

sou de gratification à ceux qui servent, sans l'assentiment d'un commissaire avec lequel il ne peut vivre.... »

A la même époque, Championnet écrivait au Directoire : « La république napolitaine, bien administrée, peut devenir une amie sincère de la République française ; mais il faut la mettre à l'abri des vexations horribles qu'on a fait éprouver aux républiques voisines avec les grands mots de *liberté* et de *fraternité*.

» Je vous le déclare, citoyen directeur, tant que je commanderai l'armée, j'opposerai une digue terrible aux efforts continuels des intrigants, des voleurs et des fripons qui sont à la suite de l'armée pour en dévorer la substance et pour dépouiller les peuples à qui nous portons la liberté, qu'ils font abhorrer mille fois plus que les manifestes des rois.... »

Cependant le plus affreux désordre régnait dans la ville de Naples. Les lazzaroni s'en rendirent maîtres, et l'infortuné général Mack, abandonné de ses soldats, dut chercher un refuge dans le camp français.

Les lazzaroni eurent l'audace d'attaquer nos avant-postes. Championnet s'empara de Naples, mais après une défense très vigoureuse qui dura plusieurs jours.

Championnet fit respecter les œuvres d'art, le tombeau de Virgile fut restauré, des fouilles, dirigées par des savants, eurent lieu à Herculanum et à Pompéi. Il enrichit les musées français, et c'est à lui que l'on doit l'une des plus belles statues représentant Vénus et l'Hercule Farnèse.

En même temps, le général Championnet faisait partout régner la justice, il administrait avec une telle probité que le nom français était béni par tous les Napolitains.

Le Directoire arrêta de si brillantes prospérités. Championnet, ayant voulu mettre un terme aux pillages, trouva dans la commission civile une opposition systématique. Le gouvernement prit le parti de cette commission. Championnet, au comble de l'indignation, fut le premier général qui secoua le joug de l'élément civil, dont tous se plaignaient avec amertume.

La solde de la troupe n'était plus payée depuis trois mois, tandis que la commission civile étalait un luxe oriental. Championnet se plaignit au Directoire, et publia un ordre à l'armée pour la prévenir qu'il allait faire cesser *le règne de ces monstres intéressés*. Il ne nommait personne, mais plus d'un membre du Directoire se crut attaqué.

Le citoyen Faypoult, commissaire du Directoire, arriva au quartier général et s'entoura de commis qui s'attribuèrent les fonctions des commissaires des guerres et des inspecteurs aux revues. Le général en chef demanda avec fermeté l'exécution des règlements militaires pour l'administration des troupes. Faypoult ne tint aucun compte des observations de Championnet, et se plaignit au gouvernement que le général l'avait traité d'espion du Directoire.

Championnet avait dit à Faypoult : « La Constitution interdit au Directoire le droit d'instituer des commissaires civils aux armées, les commissaires des guerres sont seuls chargés de l'administration et de la comptabilité. »

Alors Faypoult écrivit au Directoire : « On ne peut braver vos ordres avec plus d'audace. Il est bien malheureux que nos généraux sachent si peu se mettre à leur devoir sous ce point de vue. J'ai remarqué à l'armée d'Italie, commandée par Joubert, un peu de cet esprit, mais

il est poussé infiniment plus loin à l'armée de Rome.
Chaque général est tout dans sa division ; il gouverne,
impose, administre, établit des percepteurs, des agents à
lui, et ne rend compte à personne : l'un d'eux disait der-
nièrement qu'il était roi à Gaëte. Le général en chef me
disait hier : « C'est moi qui ai conquis le pays ; il est sous
ma domination. » Ces mots expliquent le système qui
s'est formé de ne souffrir aucun partage dans l'autorité.

» Tout pouvoir m'est interdit. Je ne puis rien contre
celui à qui tout obéit. Je ne dois pas souffrir que votre
commissaire civil, à qui on a refusé la garde, les ordonnances, l'escorte qu'il a demandées, lorsqu'on en accorde
au général Mack (prisonnier), devienne un objet de mépris.... »

Nous avons cru devoir reproduire cette lettre pour montrer l'irritation qui existait de part et d'autre. L'armée
entière soutenait son général. Les Napolitains, qui savaient
que la commission civile avait porté la ruine dans Rome,
redoutaient ces hommes qui disaient avec audace qu'ils
allaient faire des *fortunes brillantes*.

On lit dans les *Mémoires* de Championnet : « L'énorme
bénéfice accordé à un caissier, homme inconnu dans l'histoire de la Révolution, offrait un contraste douloureux
avec l'honorable pauvreté des militaires, qui, depuis huit
ans, versaient leur sang pour la patrie. Les contributions
en numéraire et en fournitures de tout genre devaient
s'élever, à Naples, à plus de 120 millions ; ce qui, à trois
centimes par franc, portait, en moins de deux mois, la remise du caissier civil à trois millions six cent mille francs. »

« Qu'a donc fait de si grand, écrivait Championnet au
Directoire, cet homme pour le service de la patrie ? Met-

tez-vous à la place de ceux qu'on outrage, avons-nous jusqu'à ce jour démérité de la république? Où le gouvernement trouvera-t-il des amis plus fidèles? Il confie quelquefois à nos mains les destinées de l'Etat, et il suspecte notre probité! Vous voyez en moi la franchise d'un soldat sans ambition, mais cruellement aigri contre ces hommes qui trompent le Directoire. Je leur ai juré une guerre à mort; ils pourront me perdre, ils me perdront sans doute, mais ils ne m'arracheront pas ma propre estime et celle des vrais amis de la patrie. »

IV.

Le désordre parvint à son comble. Les aides de camp du général en chef forcèrent un jeune secrétaire du commissaire civil à se battre. Il fut dangereusement blessé.

Pendant ce temps, Championnet ordonnait l'arrestation de plusieurs agents de la commission. Le commissaire civil les réclama.

Le gouvernement de Naples avait accusé des agents de la commission civile de s'être rendus clandestinement dans le palais du roi. Toutes les nuits, ils faisaient sortir des fourgons remplis d'objets précieux. Les meubles étaient brisés pour enlever l'or, l'argent et les camées qui y étaient incrustés. Quatre mille ducats disparurent chez le trésorier de Capoue, une foule d'autres crimes furent dénoncés, et Championnet traduisit les auteurs devant une commission militaire.

De son côté, le commissaire civil accusait des militaires d'avoir dévalisé le château de Caserte.

Le général Championnet avait réglé la contribution mi-

litaire à quinze millions de ducats (60,000,000 de francs),
somme proportionnée à la richesse de la ville de Naples.
Le commissaire civil augmenta cette contribution dans
une effrayante proportion. Il s'attribua l'initiative de
toutes les lois, se constitua le régulateur suprême des
finances, des affaires intérieures, de la magistrature. Il
stipula des réserves sur tous les biens, des confiscations
sur les émigrés, en un mot, il se déclara dictateur.

Ce commissaire civil publia, sans prévenir le général
en chef, un arrêté d'après lequel ses agents s'emparaient
des banques, de la monnaie, de la trésorerie, des caisses
publiques, des palais, des arsenaux, des forteresses, des
approvisionnements militaires, en un mot de tous les éta-
blissements publics et des propriétés nationales et étrangères.

Cet arrêté donna lieu à une sédition. Des soldats furent
assassinés, et le nom français voué à toutes les malédictions.

Indigné de ces crimes, Championnet ordonna à la commission civile de sortir de Naples dans les vingt-quatre
heures.

Les historiens ont accusé le général de s'être emparé
violemment de l'administration. Nous trouvons sur son
registre de correspondance un arrêté du 18 pluviôse an VII,
qui suspend la commission civile. Mais à côté de cet arrêté, je trouve cette dépêche adressée au commissaire ordonnateur en chef, Dubreton, le 19 pluviôse : « Je vous
adresse, citoyen ordonnateur, une expédition de mon arrêté du 18 de ce mois, portant l'ordre aux membres de la
commission civile près l'armée de cesser leurs fonctions
sur-le-champ, et par lequel ces fonctions vous sont provi-

soirement déléguées, ainsi qu'au contrôleur des dépenses de l'armée et au payeur général, à qui vous voudrez bien donner communication de mon arrêté. J'attends de votre zèle ordinaire que vous ne négligerez rien pour assurer à la république française la possession du fruit des triomphes de l'armée.... »

Nous donnons à ce conflit entre l'autorité du général en chef et des commissaires civils un développement qui n'est pas inutile, car il est un des signes du temps. Ce conflit se produisait dans toutes les armées; c'était une grave question que cette lutte entre les généraux, qui se battaient en restant pauvres, et les agents du gouvernement de la république, qui ne couraient aucun danger et s'enrichissaient aux dépens du soldat.

M. Thiers, dans son *Histoire de la Révolution française*, prend parti contre les généraux. Il dit à ce propos : « On créa auprès des armées des commissions chargées de la partie civile et financière. Cette mesure, quelque juste qu'elle fût, devait blesser beaucoup les états-majors. En Italie surtout, ils parurent se révolter ; ils dirent qu'on déshonorait les militaires par les précautions qu'on prenait à leur égard, qu'on enchaînait tout à fait les généraux, qu'on les privait de toute autorité. Championnet, à Naples, avait déjà tranché du législateur, et nommé des commissions chargées d'administrer le pays conquis. Faypoult était envoyé à Naples pour s'y charger de toute la partie financière.... Championnet, *avec toute la morgue des gens de son état*, surtout quand ils sont victorieux, se regarda comme offensé ; il eut la hardiesse de prendre un arrêté par lequel il enjoignait à Faypoult et aux autres commissaires de quitter Naples sous vingt-quatre heures.

Une pareille conduite était intolérable. Méconnaître les ordres du Directoire et chasser de Naples les envoyés revêtus de ses pouvoirs, était un acte qui méritait la plus sévère répression, à moins qu'on ne voulût abdiquer l'autorité suprême et la remettre aux généraux.

» .... Le Directoire destitua Championnet, malgré l'éclat de ses derniers succès, et le livra à une commission militaire. Malheureusement, l'insubordination ne s'arrêta pas là. Le brave Joubert se laissa persuader que l'honneur militaire était blessé par les arrêtés du Directoire; il ne voulut pas conserver le commandement aux conditions nouvelles prescrites aux généraux, et donna sa démission. Le Directoire l'accepta. Bernadotte refusa de succéder à Joubert par les mêmes motifs. Néanmoins le Directoire ne céda pas. »

D'un côté, le Directoire, c'est-à-dire la corruption, la faiblesse, le cynisme; de l'autre, les généraux d'une probité à toute épreuve, tous braves, pauvres, dévoués à la patrie.

Entre le Directoire et les généraux se place l'historien. La postérité écoutera sa voix, répétera ses jugements, lira ses pages avec confiance, et croira peut-être que les financiers du Directoire étaient honnêtes et capables, tandis que les généraux de l'armée ne savaient qu'étaler *la morgue des gens de leur état.*

Le 8 ventôse, Championnet fut donc destitué.

La ville de Naples fut dans la désolation, l'armée éprouva la plus vive douleur.

Championnet, afin d'éviter les troubles, sortit de Naples en secret. Le peuple voulait se soulever, les soldats se réunir.

Le général Schérer fut le seul qui osa accepter le commandement de l'armée. Dès ce jour, il n'y eut pour nous que des défaites.

Pendant qu'il était prisonnier d'Etat à Turin, Championnet reçut du gouvernement de Naples une lettre où se trouvent ces phrases : « Rien ne peut vous peindre la douleur du gouvernement provisoire lorsqu'il a appris la funeste nouvelle de votre départ. C'est vous qui avez fondé notre république; c'est sur vous que reposaient nos plus douces espérances. Brave général, vous emportez nos regrets, notre estime, notre amour, notre reconnaissance. Nous ignorons quelles seront les intentions de votre successeur à notre égard; nous espérons qu'il sera assez ami de la gloire et de son devoir pour affermir votre ouvrage. Mais quelle que soit sa conduite, nous ne pourrons jamais oublier la vôtre, cette modération, cette douceur, ce caractère franc et loyal, cette âme grande et généreuse qui vous attirait tous les cœurs. Ce langage n'est pas celui de la flatterie; vous partez, et nous n'avons plus à attendre de vous qu'un tendre souvenir. »

Le portrait de Championnet fut répandu à Naples et dans l'armée avec ces mots : *Défenseur des opprimés; appui des malheureux.*

De nombreuses lettres lui parvinrent de tous les corps de son armée. Le consulat romain, au nom du peuple, lui offrit une armure complète avec cette inscription : *Au général Championnet, les consuls de la république romaine.*

Après avoir été traîné de prison en prison à Milan, à Turin, à Modène, Championnet fut traduit devant le conseil de guerre de Grenoble.

Son aide de camp, l'adjudant commandant Romica,

interrogé le premier comme témoin, répondit d'une voix ferme : « Que n'appelez-vous ici tous les compagnons de ses victoires, leur témoignage sera uniforme comme leur indignation. »

Pendant le cours de ce procès, Championnet fut entouré d'amis. L'interrogatoire des témoins durait encore lorsque la révolution directoriale du 8 prairial fit disparaître les implacables ennemis du général. Un gouvernement plus juste lui rendit la liberté et lui confia le commandement en chef de l'armée des Alpes.

Depuis l'emprisonnement de Championnet, l'ennemi avait remporté de grands avantages. Cette armée des Alpes, composée des débris de celle de Joubert, ne s'était pas relevée de la défaite de Novi. Refoulée sur les montagnes du Piémont et de la Ligurie, sans vêtements, sans ressources matérielles, elle comptait environ 50,000 hommes. Championnet en prit le commandement. Le 23 septembre 1799, son premier soin fut de réorganiser autant que possible les divers services; mais tout manquait, surtout l'artillerie, les chevaux et les moyens de transport. Au contraire, l'armée autrichienne se trouvait dans les meilleures conditions. Le général Bernadotte, alors ministre de la guerre, et qui avait pour Championnet une estime particulière, lui promit des renforts. Le ministre qui succéda très promptement à Bernadotte ne tint pas cette promesse.

L'ennemi menaçait Gênes. Championnet conçut un plan d'une hardiesse extrême. Il voulait marcher sur Bra, percer le centre de l'ennemi, et isoler ses forces. Mélas devina ce projet et le déjoua en appelant des troupes au point d'attaque.

Championnet, battu à Fossano, à Savigliano et à Génola, les 3 et 4 novembre, évacua, le 14, les positions de Mondovi, après avoir perdu 8,000 hommes.

Le typhus décimait son armée, la désertion augmentait de jour en jour, et, depuis Novi, un profond découragement régnait dans tous les rangs.

Pour la première fois, Championnet éprouvait des revers. Il en fut douloureusement affecté.

La famine et l'épidémie donnaient au camp français un caractère sinistre. Il n'y avait plus d'énergie, plus de moral.

Il ne faut pas s'en étonner. On lit dans un rapport : « La discipline disparait, les soldats, réunis par petites bandes, s'éloignent des camps en silence pour échapper au typhus. A Nice, nos malades et nos blessés sont entassés dans les églises, sur la paille humide, qui n'est pas renouvelée depuis deux mois. La charpie et le linge manquent dans les hôpitaux, les médicaments sont insuffisants. On ne peut donner aux malades que de l'eau et du pain. Pendant ce temps, les fournisseurs s'enrichissent et étalent un luxe scandaleux.... »

De son côté, Championnet écrivait au gouvernement : « Je vous le déclare, si de prompts secours ne me sont envoyés pour les hôpitaux, je ferai connaître publiquement aux pères et aux mères de famille les assassins de leurs enfants, et à la République entière les bourreaux de ses défenseurs. »

Les soldats se répandaient autour des camps pour y chercher des racines, leur seule nourriture. Quelques-uns s'empoisonnèrent en dévorant des plantes vénéneuses, dont ils ignoraient les propriétés.

Le désespoir de Championnet était à son comble. Enfin, il donna l'ordre d'attaquer sur les côtes les bâtiments chargés de subsistances. « J'en rougis de honte, s'écria-t-il devant ses officiers. J'agis contre ma conscience! J'ai avalé le calice jusqu'à la lie ; je ne crains plus les coups du sort, il a tout épuisé. Je deviens un brigand, mais je ne puis laisser mourir de faim mes pauvres soldats! »

Le typhus prit un caractère foudroyant, l'armée disparaissait homme par homme.

Une sombre mélancolie s'empara de Championnet. A des accès de violente colère contre le gouvernement de la république succédaient de tristes heures de découragement. Il visitait les malades, les encourageait, et, la pâleur au front, s'éloignait pour écrire au ministre et le supplier de lui envoyer des secours.

Il veillait la nuit, et ne prenait, le jour, qu'une nourriture insuffisante. Le chagrin et les tourments portèrent atteinte à sa santé.

Il vit la mort s'approcher et voulut la rencontrer sur le champ de bataille. Faible et pouvant à peine se soutenir, il se fit placer sur un cheval, et marcha au combat. Il ne fut pas atteint, mais le mal qui le dévorait prit de nouvelles forces.

L'épidémie l'atteignit bientôt. Pendant son agonie, il parlait des approvisionnements attendus, et demandait si les Autrichiens étaient battus. Enfin, lorsque sonna sa dernière heure, le 10 janvier 1800, le général Championnet dit d'une voix éteinte : « Mes amis, consolez ma mère.... Mon seul regret est de ne pas mourir comme Joubert. »

Sa fin fut douloureuse comme l'avait été celle de Hoche. Tous deux avaient vu leurs illusions s'évanouir.

Aucun honneur ne fut rendu à la dépouille mortelle de Championnet. Hoche et Marceau avaient arraché des larmes aux ennemis mêmes de la France. Le silence se fit autour de la tombe de Championnet.

Seulement, dans la ville où il était né, un service modeste réunit les habitants. Un officier qui avait perdu un bras en combattant sous Championnet, le colonel Mermiliod, prononça quelques paroles. Puis un laboureur, qui avait connu le général dans son enfance, dit ces mots d'une voix émue : « Ses services l'avaient élevé au-dessus de nous ; mais quand il revint au pays, Championnet ne méconnut ni les pères ni les enfants. »

Pourquoi cette indifférence?

Le général Championnet n'était pas mort à temps. Ses yeux se fermèrent à l'heure des défaites et des misères; son armée semblait écrasée, et les nombreux fournisseurs, ennemis du général, détournaient de lui les sympathies du monde.

On a mal jugé le général Championnet. On se le représente sous les traits d'un jeune homme ardent, entraîné dans le tourbillon de la guerre par des bouffées d'enthousiasme.

Il avait plus de trente ans lorsqu'il parut sur la scène, et près de quarante au moment de sa mort.

Complètement étranger à la vie de Paris, n'ayant aucune relation politique, se tenant à l'écart, le général Championnet manquait de ces éléments divers qui font les réputations. La réserve de son caractère, une sorte de froideur au premier abord, des principes tranchés, qu'il exprimait en termes énergiques, nuisaient à sa popularité.

Le général Championnet avait pour les fripons une haine implacable. Il se fit donc de nombreux et puissants ennemis.

Ses goûts étaient simples et sa vie modeste. Il aimait à se retrouver au milieu des laboureurs, et se promettait de partager leur existence.

Si au début de sa carrière il avait aimé la république, ce que rien ne prouve, l'expérience était venue promptement, et, avec elle, le dégoût.

Voici une proclamation de Championnet :

« Le général en chef de l'armée des Alpes aux habitants des départements. Grenoble, 2 thermidor an VII.

» ....Vous connaissez la cause des revers qui ont arrêté le cours de nos victoires. Elle est tout entière dans l'ineptie d'un gouvernement qui ne sait ni négocier la paix ni préparer la guerre. Il n'a montré des talents que dans l'art de tromper et de consolider la tyrannie.

» Il a dégoûté toutes les passions généreuses qui avaient si souvent sauvé la république.... Il a éteint tous les dévouements par la prépondérance qu'il a donnée à la corruption et à l'intrigue dans la distribution de tous les emplois. Dans l'espace de deux ans, il a laissé dévorer, par ses vils adulateurs, le prix de toutes nos conquêtes et celui de tous vos sacrifices....

» .... Leurs mains sacrilèges ont dissipé les trésors de nos arsenaux et de nos magasins.... La terreur a été mise sur toutes les langues, et la pensée même enchaînée par une oppression jusqu'alors inconnue.

. . . .

» L'ennemi est à vos portes. Le temps des discussions est passé, celui d'agir est venu....

» Que tous oublient les injustices et les dégoûts dont un gouvernement insensé a payé le prix de leur dévouement et de leur zèle, que toutes les dissensions cessent....

» Français, ce n'est plus sous les auspices d'un gouvernement trompeur que vous allez combattre, ce n'est plus au profit des factions que nous allons répandre notre sang.... »

Ces citations suffisent pour montrer à quel point d'irritation pouvaient arriver les généraux de la république.

L'empereur Napoléon Ier critique, dans ses *Mémoires*, les opérations stratégiques de Championnet dans sa campagne napolitaine. Il est vrai qu'il commit la faute de trop étendre ses troupes. Mais, comme général, il mérite une place distinguée parmi les hommes de guerre. Esclave de son devoir, entièrement dévoué à l'armée, d'une probité religieuse, ami de la justice, toujours digne et ferme, Championnet méritait plus que l'histoire ne lui a donné.

Il mourut deux mois après le 18 brumaire. Championnet avait applaudi le général Bonaparte, qu'il aimait. Le maréchal Gouvion Saint-Cyr va même jusqu'à dire, dans ses *Mémoires*, que la proclamation de Championnet en faveur du gouvernement consulaire déplut à son armée.

Quoi qu'il en soit, ce général de la république était prêt pour l'empire.

ROCHAMBEAU

ROCHAMBEAU

～～ひないの～～

I.

Jean-Baptiste-Donatien de Vimeux, comte de Rochambeau, maréchal de France sous le règne de Louis XVI, le 28 décembre 1791, est l'un des généraux de la république.

Lorsque Napoléon Ier monta sur le trône, il reconnut le titre de maréchal de France au comte de Rochambeau et lui accorda le grand cordon de la Légion d'honneur, avec une pension considérable.

La république avait emprisonné le vieux guerrier, et l'échafaud s'était dressé pour lui. La monarchie et l'empire n'eurent pour ses services qu'estime et faveurs.

Il serait donc superflu de prouver que le comte de Rochambeau n'était pas républicain.

Mais nous nous sommes proposé de peindre un tableau d'après nature, et, dès lors, il n'est pas en notre pouvoir d'en effacer une figure.

Celle de Rochambeau a son caractère particulier. Parmi les généraux de la république, il personnifie, pour ainsi dire, l'antique monarchie.

Il était né à Vendôme en 1725. Son père, gouverneur

de la province, le destina à l'Eglise, car il était cadet de famille. L'aîné étant mort, Rochambeau déposa le petit collet, et fut nommé, à dix-sept ans, cornette dans le régiment de cavalerie de Saint-Simon. Deux ans après en 1744, il était capitaine, et, l'année suivante, aide de camp du duc d'Orléans.

Ce prince avait fait ses premières armes en 1742, dans la la campagne de Flandre. Il avait servi sous Noailles et acquis une bonne réputation militaire.

En 1747, Rochambeau, âgé de vingt-deux ans, était colonel du régiment de la Marche. Il devint brigadier d'infanterie en 1756, et maréchal de camp en 1761.

Son grade de général remontait donc à Louis XV. Il avait fait la guerre sous le maréchal de Saxe, et reçu deux blessures en présence du roi. Chevalier de Saint-Louis en 1756, Rochambeau fit le siège de Mahon avec le maréchal de Richelieu, et lorsque l'assaut fut donné, le colonel se fit remarquer en grimpant sur les épaules de ses grenadiers.

En 1757, à la tête de quatre mille hommes, Rochambeau s'empara de la forteresse de Regenstein ; il commanda une brigade à Crevelt. Colonel du régiment d'Auvergne, en 1758 et 1759, il repoussa le général Luckner dans les gorges de Salmunster ; en 1760, il détruisit une division de dix mille hommes commandée par le comte de Fersen, qui fut tué. A Clostercamp, il était à l'aile gauche, culbuta le corps de Fischer, et entendit le cri de d'Assas : *A moi, Auvergne !*

Rochambeau avait lui-même envoyé, pendant la nuit, le chevalier d'Assas à la découverte.

Recommandé à M. de Broglie par M. de Castries, Rochambeau eut le commandement de l'avant-garde de l'armée. Il manœuvra savamment, et se distingua à Filing-hamen. Après de nombreux combats, Rochambeau fut nommé commandeur de l'ordre de Saint-Louis en 1765.

L'un de ses historiens dit : « Lorsque le roi médita une invasion contre l'Angleterre, il donna à M. de Rochambeau le commandement d'une avant-garde composée de tous les grenadiers de l'armée. »

Après la conclusion de la paix, les signalés services de Rochambeau, ses talents militaires, sa grande bravoure, son expérience consommée, lui valurent les grades de major général et d'inspecteur de l'infanterie d'Alsace, le cordon rouge, l'inspection de la Bretagne et de la Normandie, et, en 1780, le grade de lieutenant général.

Lorsque Louis XVI envoya dans l'Amérique septentrionale une armée de secours pour soutenir la révolte des colonies, Rochambeau fut placé à la tête du corps expéditionnaire. Les moyens de transport ne permirent pas d'embarquer d'abord plus de cinq mille hommes. Après un combat naval contre l'escadre anglaise, Rochambeau débarqua à Rhode-Island, le 10 août 1780. Le général Clinton arrêta sa marche.

Rochambeau fut sans nouvelles de France pendant onze mois et réduit à l'inaction. Il protégea néanmoins la marine du roi. L'arrivée d'une formidable flotte française, sous les ordres de l'amiral de Grasse, permit à Rochambeau de faire, en août 1781, sa jonction avec Washington.

Cornwallis capitula, livrant 22 drapeaux et 80 pièces de canon. Qu'il nous suffise de dire que les opérations stratégiques de cette campagne d'Amérique sont dignes de l'admiration des gens de guerre.

Rochambeau reçut du peuple américain les plus grands

honneurs. Cependant, son nom est presque oublié aux
Etats-Unis, tandis que celui de la Fayette a pris de colos-
sales proportions.

A son retour en France, le général de Rochambeau fut
nommé chevalier des ordres du roi, et commandant des
deux provinces de Picardie et d'Artois. Le congrès des
Etats-Unis, par un *resolved*, lui donna deux pièces de
canon prises à l'armée de Cornwallis. Sur ces pièces était
gravée une glorieuse inscription. Le roi fit conduire les
canons, aux frais de l'Etat, dans la terre de Rochambeau,
en Vendômois.

En 1789, Rochambeau était, de tous les généraux de
l'armée française, le plus éminent par ses grands services.
On s'étonnait même qu'il n'eût pas été élevé à la dignité de
maréchal, après la campagne d'Amérique, qui fut aussi
glorieuse qu'impolitique, aussi populaire qu'injuste,
guerre insensée qui a contribué, plus qu'on ne le pense,
à la chute de la monarchie.

Au début de la Révolution, Rochambeau eut un grand
commandement en Alsace. Tous les regards se tournèrent
vers lui, et le public le considéra comme le général qui
était appelé à sauver le pays de l'invasion.

Rochambeau était alors âgé de soixante-quatre ans.

II.

Les historiens, ne pouvant le présenter comme un républicain, ont dit qu'il avait adopté les principes de 1789.

Depuis cinquante ans et plus, le public répète sans la
comprendre une formule banale. Les républicains ont mis

.cette formule en faveur. Elle sert de thème aux écrivains, scintille aux professions de foi des candidats, assaisonne les discours politiques et compose tout le bagage historique d'un grand nombre de députés.

Cette formule est simple : *Les principes de 1789.* Or, sait-on bien dans le public, illettré ou lettré, ce qu'étaient les principes de 1789 ? Où faut-il chercher les principes de 1789 ? Evidemment ils sont renfermés dans les cahiers où six millions de Français exprimaient leurs vœux.

Ces vœux ne manquaient certes pas d'audace. La société tout entière subissait une transformation : mais pas un seul Français ne songeait à remplacer la monarchie par la république. Les Français voulaient tous conserver la royauté.

Les vœux exprimés par les cahiers, vœux qui sont l'esprit de 1789, les principes de 1789, furent l'objet d'un long travail. Après un résumé consciencieux, M. de Clermont-Tonnerre, connu par son libéralisme, fit, au nom de l'Assemblée constituante, un rapport où, passant en revue les différents cahiers, il fait connaître tous les vœux. Il ajoute :

« .... Les autres ont regardé le régime social existant comme tellement vicié, qu'*à l'exception du gouvernement et des formes monarchiques, qu'il est dans le cœur de tout Français de chérir et de respecter,* et QU'ILS NOUS ONT ORDONNÉ DE MAINTENIR, ils nous ont donné tous les pouvoirs nécessaires pour créer une constitution.

» ....Tous *les cahiers reconnaissent et consacrent le gouvernement monarchique,* l'inviolabilité de la personne sacrée du roi et l'hérédité de la couronne de mâle en mâle ; ces principes NE SONT MIS EN QUESTION DANS AUCUN. »

Tels étaient les principes du peuple français en 1789. Les députés nommés professaient les mêmes principes. Les historiens l'ont reconnu. M. Michelet ne peut s'empêcher de dire : « L'Assemblée constituante tout entière est royaliste, sans en excepter un seul membre. » De son côté, M. Quinet a écrit : « Tous étaient royalistes. Au delà, il n'y avait personne. » Ces deux écrivains ne sauraient être suspects aux yeux des républicains.

Les constitutionnels modérés, tels que Mounier et Malouet, ne demandaient que des réformes. L'Américain Thomas Layne ayant publié quelques articles de journaux où la forme républicaine était présentée comme favorable aux libertés, Sieyès répondit que, « dans toutes les hypothèses, on est plus libre dans la monarchie que dans la république. » Barnave prononçait publiquement ces paroles : « Ce mot de monarchie, si cher à tous les Français. »

Mirabeau, que l'on a transformé en héros républicain, était le plus ardent des monarchistes. Il considérait la république comme un danger social, et s'écriait : « S'ils ne sont pas raisonnables, je les f... en république. »

Robespierre lui-même affirmait qu'il repoussait la république, et Marat écrivait, non pas en 1789, mais en 1791 : « La monarchie très limitée est le gouvernement qui nous convient le mieux. » A la fin de cette même année 1791, Danton disait : « J'appellerais la mort à grands cris sur le premier qui lèverait un bras sacrilège pour attaquer la royauté, fût-ce mon frère, fût-ce mon ami, fût-ce mon propre fils. »

La société des Jacobins possédait, à la même époque, son journal, qui condamnait la république en ces termes :

« Un petit Etat peut se gouverner longtemps en république ; un grand empire qui s'est adapté ce mode de
gouvernement finit par devenir presque toujours la proie
de quelque usurpateur. »

C'est à peu près la pensée exprimée depuis par M. Thiers,
que la république finit toujours par le crime ou l'imbécillité.

Un écrivain contemporain, admirateur de Robespierre,
M. Hamel, constate ceci : « L'idée républicaine était loin
d'être populaire alors, et quand, pour la première fois, aux
Jacobins, Billaud-Varennes posa publiquement la question,
des murmures étouffèrent sa voix. »

Les principes de 1789 furent donc monarchiques. La
république se fit non par les hommes de 1789, mais contre
eux.

L'idée républicaine ne prit corps qu'après l'arrestation
du roi à Varennes.

Les hommes de 1789 disparurent pour faire place à la
génération de 1792. La Constituante avait été royaliste, la
Législative ne le fut qu'en minorité. Encore, faut-il reconnaître que la république sortit non des votes libres de
l'Assemblée, mais de la pression brutale de la populace
parisienne.

La république, née dans la fange des carrefours, reçut le
baptême du sang le 20 juin, le 10 août et le 2 septembre.
Elle n'a pas été mise en parallèle avec la monarchie, et
préférée à cette forme de gouvernement après de longues
et savantes discussions. Elle a été imposée par la force
brutale et inintelligente. En un mot, la proclamation de
la république n'a été, à la fin du xviiie siècle, qu'un atten-
tat contre la souveraineté nationale.

Les principes de 1789 sont tellement royalistes, que la

république ne donne pas cette date à son acte de naissance. Lorsqu'en 1792, elle fut proclamée, on inscrivait partout ces mots : *L'an* iv *de la liberté*. C'était remonter à 1789.

Les républicains repoussèrent cette origine. Ils ne voulurent pas plus de 1789 que de Louis XIV ou de Louis XV; le sentiment de la vérité l'emporta et l'an ı^{er} de la république française commença lorsque les massacres de septembre finissaient.

Ceux qui professent les principes de 1789 sont donc les adversaires politiques des hommes de 1792-1793.

III.

Lorsqu'en 1789 , Rochambeau commandait en Alsace, les troubles civils excités par les révolutionnaires lui causèrent une telle surprise, qu'il sembla moins énergique qu'on ne l'avait vu jusqu'alors.

Cependant Louis XVI le nomma maréchal de France, le 28 décembre 1791, en même temps que Luckner.

En 1792, le maréchal de Rochambeau fut appelé au commandement de l'armée du Nord. La guerre ayant été déclarée à l'empereur d'Allemagne, le maréchal proposa un plan de campagne inspiré par sa vieille expérience. Le gouvernement voulut lui en imposer un autre, et pour lui commença un système de tracasseries et d'accusations qui provoquèrent sa démission, le 15 juin 1792.

Après cinquante ans de glorieux services, le maréchal de Rochambeau se retira dans une terre près de Vendôme.

A la chute des Girondins, il fut arrêté, emprisonné et

traduit devant le tribunal révolutionnaire, qui prononça la peine de mort contre la plus grande illustration militaire du temps.

Le jour fixé pour l'exécution, la charrette qui conduisait à l'échafaud était arrêtée dans la cour de la prison. Assisté d'un commissaire, le premier aide du bourreau appelait les condamnés. De nobles victimes avaient déjà pris place, lorsque Rochambeau vit monter le vertueux Malesherbes. Il vint alors se placer près de lui.

La charrette se trouva trop chargée, et l'exécuteur dit au maréchal : « Descends, mon vieux, ton tour viendra. »

Le 9 thermidor rendit la liberté au vieillard. Nous avons dit ce que l'empereur Napoléon fit pour le maréchal de l'ancienne monarchie.

Rochambeau vécut dans la retraite, heureux et honoré. Il écrivit ses *Mémoires*, qui ne parurent que deux ans après sa mort.

Le maréchal, qui avait vu Louis XV, Louis XVI, Washington et Napoléon, s'éteignit en 1807, à l'àge de quatre-vingt-deux ans.

Son fils, général de l'empire, fut tué à Leipzig par un boulet de canon.

BEURNONVILLE

BEURNONVILLE

⸎

I.

Général en chef de l'armée de Sambre-et-Meuse, puis de l'armée de Hollande, Beurnonville doit prendre place parmi les généraux de la république.

Cependant il ne fut jamais républicain. Après le 18 brumaire, dont il fut l'un des partisans les moins dissimulés, le général Bonaparte le nomma ambassadeur.

Plus tard, il lui accorda d'autres honneurs, mais il ne lui confia jamais de commandement militaire, le considérant comme peu capable de conduire les troupes.

Louis XVIII, à son tour, combla Beurnonville de faveurs.

Le général allait volontiers du côté du pouvoir de la meilleure foi du monde, et sans trop se mêler aux intrigues. Modéré par tempérament et royaliste par éducation, il possédait une habileté naturelle, instinctive, qui le préservait des chutes dangereuses. Tandis qu'autour de lui les révolutions frappaient à coups redoublés, tandis que les uns allaient à l'échafaud et les autres à l'exil, lui restait en place, traversant d'un pas assuré la république, l'empire et les deux restaurations. Les forts et les habiles succombaient à la peine, Beurnonville survivait, pour mourir doucement dans son lit, en 1821, à l'âge de cinquante-neuf ans.

De tous les généraux en chef de cette période, il fut le seul que l'empereur Napoléon n'éleva pas à la dignité de maréchal.

Pierre Riel, comte, puis marquis de Beurnonville, était né le 10 mars 1762, à Champignoles, près de Bar-sur-Aube. Sa famille le destinait à l'Eglise, mais un goût très vif l'entraînait vers l'armée. Beurnonville fut admis, à l'âge de quatorze ans, dans la gendarmerie de Lunéville, qui était alors la véritable école de cavalerie. Après un an de stage, le jeune homme obtint, en 1777, une sous-lieutenance dans le régiment colonial de l'île de France, et fit, sous Suffren, les campagnes de l'Inde depuis 1778 jusqu'en 1781.

Il commandait les milices de l'île Bourbon, lorsqu'en 1789 le gouverneur prononça sa destitution. Pour dédommagement, Beurnonville obtint la croix de Saint-Louis, et revint en France.

On le retrouve, en 1792, colonel aide de camp de Luckner, puis maréchal de camp pendant la même année.

La défense du camp de Maulde lui ayant été confiée, il s'acquitta de cette mission avec autant d'habileté que de vigueur.

Consacrons ici quelques lignes au portrait de Beurnonville. Il avait, dans sa jeunesse, étudié les belles-lettres et la philosophie; ses connaissances en mathématiques étaient étendues, et les savants conservaient le meilleur souvenir d'une thèse publique soutenue par le jeune Beurnonville et qui avait mérité les éloges de M. de Lalande, le célèbre astronome. Les prélats admiraient ses progrès en théologie, et les gendarmes de Lunéville le considéraient comme un excellent écuyer.

Son père, qui dirigeait un établissement industriel, fut atteint par un désastre. Ne pouvant plus soutenir son fils au service, le père de Beurnonville éprouva un vif chagrin.

Alors le jeune homme, qui atteignait sa vingt-septième année, eut la pensée de passer aux colonies; et c'est ainsi que nous l'avons vu commander la milice de l'île Bourbon. Il épousa une fille de bonne maison, pendant son séjour dans la colonie.

A la fin de 1789, Beurnonville acheta la charge de lieutenant-colonel des Suisses de la garde du comte d'Artois.

Quand la Révolution éclata, il était colonel et chevalier de Saint-Louis. Beurnonville publia un *Projet de constitution des colonies orientales*, qu'il eût été utile de consulter, alors que d'ignorants philanthropes ont fait proclamer l'abolition de l'esclavage, sans mesures transitoires.

Beurnonville était ce que les gens d'épée nomment un beau militaire. D'une taille élevée, bien prise, il avait une attitude fière, un regard dédaigneux, et le vulgaire, en le voyant, était saisi d'une respectueuse admiration.

Dumouriez avait surnommé Beurnonville l'*Ajax français*. Au début de la guerre, le futur marquis rappelait, en effet, le héros d'Homère, le plus beau et le plus vaillant des Grecs, qui combattait douze heures de suite contre Hector.

Beurnonville agit toujours de bonne foi. Il servit loyalement les gouvernements divers qui se succédèrent en France.

II.

Le vieux maréchal Luckner prit Beurnonville en affection et lui confia quelques missions qui ne manquaient pas d'importance. Beurnonville passa maréchal de camp en mai 1792.

Après avoir assisté aux batailles de Valmy et de Jemmapes, le général Beurnonville fit la conquête du Luxembourg pendant l'invasion de la Belgique par Dumouriez.

Pour plaire au gouvernement, il dissimula les pertes de son armée. Dans l'un de ses rapports, le général mit une grande complaisance à peindre l'affaiblissement de l'ennemi, tandis que ses troupes victorieuses en avaient été quittes pour le petit doigt d'un chasseur.

Un bel esprit lui lança cette épigramme :

Quand d'ennemis tués on compte plus de mille,
Nous ne perdons qu'un doigt, encor le plus petit !
Holà ! monsieur de Beurnonville,
Le petit doigt n'a pas tout dit.

Cette gasconnade n'empêcha pas Beurnonville d'être nommé lieutenant général.

Il avait une réputation d'humanité qui ne se démentit jamais. Les blessés ennemis et les prisonniers recevaient les meilleurs soins partout où il commandait. Sa vie était simple et touchait presque à l'austérité. La frugalité de sa table mettait en fuite son état-major, et son habitation consistait en un chariot couvert.

Beurnonville succéda à Kellermann dans le commandement de l'armée de la Moselle. Il y fut mal reçu, parce que les soldats regrettaient leur général. Cette armée manquait de tout, dans une saison froide et pluvieuse, ce qui n'empêcha pas le gouvernement d'adresser à Beurnonville un plan d'opérations. Il fit observer toutes les difficultés de l'exécution, et prit le parti d'aller à Paris.

La Convention le nomma ministre de la guerre en février 1793. Il rendit un grand service au ministère, en chassant des bureaux deux mille scélérats qui avaient transformé la maison en caverne.

Le prédécesseur de Beurnonville, le citoyen Pache, qui plus tard devint maire de Paris, était un commis et rien de plus. Ignorant, faible, très maniable, il cherchait à plaire aux chefs de parti bien plus qu'à administrer l'armée. Malgré les éloges que M. Thiers a l'indulgence de lui accorder, on ne peut que le juger sévèrement au point de vue militaire.

Au reste, tout en donnant des louanges au bon esprit, à la frugalité, à la modération de Pache, M. Thiers ne peut s'empêcher de reconnaître que « les Jacobins avaient envahi le ministère de la guerre. Pache le leur avait ouvert par faiblesse, et il avait remplacé par des membres du club tous les anciens employés. On se tutoyait dans ses bureaux, on y allait en sale costume, on y faisait des motions, et il s'y trouvait quantité de prêtres mariés, introduits par Audoin, gendre de Pache, et prêtre marié lui-même. L'un des chefs de ce ministère était Hassenfratz, autrefois habitant de Metz, expatrié pour cause de banqueroute et, comme tant d'autres, parvenu à de hautes fonctions en déployant beaucoup de zèle démagogique. On renouvelait ainsi les administrations de l'armée, et, autant que possible, on remplissait l'armée

même d'une nouvelle classe et d'une nouvelle opinion.
Pache était chéri, loué par les Jacobins. »

Beurnonville, en honnête homme, en homme bien
élevé, purifia le ministère de la guerre. Il rappela les anciens employés, rendit aux dépenses leur véritable destination, proscrivit la grossièreté du langage, exigea une
tenue décente, et voulut enfin rétablir la dignité personnelle.

Les révolutionnaires de Paris jetèrent les hauts cris.
Leur fureur n'eut plus de bornes lorsque Beurnonville fit
casser les marchés simulés. Alors ils armèrent des assassins qui pénétrèrent, la nuit, jusqu'à la chambre du ministre. Au bruit des voix, les aides de camp de Beurnonville accoururent et s'emparèrent des misérables.

Lorsqu'il sortait, Beurnonville était insulté dans les
rues par la populace, et il dut déployer un grand courage
et, parfois, prouver qu'Ajax a le bras fort.

Il s'opposa à l'établissement du tribunal révolutionnaire, établit une police active dans Paris, et fit avorter
plus d'un projet criminel contre l'Assemblée. Beurnonville avait acheté, pour le placer à la tête de sa police, le
fameux Maillard, l'égorgeur du 2 septembre, le chef des
Jacobins de la rue. Maillard dévoila une foule de conspirations.

Pendant que Beurnonville rendait de vrais services,
Dumouriez entamait des négociations avec les généraux
autrichiens. La Convention, qui savait la trahison, donna
l'ordre à Beurnonville d'aller prendre le commandement
de l'armée du Nord. Il partit avec quatre commissaires
chargés de rendre compte à la Convention de la situation
de l'armée. A Orchies, son ancien aide de camp, Macdo-

nald, lui fit connaître le danger qu'il courait en allant au quartier général de Dumouriez.

Beurnonville n'en poursuivit pas moins sa route. Il trouva Dumouriez entouré de hussards allemands, au milieu d'un état-major dévoué à sa personne. Dumouriez osa proposer à Beurnonville de s'associer à ses projets. Dans une entrevue particulière, les deux généraux, qui se connaissaient depuis longtemps, cherchèrent à s'entraîner réciproquement. Beurnonville repoussa avec indignation les propositions de Dumouriez. Alors ce dernier déclara qu'il considérait les commissaires de la Convention comme des otages. Mais il n'ordonna pas l'arrestation du ministre de la guerre. Ce fut alors que Beurnonville lui dit à voix basse : *Vous me perdez.*

Dumouriez le fit donc arrêter.

Les commissaires de la Convention et Beurnonville furent dirigés vers le quartier général autrichien. La nuit était obscure et Beurnonville, croyant que l'escorte de voitures se composait de quelques hussards, s'élance, le sabre à la main, avec le capitaine Ménoire, son aide de camp. Ils attaquent les hussards les plus proches pour s'emparer de leurs chevaux et fuir vers la France.

Mais l'escorte était forte de deux escadrons. Beurnonville reçut trois blessures, et fut assez heureux pour sauver la vie à Ménoire. Son sabre lui ayant été arraché, il combattit longtemps avec le fourreau.

Le prince de Cobourg, qui commandait l'armée ennemie, reçut les prisonniers et fit prodiguer des soins à Beurnonville. Il lui offrit ensuite du service dans les armées alliées en qualité de lieutenant général. Beurnonville répondit : « Je ne suis point votre prisonnier de guerre, prince de Cobourg. Je ne suis en votre pouvoir que par trahison; à votre place, l'illustre prince Eugène m'eût rendu la liberté. »

Beurnonville et les commissaires restèrent deux mois enfermés dans la forteresse de Maëstricht, puis transférés à Ehrenbreitstein, où Beurnonville tomba dangereusement malade. Pendant la convalescence on le dirigea sur Wurtzbourg, et de là il fut transporté à Eger, en Bohême. Enfin on l'enferma à Olmutz, dans la Moravie. Beurnonville avait été séparé de son aide de camp, et soumis à un traitement d'une cruauté sans exemple. Ainsi, un général autrichien vint pendant la nuit, dans le cachot où il était enfermé, le prévenir qu'il ne serait plus, à l'avenir, désigné par son nom, mais par le numéro de son cachot. Il demanda au prisonnier quelle était sa religion, afin qu'on sût où l'enterrer après sa mort.

Le général français répondit : « Ma religion est une affaire entre Dieu et moi; votre empereur n'est pas mon Dieu, je ne lui dois aucun compte à ce sujet. Il est le maître de ma vie, mais il n'est pas en son pouvoir de faire oublier mon nom; je l'ai illustré au service de mon pays. »

Ce supplice dura près de trois ans. Pendant ce temps, les prisonniers, souvent menacés de la mort, furent sans nouvelles de France, toujours dévorés par la fièvre.

Enfin, en novembre 1795, Beurnonville et les commissaires furent échangés contre la fille de Louis XVI.

Placé à la tête de l'armée de Sambre-et-Meuse, il ne conserva ce commandement que peu de mois.

Beurnonville se lia avec Pichegru, en 1797, et le parti clichien le proposa pour le Directoire. Barthélemy ne l'emporta sur lui que de quelques voix.

Le 18 fructidor, qui pouvait le proscrire puisque ses amis étaient vaincus, lui valut, au contraire, un grand commandement. Le Directoire le mit à la tête de l'armée de Hollande et le chargea de faire dans le pays une active propagande républicaine. Ses opinions politiques se prêtaient mal à ce rôle ; aussi fut-il rappelé et nommé inspecteur général de la cavalerie.

Il occupait ce poste au 18 brumaire.

Depuis longtemps il appelait de ses vœux cette journée providentielle.

Beurnonville exprimait hautement et franchement ses idées sur les causes de l'anarchie républicaine qui torturait la France, il avait eu le courage de remettre au Directoire exécutif plusieurs *Mémoires* sur la situation politique et militaire du pays. Les événements ont prouvé qu'il voyait bien et disait vrai.

Lorsque le général Bonaparte entreprit de sauver la France, et de rendre aux armées leur indépendance et leur gloire héréditaire, Beurnonville fut l'un des premiers à seconder le héros.

Le premier consul nomma Beurnonville ambassadeur près la cour de Prusse. La lettre du ministre Talleyrand, qui annonçait au général sa nomination, renferme ces paroles flatteuses : « En récompensant par une marque éclatante de confiance les services que vous avez rendus à votre pays, le premier consul a eu principalement en vue de rappeler sensiblement au dehors le souvenir de nos victoires et celui de cette loyauté franche et généreuse qui caractérise le courage français. Les Prussiens trouveront, dans votre propre histoire, de quoi se convaincre que cette réputation de loyauté n'appartient pas seulement à des temps anciens, et que la République a aussi des hommes qu'elle sait présenter, avec une égale confiance, à ses amis et à ses ennemis. »

Malgré les termes caressants de cette lettre, Beurnonville ne tarda pas à reconnaître que Duroc possédait plus que lui la confiance du premier consul et dirigeait sa politique à Berlin.

En revenant à Paris, Beurnonville rapporta une correspondance fort importante qui dévoilait les intrigues royalistes. Cette correspondance, publiée en un volume, a pour titre : *Papiers saisis à Baireuth.*

De Berlin, Beurnonville passa à Madrid. Le premier consul fut peu satisfait de lui et le rappela, en l'accusant de manquer d'énergie et même de loyauté. Nommé sénateur, grand officier de la Légion d'honneur et comte de l'Empire, Beurnonville se montra mécontent de n'être pas au nombre des maréchaux de France.

Il vécut dans une sorte de retraite jusqu'en 1814. A cette époque, l'empereur lui confia la mission de commissaire extraordinaire dans les départements de l'Est.

Plus tard, il fut du gouvernement provisoire qui précéda la rentrée des Bourbons.

Le gouvernement de Louis XVIII l'appela à la Chambre des pairs. Il fut aussi membre du conseil privé.

Au retour de l'île d'Elbe, l'empereur rendit un décret d'après lequel Beurnonville était proscrit. Il suivit à Gand le chef de la maison de Bourbon, et rentra dans ses dignités à la seconde Restauration.

Depuis lors, le général Beurnonville se montra fort ardent royaliste, comme le prouvent ses discours et ses manifestes.

Après avoir été élevé à la dignité de commandant de

l'ordre royal et militaire de Saint-Louis, le général Beurnonville, qui était comte de l'Empire, consentit à échan-
ger ce titre contre celui de marquis.

Si, dans les salons, ce dernier titre semble plus en faveur, il est inférieur à celui de comte, d'après les règles
antiques de la noblesse française. Mais Beurnonville ne
fut pas le seul à faire des concessions puériles à l'esprit
des courtisans d'alors. Les petits caractères croyaient
passer ainsi des rangs de la nouvelle noblesse dans les
rangs de l'ancienne. Toutes deux ayant la même origine
— la guerre — il ne saurait y avoir entre elles la moindre
différence. Le seul avantage de la nouvelle sur l'ancienne
est d'être prouvée par d'authentiques parchemins, qui, à
tout prendre, valent mieux que des traditions de clocher
ou de courtoises complaisances.

En 1816, le marquis de Beurnonville, cordon bleu, et
l'un des amis du roi Louis XVIII, fut élevé à la dignité de
maréchal de France.

Il vécut encore six ans, menant l'existence d'un grand
seigneur, honoré, estimé de tous, s'occupant des affaires
publiques avec modestie, et lisant Horace dans le texte
latin.

III.

Après avoir vu l'étrange existence de Beurnonville, on
ne peut se défendre d'un souvenir, celui du chêne et du
roseau.

Beurnonville a été chevalier de Saint-Louis au temps
de Louis XVI, ministre de la république, ambassadeur de
l'empire, maréchal de la monarchie restaurée.

Il a vu passer Louis XVI, Mirabeau, Kléber, Robespierre, le Directoire, le consulat, l'empire. Il a assisté
aux victoires et aux défaites; il a contemplé les soudaines
élévations et les chutes terribles. Les grands services, les
talents éminents, le génie lui-même, n'ont pu résister aux
tempêtes. Tout s'est englouti autour de lui, hommes et
choses, institutions et croyances.

La tempête ne pouvait l'épargner ; il a donc eu ses
heures d'épreuves douloureuses. Mais une invisible main
semblait le soutenir, depuis son départ de l'île Bourbon
jusqu'à la cour du roi Louis XVIII.

A-t-il déployé une habileté surprenante? A-t-il été plus
fort que les autres?

Non.

Peut-être ne serait-il pas téméraire d'expliquer les succès de Beurnonville, en citant une pensée de Boileau :
« Un esprit médiocre fait moins de fautes, parce que ne
s'élevant jamais, il ne hasarde rien et demeure toujours
en sûreté. »

En effet, Beurnonville possédait cette faculté qui n'est
ni le génie ni la sottise, faculté précieuse pour réussir
en ce monde, et que le fabuliste Lafontaine nous présente
comme « mère du bon esprit, compagne du repos. »

DUMOURIEZ

DUMOURIEZ

‿‿‿‿

I.

Loué par les uns, critiqué par les autres, Dumouriez n'apparaît, aux yeux de l'historien impartial, qu'à travers un nuage fort obscur.

Les jugements portés sur ce général ont été dictés par la passion. Lui-même, en écrivant ses *Mémoires*, s'est inspiré de souvenirs trompeurs. Lorsque, sur la terre étrangère, proscrit et malheureux, il cherchait à justifier sa conduite, le cri de la conscience faisait trembler cette main, qui avait tenu l'épée de la France.

M. Thiers a porté ce jugement sur Dumouriez : « Il ne faut pas oublier que cet homme, sans attachement pour aucune cause, avait pour la liberté une préférence de raison ; il ne faut pas oublier qu'il chérissait la France ; que lorsque personne ne croyait à la possibilité de résister à l'étranger, il l'essaya, et crut en nous plus que nous-mêmes ; qu'à Sainte-Menehould, il nous apprit à envisager l'ennemi de sang-froid ; qu'à Jemmapes, il nous enflamma, et nous replaça au rang des premières puissances : il ne faut pas oublier enfin que s'il nous abandonna, il nous avait sauvés. D'ailleurs, il a tristement vieilli loin de sa patrie, et on ne peut se défendre d'un profond regret à la vue d'un homme dont cinquante années se passèrent dans les intrigues de cour, trente dans l'exil, et dont trois seulement furent employées sur un théâtre digne de son génie. »

Napoléon Ier, dans ses *Mémoires*, se montre plus sévère pour Dumouriez ; il dit : « Dumouriez ne fut ni un bon général ni un bon Français ; il devait garder la Hollande ou du moins la Belgique. Il ne devait, sous aucun rapport, menacer son pays de la guerre civile pour en punir le gouvernement, c'est-à-dire pour se venger. Il avait trahi, il déserta ; il traîna dans l'exil une vie sans considération ; il vécut de sa plume à Hambourg, aux gages des libraires. L'Angleterre, qui a refusé un asile à Napoléon, en a donné un à Dumouriez ! Dumouriez y continua son exil, car aucune France ne voulut de lui. Il n'y eut pas un Français qui le rappelât ; il avait trahi ; il est le premier qui ait trahi à la tête d'une armée française ; il mourut sans patrie, chez l'étranger et à sa solde. »

Ces deux jugements méritent d'être pris en sérieuse considération ; cependant l'un et l'autre sont incomplets.

Il est utile, croyons-nous, de rappeler les principaux événements de la vie de Dumouriez, alors seulement le lecteur se prononcera.

Avant de commencer ce récit, nous sera-t-il permis de dire que, pour nous, Dumouriez n'est pas un génie militaire, un grand capitaine, pas plus qu'un vulgaire aventurier?

Il eut des aventures en très grand nombre ; il remporta des victoires importantes ; mais les rôles qu'il a remplis ont été si constamment mêlés à l'intrigue, que, par-dessus tout, Dumouriez apparaît comme l'intrigant du plus haut rang.

C'est parce que sa puissance, ses calculs, ses faits et gestes n'étaient basés que sur l'intrigue, que son passage a été rapide et qu'il n'a pas laissé de traces durables. Ses victoires et sa trahison ont été sans influence sur le sort de la France. Son départ n'a pas laissé un vide dans nos rangs, et sa présence dans les camps ennemis, loin d'être une force pour eux, est devenue un embarras. L'esprit sans le caractère n'est jamais une flamme, mais une lueur; ce n'est qu'un point brillant, qui n'éclaire ni ne réchauffe.

Sans principes, sans croyances, sans dévouement à aucune cause, Dumouriez devait nécessairement se trouver isolé lorsque la fortune cessait de lui sourire.

Il y avait, au moyen âge, des capitaines aventuriers qui mettaient successivement leur épée au service des diverses puissances. Un jour ils combattaient pour l'Espagne, le lendemain pour la France. On les voyait tour à tour dans les Flandres ou en Italie, et leur dévouement s'achetait à beaux deniers comptants, sans parler du sac des villes. Walter Scott a peint ces capitaines dans son *Officier de fortune*. Ils avaient leur conscience, leur honneur, leur bravoure, toujours soumis à l'intérêt.

Ce rôle dure encore, mais ne se joue pas sur le même théâtre. On ne se met plus au service d'une puissance européenne guerroyant contre une autre, mais on se place sous le drapeau d'un parti politique. Pour lui on intrigue, pour lui on prononce des discours, pour lui on fait bon marché de sa conscience. Lorsque ce parti cesse d'avoir la force, on passe au vainqueur jusqu'au jour de sa chute.

Le sang ne se répand pas comme au moyen âge, mais l'honneur coule par tous les pores.

Dumouriez est la personnification la plus éclatante de ce vice infâme pour lequel le monde est trop indulgent. On admire l'habileté de l'un, l'audace de l'autre ; on sourit aux tours d'adresse, on applaudit même au cynisme des apostasies.

La morale publique se fausse, se corrompt, s'anéantit au spectacle constant de la trahison.

II.

La noblesse était nombreuse en Provence. Les Duperrier, qui en faisaient partie, figuraient au parlement. Vers la fin du xviiᵉ siècle, une demoiselle Anne de Mourier épousa M. Duperrier, homme de robe, magistrat très éminent. Devenu veuf, M. Duperrier se remaria. Ses enfants étaient au nombre de trente-deux, vingt-quatre garçons et huit filles.

Les enfants du premier lit abandonnèrent le nom de Duperrier pour prendre celui de leur mère. Le général Dumouriez était petit-fils d'Anne de Mourier.

Il laissa son nom se modifier, et signa toujours Dumouriez.

Son père, qui cultivait la poésie, est auteur d'un joli poème intitulé *Richardet*. Homme d'esprit, fort aimable, charmant causeur, le père de Dumouriez destinait son fils au barreau.

Celui-ci, qui se nommait Charles-François, était né à Cambrai, le 27 janvier 1739.

Lorsqu'il eut atteint sa dixième année, on le conduisit au collège Louis le Grand, à Paris. Puis son père le rappela pour compléter lui-même l'instruction et l'éducation de l'enfant.

Le collège Louis le Grand, tenu par les jésuites, avait inspiré au jeune Dumouriez une ardente piété et le désir d'embrasser l'état ecclésiastique. Son père, qui connaissait le caractère faible, mobile, facile à diriger de Charles Dumouriez, parut céder à son désir et le laissa entrer au séminaire, où il prit le froc.

Mais ce père, quelque peu philosophe, confiait au jeune étudiant les œuvres de Voltaire et toute la littérature frondeuse de l'époque. Dumouriez préféra bientôt le *Dictionnaire philosophique* aux Pères de l'Eglise, et lut plus souvent Rabelais que les théologiens.

Le jour vint où il franchit la porte du séminaire, y laissant toutes ses croyances religieuses. Avant de déserter l'armée, il désertait l'autel.

Le barreau semblait l'attirer. L'ancien séminariste entra, pour étudier l'administration, chez un de ses oncles, premier commis chez M. de la Vrillière. Le bureau était situé à Versailles, non loin du manège des pages du roi. Dumouriez se lia avec les jeunes gens, et prit pour l'équitation un goût tellement vif, qu'il oublia l'administration, son oncle et M. de la Vrillière.

Le père de Dumouriez, quoique poète, était commissaire des guerres. Attaché en cette qualité à l'armée du maréchal d'Estrées, en 1757, il emmena son fils unique en Allemagne, comme simple commis aux subsistances.

Le commis se fit nommer aide de camp du marquis d'Armentières et chercha toutes les occasions de combattre. Il s'acquitta parfaitement de ses devoirs militaires.

Après la retraite de Hanovre, au printemps de 1758, Dumouriez revint en France, obtint une place de cornette au régiment d'Escars, et se trouva à l'enlèvement de Cherbourg, le 6 août 1758.

L'armée franchit le Rhin et Dumouriez se distingua aux combats de Damsdesten et de Clostercamp, où il fut grièvement blessé.

La paix, signée en 1763, amena une réforme d'après laquelle le régiment d'Escars se fondit dans celui de Penthièvre. Dumouriez reçut la croix de Saint-Louis et son congé.

Il en fut au désespoir. Cette nature impressionnable, cette imagination ardente, ce fragile jugement, cette exaltation romanesque, cette ambition vive et profonde, devaient troubler sa vie. Il ne connut ni le bonheur ni le calme de l'existence. La mesure, le jugement, lui manquaient. Il n'était jamais dans le vrai.

Bien jeune encore lorsqu'il perdit sa mère, il fut en proie au délire, chercha à se jeter dans la fosse et fit craindre pour ses jours. Cette immense douleur fut de courte durée.

A l'âge de vingt-cinq ans, il veut épouser une de ses cousines. En présence du refus de son père, Dumouriez veut imiter les anciens et, la coupe d'opium sous les yeux, il écrit une longue épître pour expliquer les causes de sa mort. Puis il vide la coupe et s'étend sur son lit.

Mais, après quelques minutes, il se précipite vers un contrepoison, et se donne le ridicule d'une inflammation d'entrailles.

Dévoré par de vagues inquiétudes, Dumouriez partit

pour l'Italie. La Corse était le théâtre d'une guerre entre les Génois et Paoli. Vainement Dumouriez offrit-il ses services à l'un et à l'autre parti. Il revint en France présenter au ministre Choiseul un mémoire sur les moyens de s'emparer de l'île. Ce mémoire ne produisit qu'un médiocre effet, et son auteur vécut dans l'oubli, toujours sollicitant, tantôt découragé, tantôt exalté par de trompeuses promesses.

Lorsque le gouvernement français eut résolut la conquête de la Corse, on se souvint du mémoire de Dumouriez, qui obtint le brevet d'aide-maréchal des logis. Après les campagnes de 1768 et 1769, il fut nommé lieutenant-colonel. Napoléon Bonaparte naissait à Ajaccio la veille du départ du colonel Dumouriez.

L'année suivante, Choiseul le chargea d'une mission en Pologne, mission secrète qui avait pour but d'encourager l'insurrection. Dumouriez ne parvint pas à contenter le ministre. Sa diplomatie ténébreuse compromit l'influence de la France, et lorsqu'il voulut agir en capitaine il se fit battre à Landscrow.

Choiseul le rappela.

En 1771, le marquis de Montagnard l'employa à quelques travaux sur les ordonnances militaires.

Louis XV avait une singulière politique, double, fausse, sournoise, pour ne pas dire honteuse. Tandis que le cabinet de Versailles accréditait des ambassadeurs auprès des cours étrangères, le roi entretenait des agents secrets qui souvent détruisaient les œuvres de la diplomatie.

Dumouriez fut choisi par Louis XV pour son service personnel, et se rendit en Suède avec une mission clandestine qui devait favoriser les révolutionnaires.

Le duc d'Aiguillon, devenu ministre, découvrit cette intrigue, fit arrêter Dumouriez à Hambourg et l'enferma à la Bastille. Après six mois de captivité, l'agent du roi fut exilé à Caen.

Il y resta jusqu'en 1774. L'avènement de Louis XVI au trône inspira au colonel Dumouriez la pensée de demander des juges. MM. de Vergennes, de Sartines et du Muy examinèrent sa conduite, qui parut exempte de reproches.

Rendu à la liberté, Dumouriez reprit le cours de ses sollicitations et ne quittait plus les bureaux de la guerre. Fatigué de ses importunités, le ministre l'envoya à Lille avec le grade de colonel, pour y étudier un projet de redressement de la Lys.

Le commandement de Cherbourg lui fut confié en 1776, et nous devons dire qu'il composa des mémoires pour que cette ville fût le grand port militaire de la Manche.

Ces mémoires sur Cherbourg étaient accompagnés d'une foule d'autres mémoires sur vingt sujets divers. Sa vie se passait à former des projets, à établir des plans, à écrire des factums. Il les apportait à Paris, courait de ministère en ministère, de bureau en bureau, sollicitait à la fois plusieurs emplois et donnait la préférence aux plus lucratifs.

Redouté de tous les employés de la guerre, il assiégeait les antichambres et poursuivait les ministres jusque dans leurs appartements.

III.

Il salua la Révolution, non parce qu'elle apportait la liberté, mais bien pour ses promesses de places, d'emplois, de missions et de fortunes nouvelles.

A l'époque des élections du mois d'avril 1789, Dumouriez accourut à Paris et publia un mémoire intitulé :
*Cahier d'un bailliage qui n'enverra pas de députés aux
Etats généraux.* L'épigraphe de cette brochure mérite
d'être rappelée : « Comment votera-t-on pour décider
comment il faut voter ? Votera-t-on par ordre, pour décider
qu'il faut voter par tête ? Votera-t-on par tête, pour décider
qu'il faut voter par ordre ? »

Dumouriez tenta de se présenter aux suffrages des électeurs, mais il comprit qu'un échec serait nuisible, et il
retira sa candidature. Ne voulant pas renoncer à la politique, il se chargea de la rédaction des Cahiers du Coten-
tin. Le vœu exprimé par les cahiers était monarchique ;
on y demandait seulement que la noblesse voulût bien
renoncer elle-même à ses privilèges.

La prise de la Bastille par les Parisiens inspira aux
provinces l'idée d'avoir aussi leur 14 juillet. Après les
villes qui démantelèrent leurs bastions et saccagèrent
leurs monuments, vinrent les campagnes, qui incen-
dièrent le château du seigneur, comblèrent des fossés fort
inoffensifs, et jetèrent bas les tours séculaires. Ces actes
de vandalisme furent accompagnés de meurtres et de pillages.

Il faut le dire, Dumouriez rétablit l'ordre en Normandie. Son gouvernement put ainsi échapper aux assassins
et aux incendiaires. Il n'en poursuivait pas moins sa carrière de solliciteur et son métier de compositeur de mémoires.

La reine Marie-Antoinette en reçut un dans lequel
Dumouriez proposait d'envoyer le jeune Dauphin aux
Champs-Elysées, pour distribuer des bonbons et des gâ-

teaux aux enfants du peuple qui s'amusaient à y faire l'exercice. Ce moyen de popularité semblait infaillible à Dumouriez.

A la suppression des gouverneurs de ville, il se trouva sans emploi et réduit à vendre sa vaisselle. Il avait épousé cette cousine, cause innocente de son suicide, et tous deux éprouvaient une gêne extrême.

Le ministre Montmorin lui confia une mission en Belgique. A son retour, Dumouriez présenta à l'Assemblée un mémoire sur l'organisation de la garde nationale, mémoire fort remarquable, qui ne fut pas adopté, parce qu'il était inspiré par des idées trop militaires. Le mémoire de Dumouriez pourrait être utilement consulté pour l'organisation de l'armée territoriale.

Jusqu'en 1791, Dumouriez vécut dans l'intimité d'Alexandre de Lameth, de d'Aiguillon, de Dupont et de Menou. Il se montrait alors fort prudent, cherchant à deviner l'avenir, afin de ne pas se fourvoyer dans le parti qui aurait le dessous. Mirabeau désirait l'employer pour l'exécution de ses projets contre-révolutionnaires.

Montmorin le nomma maréchal de camp, commandant à Nantes. Avant de partir, il se fit recevoir membre de la société des Jacobins.

Dans les premiers mois de 1792, il obtint le grade de lieutenant général.

Bientôt après, Dumouriez fut appelé au poste de ministre des affaires étrangères. Après sa première entrevue avec Louis XVI, le nouveau ministre se rendit au club des Jacobins et s'y coiffa du bonnet rouge.

Il déclare, dans ses *Mémoires*, que cette démarche était convenue entre le roi et lui.

Une intrigue politique, secondée par une partie du ministère, fit passer Dumouriez des relations extérieures à la guerre. Lorsqu'il parut à la tribune pour lire un rapport sur l'administration militaire, un grand tumulte se manifesta, et Dumouriez ne put prononcer une parole sans être interrompu. Il était considéré comme vendu à la cour.

En homme fort avisé, le ministre donna sa démission.

Luckner venait de remplacer Rochambeau à l'armée du Nord. Dumouriez alla rejoindre Luckner et fut reçu très froidement par les troupes.

On l'envoya au camp de Maulde.

Ici se place une romanesque aventure. On a beaucoup parlé de deux jeunes filles dont Dumouriez avait fait ses aides de camp.

Le greffier de Mortagne, nommé Fernig, avait cinq enfants, dont quatre filles et un garçon, officier dans l'armée. Deux de ces filles, à peine âgées de vingt ans, frêles et délicates, venaient souvent visiter leur frère au camp de Dumouriez. Elles suivaient parfois les reconnaissances et avaient même pris part à de petits combats. Dumouriez les habilla en uniforme et les retint auprès de lui. Elles le suivirent pendant ses campagnes, et leurs noms parurent aux ordres du jour.

La Convention, sur le rapport de Dumouriez, leur accorda une pension. Les demoiselles Fernig se trouvaient auprès de Dumouriez au moment de sa désertion. Elles passèrent à l'étranger avec le général. La Convention, qui avait comblé d'éloges ces deux jeunes filles, les mit hors la loi. L'une d'elles rentra en France et suivit, plus tard, en Egypte l'armée du général Bonaparte. Mariée à un sous-lieutenant d'infanterie, elle passa avec lui en Espagne en 1810, et y fut tuée dans une retraite.

Après les crimes du 10 août, la fuite de la Fayette et la marche des Prussiens, un trouble extrême régnait dans les esprits. L'inquiétude était partout.

Dumouriez, nommé général en chef des deux armées, se rendit à Sedan. A la tête de 110,000 hommes, le duc de Brunswick s'avançait rapidement, et nous ne pouvions lui opposer que 30,000 combattants.

Ce fut alors que Dumouriez eut la grande inspiration de la défense du pays par la forêt de l'Argonne.

Pendant cette campagne, il envoya un mémoire au roi de Prusse, pour lui démontrer qu'une alliance avec la France lui serait plus profitable que la ligue offensive avec l'Empereur.

Lorsque les armées coalisées battirent en retraite sans être poursuivies, lorsqu'on vit le territoire français débarrassé tout à coup de la présence de l'ennemi, l'opinion publique s'éleva contre Dumouriez. On l'accusa d'avoir signé un traité secret avec la Prusse. Malgré ses dénégations, il est permis de penser que, pour hâter l'évacuation du territoire, Dumouriez s'était engagé, dans des conférences secrètes, à ne pas inquiéter la retraite des Prussiens.

Les accusations contre le général prenant un caractère sérieux, il jugea prudent de se rendre à Paris. Il y séjourna pendant le mois d'octobre 1792. Le 12, il se présenta à la Convention; puis il se rendit aux Jacobins, et y reçut un accueil favorable.

Une femme célèbre en ce temps, Mlle de Candeille, donna une fête splendide en l'honneur de Dumouriez, qui parut triomphant, entouré des Girondins. Il fréquenta les salons politiques, passa ses journées en intrigues ministérielles, et rompit avec les Montagnards.

Parti de Paris le 29 octobre, il se dirigea sur la Belgique, dont il voulait faire la conquête. On sait qu'il entra bientôt à Bruxelles.

A la fin de l'année 1792, Dumouriez, écrivant à Anacharsis Clootz, commence ainsi sa lettre : « Le général des sans-culottes à l'orateur des sans-culottes. »

Il cherchait alors à se rapprocher de la Montagne, qui était la plus forte. Il n'avait pas honte d'établir des relations avec ce Clootz, baron prussien, sorte de fou furieux, qui, par ses extravagances et ses fureurs révolutionnaires, par son effrayant matérialisme, faisait peur à Robespierre lui-même. Les nombreuses brochures de Clootz, destinées à vulgariser ses monstruosités politiques et religieuses, sont devenues fort rares; mais Dumouriez devait les connaître. Clootz fut exécuté par le bourreau le 24 mars 1794.

Tel était l'homme auquel le général Dumouriez adressait des phrases telles que celles-ci : « ....Toi, orateur du genre humain, poursuis ta généreuse carrière...., éclaire les faibles mortels, rends-les sensibles et vertueux; que la fraternité, la seule, la vraie religion, devienne le charme de notre existence et le bien de tous les cœurs. Adieu! voilà la douce philosophie de la nature; pourquoi faut-il que le canon et les baïonnettes soient les seuls moyens de l'établir et de la propager? »

· Ce nouvel ami de Dumouriez vota la mort du roi quelques jours après avoir reçu cette épître. Il ajouta : « *Je condamne pareillement à mort l'infâme Frédéric-Guillaume.* »

La lettre était donc écrite le 12 décembre 1792. Dix-huit jours après, le 1ᵉʳ janvier 1793, Dumouriez arrivait à Paris. « Ce voyage, dit-il dans ses *Mémoires*, était entrepris pour prendre la défense de Louis XVI auprès de la Convention nationale et arracher ce malheureux prince à la fureur de ses ennemis. »

Il voulait même tenter un coup de main pour enlever le roi pendant le trajet du Temple à la place de la Révolution.

Malheureusement Dumouriez tomba malade le 18 janvier, garda le lit, et ne se rétablit que le 22 janvier, quelques heures après le crime du 21.

Il quitta Paris le 26, pour rejoindre son armée. Son nom était l'objet d'un mépris universel, parce qu'il avait trompé tout le monde. En partant, il semblait se rapprocher du parti du duc d'Orléans.

On trouve dans ses *Mémoires*, tome III, pages 167, 168, un grand éloge du duc de Chartres, qui monta sur le trône en 1830.

Au commencement de 1793, Dumouriez entama des négociations secrètes avec les cours de Londres et de la Haye. Il promettait de renverser la Constitution nationale dès que les Prussiens ne seraient plus sur nos frontières ; il s'engageait à remplacer la constitution de 1793 par celle de 1791 ; mais, en rétablissant la monarchie, il voulait que la couronne fût placée sur la tête du duc de Chartres, fils du duc d'Orléans. Cette combinaison, à laquelle semblait se prêter le ministre de Hollande Auckland, échoua par la déclaration de guerre.

Le général avoue dans ses *Mémoires*, tome IV, pages 13 et 14, qu'il avait formé le plan de marcher sur Paris après la conquête de la Hollande, et de dissoudre la Convention. En ce temps, il était royaliste constitutionnel.

La défaite de Nerwinde, dans laquelle le général Dumouriez avait montré autant d'intelligence de la guerre que de bravoure, lui fut amèrement reprochée comme une retraite volontaire. La Convention, se méfiant de lui, expédia des commissaires, et l'un d'eux, Camus, dit à Dumouriez : « Si vous aspirez au rôle de César, je prendrai celui de Brutus. — Mon cher Camus, répondit Dumouriez en riant, je ne suis point un César, et vous ne serez jamais un Brutus ; la menace de mourir de votre main est un brevet d'immortalité. »

IV.

Après l'affaire de Louvain, qui ne fut qu'une escarmouche, Dumouriez eut ses premières intelligences avec les Impériaux. C'est le 23 mars, pendant une suspension d'armes, que le colonel Mack, chef de l'état-major du prince de Cobourg, vit Dumouriez à Louvain. Il fut convenu : 1° que les Impériaux ne feraient plus de grandes attaques, et que Dumouriez, de son côté, ne chercherait plus à livrer bataille ; 2° que, d'après cet armistice tacite, les Français se retireraient sur Bruxelles, lentement et en bon ordre, sans être inquiétés ; 3° qu'on se reverrait après l'évacuation de Bruxelles, *pour convenir de faits ultérieurs.*

Tout ceci fut exécuté. Le 27, nous étions à Ath, où les négociations reprirent leur cours. Le général français et le colonel Mack firent une sorte de traité dont nous empruntons le texte aux *Mémoires* de Dumouriez (tome IV, pages 121, 122).

Ce qui met le comble à la surprise, c'est que cette conférence ne fut pas secrète. Le général Dumouriez eut pour
témoins de sa trahison, nous n'osons dire pour complices,
les généraux Valence, Thouvenot, le duc de Chartres et
le colonel Montjoie, de l'état-major du général en chef.

Voici le texte de la convention, d'après Dumouriez lui-
même : « Il fut convenu que l'armée française resterait
encore quelque temps sur les frontières, dans les positions
de Mons, de Tournai, de Courtrai, sans être inquiétée par
l'armée impériale, qui agirait seulement de manière à cacher aux deux armées la connivence des généraux. Dumouriez apprit au colonel Mack son projet de marcher sur Paris, et ils convinrent de régler, quand il en serait temps,
le mouvement des Impériaux, qui agiraient comme simples
auxiliaires. Il fut bien entendu que si le général n'avait
pas besoin de leur secours, ils demeureraient sur la frontière, et que l'évacuation de la Belgique serait le prix de
cette condescendance. Si, au contraire, il ne pouvait opérer
tout seul le rétablissement d'une monarchie en France, il
indiquerait lui-même le nombre et l'espèce de troupes
dont il aurait besoin pour réussir dans ce projet, et qui
marcheraient sous son commandement spécial. Enfin, la
place de Condé serait remise aux Impériaux, comme ga-
rantie du traité ; mais elle serait rendue à la France après
la guerre et le règlement des indemnités, sans que cette
occupation momentanée pût jamais dégénérer en possession. Toutes les autres places dans lesquelles il serait besoin que les Impériaux entrassent recevraient une garnison
mi-partie, placée sous les ordres d'un officier français. »

Dumouriez donne donc froidement le récit de cette trahison. Sa plume ne se brise pas dans ses doigts avant de

tracer une page flétrissante, son cœur ne bondit pas dans sa poitrine au souvenir de la désertion !

Qu'un malheureux soldat ignorant, accablé de misère, privé d'éducation, sans famille, sans asile, sans croyances, se laisse aller au déshonneur ; que privé de lumières, abruti par les privations, épuisé par les fatigues, il soit un jour assez lâche pour trahir son pays, on le comprend, non sans dégoût ; mais que le général en chef d'une armée traite avec l'ennemi, que cet homme ait la bassesse de vendre son épée, qu'il mente à ses propres soldats, voilà ce qui bouleverse la conscience humaine, trouble l'esprit, et produit dans l'âme un cruel déchirement.

Qu'on ne vienne pas nous dire que Dumouriez voulait relever le trône.... Lui qui n'avait rien tenté pour sauver Louis XVI, lui qui avait placé sur sa propre tête le bonnet rouge des Jacobins, lui qui se donnait le nom de général des sans-culottes, ne pouvait avoir au cœur un mouvement généreux.

Qu'on ne suppose même pas que Dumouriez voulait délivrer la France de la tyrannie révolutionnaire.

Tout cela, croyons-nous, était loin de sa pensée et ne suffirait pas à excuser sa conduite.

Soupçonnant ce qui se passait, la Convention dépêcha trois commissaires à Dumouriez. Une discussion eut lieu et le général ne cacha pas son projet de rétablir la monarchie. L'un des commissaires, le sieur Proly, lui dit : « Les Français ont juré haine à la royauté, et ils aimeront mieux mourir jusqu'au dernier plutôt que de souffrir que le nom de *Louis*....

— Peu m'importe, s'écria Dumouriez, qu'il se nomme *Louis* ou *Jacobus*....

— Ou *Philippus*, reprit Proly. » Ce commissaire faisait allusion au jeune duc de Chartres, dont la présence continuelle auprès du général en chef inspirait des soupçons aux royalistes et aux républicains.

Cette conférence avait lieu le 18 mars.

Le 30, Dumouriez avait évacué le territoire étranger, et placé son quartier général à Saint-Amand. Le 31, six volontaires du 3e bataillon de la Marne s'introduisirent dans sa tente pour le massacrer. Ils entrèrent sous prétexte de présenter une adresse au nom de l'armée. La garde s'opposa à leurs projets de vengeance et les arrêta. Ils furent conduits auprès du général autrichien Clairfayt, avec le capitaine d'artillerie Lecointre, fils du célèbre révolutionnaire, et un lieutenant-colonel nommé Pilles, ardent républicain.

Le 30 mars, la Convention, par un décret rendu à l'unanimité, manda le général Dumouriez à sa barre. Cinq commissaires, adjoints au ministre de la guerre Beurnonville, se rendirent auprès de Dumouriez pour le faire arrêter. Ces cinq commissaires se nommaient : Camus, Quinette, Lamarque, Bancal et Carnot.

L'armée de Dumouriez était dans le plus grand désordre.

Suspendons un instant le récit des événements pour examiner la situation de cette armée. Une lettre du duc de Chartres, alors ami de Dumouriez et qui, depuis, fut duc d'Orléans et roi des Français, peindra fort bien la désorganisation de l'armée dont il faisait partie. Cette lettre est adressée par le jeune prince à son père, Philippe-Joseph-Egalité.

      « Tournai, 30 mars 1793.

» Je vous ai écrit de Louvain, cher papa, le 21. C'est le

premier instant dont j'ai pu disposer après la bataille malheureuse de Nerwinde; je vous ai encore écrit de Bruxelles et d'Enghien; ainsi, vous voyez qu'il n'y a pas de ma faute. Mais on n'a pas d'idée de la promptitude avec laquelle les administrations et la poste font la retraite. J'ai été dix jours sans lettres et sans papiers publics, et il y a dans les bureaux, là, comme dans tout le reste, un désordre admirable.

» Mon *couleur de rose* est à présent bien passé, et il est changé dans le noir le plus profond. Je vois la liberté perdue ; je vois la Convention nationale perdre tout à fait la France, par l'oubli de tous les principes ; je vois la guerre civile allumée ; je vois des armées innombrables fondre de tous côtés sur notre malheureuse patrie, et je ne vois pas d'armée à leur opposer ; nos troupes de ligne sont presque détruites ; les bataillons les plus forts sont de quatre cents hommes ; le brave régiment des Deux-Ponts est de cent cinquante hommes, et il ne leur vient pas de recrues ; tout va dans les volontaires ou dans les nouveaux corps. En outre, le décret qui a assimilé les troupes de ligne aux volontaires les a animés les uns contre les autres. Les volontaires désertent et fuient de toutes parts; on ne peut pas les arrêter, et la Convention croit qu'avec de tels soldats elle peut faire la guerre à toute l'Europe! Je vous assure que pour peu que ceci dure, elle sera bientôt cruellement détrompée. Dans quel abîme elle a précipité la France!.... Ma sœur ne se rendra pas à Lille, où l'on pourrait l'inquiéter sur son émigration. Je préfère qu'elle aille habiter un village aux environs de Saint-Amand.

» Signé EGALITÉ. »

Cette lettre fut lue à la Convention nationale, le 4 avril 1793. (*Moniteur universel* du 7.)

Reprenons le récit.

Le 2 avril, à cinq heures du soir, le ministre de la guerre, Beurnonville, et les commissaires eurent une conférence avec Dumouriez. Camus lut le décret de la Convention. Le général refusa de comparaître devant l'Assemblée. Camus ordonna son arrestation; mais Dumouriez, se retournant vers ses officiers, leur dit en allemand : « Arrêtez ces quatre hommes, qu'on ne leur fasse pas de mal. Arrêtez aussi le ministre de la guerre, mais laissez-lui ses armes. »

Un escadron des hussards de Berchiny conduisit les prisonniers à Tournai, où ils furent remis à Clairfayt.

Le lendemain, le général Dumouriez adressa à son armée un ordre du jour, sans style militaire, sans vigueur, sans patriotisme ; un ordre du jour qui ne va pas au cœur des soldats :

« Mes amis, mes braves frères d'armes, nous touchons au moment depuis longtemps attendu par les amis de la patrie.... Depuis cinq ans, notre malheureux pays est devenu la proie des brigands et des assassins.... Une Convention nationale, au lieu de s'occuper de vos besoins, de votre subsistance, de créer des lois qui vous assurent un avenir paisible, passe son temps à l'intrigue, à former et à combattre perpétuellement des factions, et emploie les revenus publics à faire voyager des intrigants, des factieux, sous le nom de commissaires.... Il est temps de mettre fin à cette cruelle anarchie ; il est temps de rendre à notre pays la tranquillité.... Je partagerai vos travaux, vos dangers.... La postérité dira de nous : Sans la brave armée de Dumouriez, la France serait un désert aride; elle l'a conservée, elle l'a régénérée: soyons les dignes fils d'aussi glorieux pères! »

Dumouriez ne savait point parler à la troupe. Ses talents de capitaine, sa science très variée, son esprit fécond, ne suffisent pas pour entraîner le soldat. Il n'a pas le feu sacré qui embrase les compagnies et les régiments; il ne connaît que le langage politique boudeur, blessant et hargneux.

Le même jour, le général publiait une pièce ayant pour titre : *Manifeste du général Dumouriez à la nation française.*

Ce manifeste maltraitait fort les Jacobins. Le général déclarait « qu'aussitôt après avoir opéré le salut de la patrie par le rétablissement de la Constitution, de l'ordre et de la paix, il cesserait toute fonction publique, et irait jouir dans la solitude du bonheur de ses concitoyens. »

Pendant que paraissaient la proclamation aux troupes et le manifeste à la nation, Dumouriez montait à cheval pour parcourir le camp. Il harangua les troupes et fut applaudi par l'artillerie et l'infanterie.

Se croyant assuré du succès, il coucha à Saint-Amand et donna rendez-vous, pour le lendemain 4, au prince de Cobourg et au colonel Mack. Devançant l'heure de l'entrevue, Dumouriez se dirigea vers Condé, accompagné du duc de Chartres, des colonels Thouvenot et Montjoie. A peu de distance de Condé, trois bataillons de volontaires, qui étaient en marche, tentèrent d'arrêter le général. Il s'éloigna promptement, poursuivi par ces miliciens en révolte, et ne dut son salut qu'à une sorte de miracle, les révoltés faisant un feu nourri sur lui et ses compagnons.

Ne pouvant regagner son camp, Dumouriez fut forcé d'aller chercher un refuge auprès des Impériaux, au village de Bury. Le colonel Mack l'y rejoignit, et ils passèrent la nuit à rédiger une proclamation que le prince de Cobourg adresserait à la nation française. Cette proclamation parut le 5, et l'armée en fut révoltée.

. Vainement avait-on, dans cette proclamation, prodigué les promesses les plus généreuses. L'armée de Cobourg voulait seulement aider Dumouriez à rétablir le *roi constitutionnel* et la Constitution de 1791. L'armée ne s'y laissa pas tromper, elle repoussa avec horreur toute alliance étrangère.

Cependant, Dumouriez osa reparaître dans son camp. Le lendemain, il se présenta à Maulde, escorté par cinquante dragons autrichiens. Il passa les troupes en revue. Ces uniformes étrangers soulevèrent la colère des troupes; le général entendit les murmures et comprit qu'il était perdu.

S'étant éloigné, il se rendit à Ruméjies et dicta des ordres pour différents corps. Il écrivait lui-même, lorsqu'un cheval au galop entra dans la cour. Il était conduit par un aide de camp, qui arrivait des Boues-de-Saint-Amand, troublé, et apportant de sinistres nouvelles. L'artillerie était en pleine insurrection, l'armée entière courait aux armes, le général Lamarlière, chef de l'état-major de l'armée des Ardennes, était à la tête du mouvement de résistance. Il fallait fuir promptement.

Dumouriez se leva, et, la main appuyée sur une table, il promena un regard autour de lui, regard profond qui semblait résumer son passé et son avenir. Déserter après avoir trahi, n'avoir plus de patrie, vivre déshonoré, manger le pain de l'étranger.... Tout cela passa rapidement sous ses yeux.

Quelques instants après, quatre cavaliers s'éloignaient rapidement et en silence. Ces quatre hommes étaient le général en chef Dumouriez, le duc de Chartres, le colonel Montjoie et le lieutenant-colonel Barrois.

Derrière eux, quelques officiers suivaient la tête basse, honteux comme le sont les déserteurs.

Ils entendaient dans le lointain les cris furieux des soldats français. Les coups de feu semblaient se rapprocher. Alors on marchait plus vite, en jetant de furtifs regards en arrière.

Bientôt la terre de France disparut, les cris s'éteignirent, et l'on fut en sûreté dans les rangs ennemis.

Les cavaliers s'arrêtèrent à Tournai, où le général Clairfayt les reçut. Une sourde colère s'était emparée de Dumouriez, et ses premières paroles furent des menaces et des cris de vengeance. Sans prendre un instant de repos, il se rendit à Bury, et de là à Mons, avec le colonel Mack.

Il voulait rentrer en France à la tête de l'armée autrichienne, marcher sur Condé et combattre les Français.

Il expliquait son plan, lorsqu'un officier lui remit une seconde proclamation du prince de Cobourg.

Cette nouvelle proclamation, du 9 avril 1793, était fort différente de celle du 5 du même mois. Cette fois, on voulait la guerre, sans restriction.

Ainsi l'avait décidé un congrès tenu à Anvers.

V.

Si Dumouriez n'avait pas fait alliance avec l'ennemi, son armée eût secondé ses projets. Elle ne se révolta pas lorsqu'il fit arrêter les commissaires de la Convention. Au contraire, elle applaudit presque partout. L'autorité du général en chef ne fut méconnue que lorsque son manifeste, uni à celui du prince de Cobourg, mit à découvert le côté déshonorant du projet politique.

Le général voulait placer sur le trône le duc de Chartres. Or, les crimes de Philippe-Egalité apparaissaient à tous les yeux comme un obstacle invincible.

On comprend sans peine que le gouvernement qui existait en France, au commencement de 1793, dût révolter les consciences honnêtes ; on comprend que Dumouriez ait eu la pensée de le renverser. Mais pouvait-il, devait-il oublier que l'ennemi était à nos portes?

Ne sentait-il pas que renverser un gouvernement en présence de l'ennemi, c'est livrer son pays à cet ennemi.

Le même crime fut commis en septembre 1870, et la postérité inscrira sur la même page les noms des traîtres de 1793 et de 1870.

Dieu a mis dans nos cœurs, qu'ils soient grands ou petits, un mot presque divin, le mot patrie. Le plus grand crime ici-bas est d'effacer ce mot.

Lorsque Dumouriez eut lu la seconde proclamation du prince de Cobourg, il déclara que jamais il ne prendrait part à l'envahissement de la France, si on ne l'assurait que le territoire ne serait point partagé. Il se rendit à

Bruxelles et fit la même déclaration à M. de Metternich. A Stuttgard, il publia un *Mémoire* pour se défendre de toute alliance avec les princes d'Orléans. Enfin, le 10 juin, Dumouriez, mécontent, tourmenté, s'embarqua pour l'Angleterre. Pitt lui fit donner l'ordre de quitter le royaume. La petite ville de Neuff, près de Dusseldorf, lui fut indiquée pour asile. Il sut se soustraire à la surveillance, et, muni de faux passeports, il parcourut l'Italie, la Suisse, et même l'Angleterre. Sans ressources, dévoré de besoin, il se mit à la solde des libraires, et ce qu'il écrivit formerait une bibliothèque. Ses *Mémoires* parurent en 1795 et soulevèrent une foule de réclamations.

En 1798, Dumouriez se retira aux environs de Kiel et eut la Fayette pour voisin de campagne. Ces deux hommes évitèrent de se rencontrer.

Dumouriez obtint, en 1804, une pension du gouvernement anglais et l'autorisation de séjourner dans la Grande-Bretagne. Peu de temps après, il publia un pamphlet intitulé : *Jugement sur Buonaparté, adressé par un militaire à la nation française et à l'Europe.*

Le nouvel empereur des Français était traité par Dumouriez d'homme abject, de scélérat audacieux, etc.

Les misères de la vie, les remords peut-être avaient flétri l'ancien général.

Lui, qui avait pris jadis le nom de général des sans-culottes, fit des vœux pour la restauration de Louis XVIII. Par reconnaissance ou par pitié, le roi accorda, en 1814, une pension de 20,000 fr. au général ; mais, en homme d'esprit, le nouveau roi défendit à Dumouriez le séjour de la France.

En 1822, il habitait à Little-Eating ; un peu plus tard,

il se rendit à Turnville-Park, où il mourut, le 14 mars 1823, âgé de quatre-vingt-quatre ans.

Depuis qu'il avait quitté la France, Dumouriez ne cessait de composer des mémoires militaires qu'il offrait aux cours étrangères. Ces mémoires indiquaient les meilleurs moyens de battre nos armées et de déchirer notre territoire. Paul Ier repoussa les propositions de Dumouriez. Il en accabla le gouvernement anglais. Pendant quelques mois, en 1804, il dut commander avec Pichegru une expédition sur les côtes de Bretagne. En 1803, il avait été le conseiller militaire du duc d'York. Après la Restauration, il mendia le bâton de maréchal de France, qui lui fut refusé.

Le baron de Vioménil, qui a publié ses *Mémoires* en 1808, dit que beaucoup de personnes prétendaient, pendant la Révolution, que Dumouriez songeait à se faire duc de Brabant et à épouser Mademoiselle d'Orléans. Il avait eu la pensée de rétablir la royauté, à la condition qu'il serait régent de France.

Les grands événements politiques dont nous avons été témoins depuis plus d'un demi-siècle ont rejeté dans une profonde obscurité cet homme, dont l'existence lamentable inspire la pitié.

M. Thiers dit que Dumouriez avait pour la liberté une préférence de raison et qu'il chérissait la France.

Rien dans sa vie ne le prouve. Mais il est quelque chose de plus beau, de plus grand, de plus sacré que la liberté — c'est la patrie.

Or, Dumouriez vendit sa patrie.

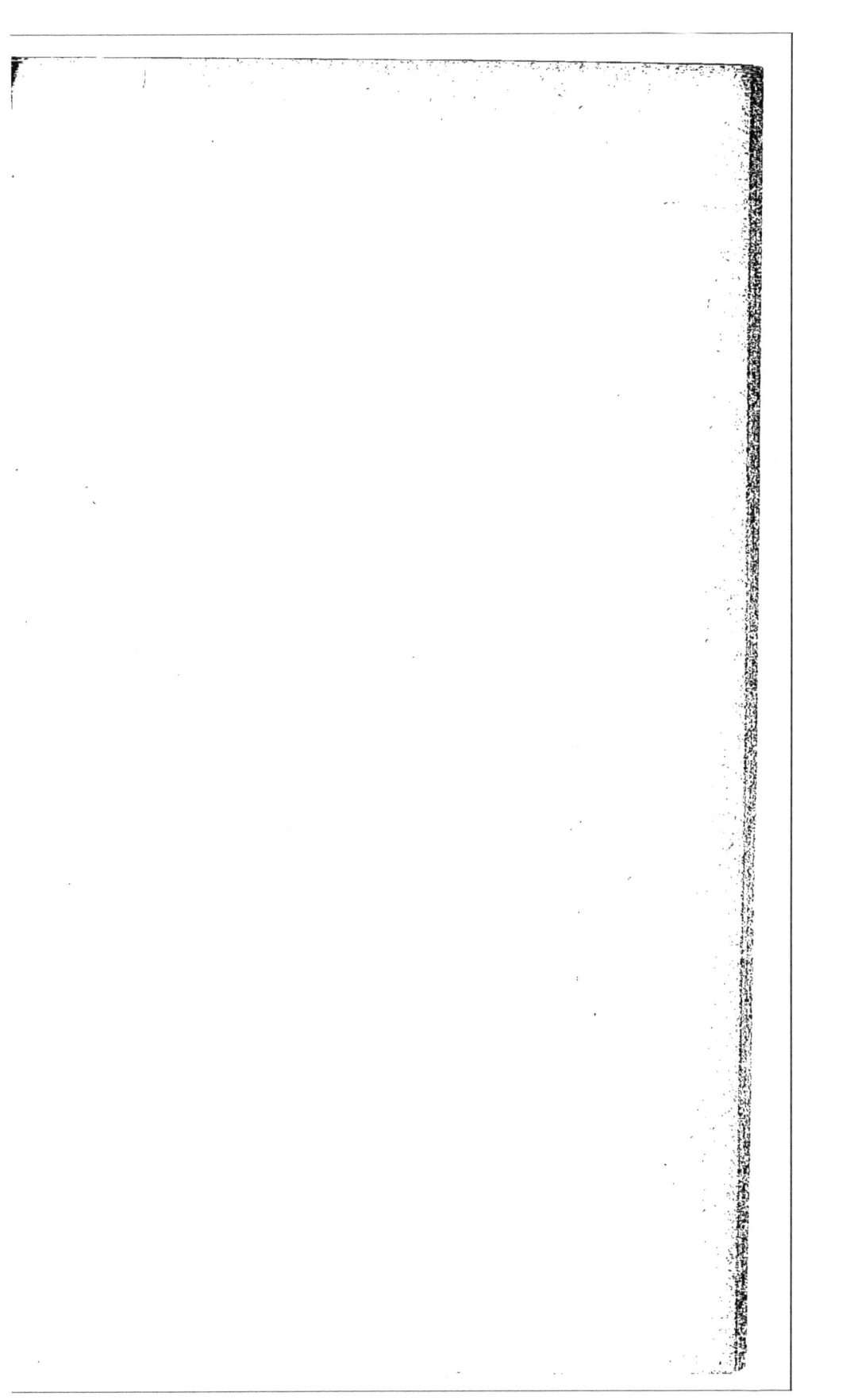

DE GONTAUT-BIRON, DUC DE LAUZUN

DE GONTAUT-BIRON

DUC DE LAUZUN

~~~~

I.

Il n'est pas rare d'entendre des accusations s'élever contre la noblesse qui, après avoir servi dans les armées de Louis XVI, exerçait de grands commandements militaires pour la République.

Il ne faut pas oublier que le premier devoir d'un homme, et surtout d'un soldat, est de défendre son pays contre l'étranger. Ceux qui, au seul mot de *patrie*, n'éprouvent pas une émotion profonde ne sauraient comprendre le suprême devoir de tout citoyen, quels que soient sa naissance, son état ou son âge.

La Révolution française n'était point ce que l'on pense. On ne voyait pas d'un côté la nation indignée réclamer des libertés, d'un autre le roi, armé d'un pouvoir absolu, résister à cette nation.

Dans ces conditions, l'officier, quels qu'eussent été ses sentiments particuliers, n'aurait pu balancer. Le serment militaire l'obligeait à l'obéissance envers le chef de l'armée.

La nation était parfaitement calme lorsque Louis XVI prit l'initiative des réformes qui devaient porter d'abord sur les privilèges. Or, les privilégiés furent appelés à seconder le monarque et à réaliser ses généreuses intentions. Les Parlements ne voulurent sacrifier ni leurs privilèges particuliers, ni ceux de la noblesse et du clergé. Parlements, noblesse et clergé, mécontents de la royauté, excitèrent par des paroles imprudentes la bourgeoisie et le peuple contre la couronne.

Si Louis XVI et ses ministres avaient eu la force et l'intelligence de Henri IV et de Sully, la Révolution se serait accomplie, non sans difficultés, mais du moins sans violences.

Pour résoudre une question financière, Louis XVI réunit les notables en 1788. C'était chose grave qu'une assemblée de ce genre. Les notables avaient cassé, en 1526, le traité de Madrid, consenti par François Ier. En 1596, Henri IV leur fit appel à son tour, mais le roi avait l'épée au côté, alors même qu'il semblait se mettre en tutelle. Pendant l'année 1626, Richelieu convoqua un conseil des notables, sans renoncer pour cela à sa vigoureuse autorité, si bien que l'assemblée du XVIIe siècle vota « pour une armée permanente, afin de tenir en respect les princes étrangers, et les sujets en devoir envers le roi. »

« L'assemblée des notables, a dit Droz [1], aurait pu faire beaucoup de bien, si elle eût secondé les intentions de Louis XVI. Elle fit beaucoup de mal en constatant le désir que les privilégiés avaient de repousser ou d'éluder l'égale répartition de l'impôt. »

(1) *Histoire de Louis XVI.*

On devait bien prévoir que les privilèges ne seraient jamais abolis par ceux qui en jouissaient. Ni Sully ni Colbert, dans leurs réformes financières, n'avaient songé à se soumettre au contrôle des intéressés.

Le gouvernement de Louis XVI, sans tenir compte de la résistance des notables, rédigea les édits. Le Parlement refusa de les enregistrer. Il n'en pouvait être autrement, puisque les Parlements auraient ainsi aboli leurs propres privilèges.

Chose singulière, on vit le peuple se soulever contre les ministres et en faveur de la magistrature. Les premières émeutes à Paris et à Grenoble se firent pour le maintien d'une magistrature privilégiée.

Alors Louis XVI convoqua les Etats généraux. On sait le reste. Le roi, toujours indécis malgré ses bonnes intentions, sacrifia successivement tous ses serviteurs. Turgot, de Calonne, de Brienne, Necker, de Breteuil, passèrent tour à tour. La faiblesse du roi encouragea toutes les révoltes. Il ne voulut pas résister, il s'opposa même à la résistance de ses fidèles.

Des ministres, le malheureux roi en était venu aux notables, des notables aux députés, des députés il en vint au public. Le 5 juillet 1788, par arrêt du conseil des dépêches, le roi ordonne à tous les maires, prie tous les savants, toutes les personnes instruites, et notamment l'Académie des inscriptions, de lui adresser des mémoires pour la convocation des Etats.

Cette démarche était une véritable abdication. Louis XVI commettait un suicide.

A dater de ce jour — 5 juillet 1788 — toute la noblesse d'épée comprit que le roi la congédiait. Il ne lui restait

PORTRAITS MILITAIRES.   19

qu'à mourir, et elle voulut mourir glorieusement en défendant la patrie.

Que pouvaient faire les descendants des compagnons de François Ier et de Henri IV, les fils des capitaines de Louis XIV, lorsque le roi lui-même demandait aux maires et aux académiciens la façon dont il fallait gouverner une grande nation telle que la France ?

L'armée pouvait-elle sauver le roi ? Non, s'il ne se mettait à sa tête.

Le lendemain du 5 juillet 1788, les *savants* et les *personnes instruites*, les *maires* et les *académiciens*, composèrent des mémoires insensés, où l'ignorance le dispute à la vanité. Un mois après, tout le monde s'en mêla. Cette révolution en paroles devait être promptement suivie de la révolution en action.

La république accepta d'abord les services de la noblesse d'épée, parce qu'elle n'avait personne pour remplacer les généraux gentilshommes. Mais le jour vint où la persécution commença pour eux.

Lorsque le général de Schauenbourg, de l'une des nobles familles d'Alsace, échoua devant Pirmasens, un député dit à la tribune des Jacobins « que tous les états-majors étaient corrompus; que le soldat français, qui est le *peuple de l'armée*, avait vaincu malgré ses généraux; qu'il fallait une mesure grande, indispensable, la destitution de tous les généraux. » Le lendemain de ce discours, le Comité de salut public suspendit les généraux nés dans la classe de la noblesse. Un membre de la Convention, le médecin Duhem, déclara que tous les nobles étaient des traîtres, mais qu'en les chassant on tomberait entre les mains des ignorants, et le docteur ajouta : « Nous sommes entre ces deux écueils : trahison ou ignorance. Entre deux maux il faut choisir le moindre. Je conclus donc à la purgation générale de l'armée. » Billaud-Varennes monta à la tribune et demanda que les généraux fussent arrêtés d'abord, avant de leur faire connaître qu'on les soupçonnait. Un autre député, succédant à Billaud-Varennes, dit « que lorsqu'un général ne faisait pas bien son devoir, le gouvernement devait le faire arrêter *avant même d'avoir approfondi sa conduite.* « On parle de talents militaires, s'écria-t-il, l'impétuosité française et le courage des patriotes y suppléeront. Que les généraux nobles aillent pleurer dans les déserts ! »

II.

Le 26 juillet 1592, le baron de Gontaut-Biron, maréchal de France, avait la tête emportée par un boulet de canon, au siège d'Epernay.

Le 31 juillet 1602, Charles de Gontaut, duc de Biron, pair et amiral de France, maréchal de France, avait la tête tranchée de la main du bourreau, « comme atteint et convaincu d'avoir attenté à la personne du roi, et entrepris contre son Etat. »

Enfin, le 31 décembre 1793, Armand-Louis de Gontaut-Biron, duc de Lauzun, général des armées de la république, était condamné à perdre la tête sur l'échafaud, « comme convaincu d'avoir participé à une conspiration contre la sûreté intérieure et extérieure de la république. »

La maison de Gontaut-Biron a fourni deux autres maréchaux de France, le père et le fils, l'un mort en 1756, l'autre en 1788.

Armand-Louis de Gontaut-Biron, duc de Lauzun, qui devait commander les armées de la république française, combattre les royalistes de la Vendée, en compagnie du citoyen Rossignol, avait été l'un des plus aimables seigneurs de la cour de Louis XV. Son extérieur séduisant, son esprit vif et plein d'originalité, son instruction variée, son audace sceptique, ses idées indépendantes, son extrême élégance, son luxe princier, lui donnèrent des succès inouïs. Marié fort jeune avec une femme qui ne lui inspirait aucune sympathie, Lauzun se fit remarquer par des écarts de morale regrettables à tous égards.

Il voyagea longtemps en Angleterre, en Pologne et en Russie. Sa fortune considérable fut bientôt engloutie, et les juifs lui remettaient six mille livres contre une reconnaissance de cent mille.

Enfin, il abandonna tout ce qu'il possédait au prince de Rohan-Guéménée pour 80,000 livres de rente. Le prince, on le sait, fit une banqueroute de 33 millions.

Lauzun était donc ruiné, lorsque la succession de son oncle, le maréchal de Biron, colonel des gardes-françaises, le remit à flot pour quelque temps.

Il espérait obtenir le régiment des gardes, qui fut donné au marquis du Châtelet. Lauzun devint alors l'ennemi de la cour, qu'il fronda sans pitié.

Ayant combattu en Amérique avec la Fayette, il se donna le rôle de réformateur. Intimement lié avec le duc d'Orléans, il devint suspect aux royalistes, qu'il ne ménageait guère.

Député de la noblesse du Quercy aux Etats généraux de 1789, il prit parti contre la cour.

Les journaux du temps font son éloge. Ceux qui professaient la doctrine des Girondins écrivent ceci : « Nul cour-
tisan n'a eu, comme lui, cette politesse, ces grâces légères,
ce charme de l'esprit qu'il sait allier au courage et à l'indépendance. Adoré d'une cour brillante et voluptueuse,
il fit voir, en 1778, qu'un chevalier français ne se laisse
point amollir. Il quitta les plaisirs et les succès où
son penchant l'entraînait, pour aller combattre sous
Washington, dans les déserts de l'Amérique. Il y détruisit la cavalerie anglaise, à la tête d'une légion qu'il avait
formée en Cosaques. Il a laissé dans cette contrée un nom
cher et célèbre. L'amour de la liberté, qu'il apporta après
cette belle révolution née du génie de Franklin, lui a
fait adopter, en 1789, cette autre révolution où les premiers et les plus ardents furent les mêmes guerriers qui
avaient porté leurs armes au secours d'Anglais opprimés
par des Anglais. »

Charmant causeur dans le monde, Lauzun ne se montra
pas orateur à la tribune politique. Il y parut quelquefois,
parla simplement et avec modération. On lui reprocha son
zèle outré pour le duc d'Orléans, qu'il défendait en toutes
circonstances.

Un historien de la Révolution a dit : « Il ne faut pas
reprocher au général Biron son amitié pour le duc d'Orléans. On ignore que lorsque Henri IV fit décapiter un
Biron, il lui ravit son duché. Le régent qui gouverna la
France après la mort de Louis XIV réhabilita la famille
de Biron. Lorsque l'arrière-petit-fils du régent, transformé,
en 1793, en faux républicain, eut fait entendre dans le
procès de Louis XVI ces paroles horribles dans la bouche
d'un prince du sang : *Je vote la mort du tyran*, le géné-

ral Biron vit son crime avec horreur et n'eut pour lui que du mépris. »

En 1792, Lauzun fut envoyé en Angleterre avec Talleyrand. Un marchand de chevaux le fit emprisonner pour dettes. Bientôt rendu à la liberté sous caution, il revint en France et servit, avec le grade de général, sous Luckner et Rochambeau.

A la tête de l'armée du Haut-Rhin, il sut maintenir la discipline. Le commandement imprima à son caractère une sorte de gravité. Juste pour tous, administrateur éclairé, bienveillant dans le service, modéré dans ses rapports, il se fit aimer et estimer.

On ne saurait l'accuser d'ambition, car son armée ayant été réunie à celle de Custine, qui naguère était son subordonné, il consentit à servir sous ses ordres fort modestement.

Lauzun remplaça le général Anselme à l'armée du Var, et, par son habileté, contribua puissamment à la conquête du comté de Nice.

Vainement cherchait-il à servir la république. Son nom, sa naissance, son éducation, portaient ombrage aux révolutionnaires. Le 10 avril 1793, Laréveillère-Lépeaux fit retentir la tribune de la Convention de perfides accusations contre le général Biron. Marat et Fonfrède demandèrent sa destitution.

Cette fois, il échappa au péril. Comment ce grand seigneur spirituel ne comprit-il pas que la Révolution est aveugle, féroce, et ne subsiste qu'en dévorant ses ennemis d'abord, puis ses amis?

Lauzun attendit huit mois. On lui donna même un commandement dans l'armée de la Vendée.

Il ne tarda pas à être accusé par Westermann. Jeté dans un cachot, le 20 juillet 1793, il y resta cinq mois.

M. Lecointe-Puyravaux, représentant du peuple, éleva la voix en faveur du général Biron, mais les députés, tremblant pour eux-mêmes, voulaient jeter la tête de Lauzun au peuple pour le calmer un instant.

Lorsque Biron parut devant le tribunal révolutionnaire, les jurés furent émus pour la première fois. Sa fière beauté, son innocence évidente, la douceur pénétrante de sa voix, un charme inexprimable, attirèrent sur lui l'intérêt universel.

Le citoyen Rossignol, improvisé général, un sieur Ronsin, un autre sieur Vincent, et les commissaires civils aux armées furent ses accusateurs.

Peut-être quelques amis puissants seraient-ils parvenus à le faire oublier dans sa prison. Mais, le 4 septembre, Biron écrivit à la Convention pour être jugé immédiatement. Il ne fut cependant traduit devant le tribunal que le 31 décembre 1793.

Il entendit, en souriant de pitié, la lecture de son arrêt de mort, « comme convaincu d'avoir participé à une conspiration contre la sûreté intérieure et extérieure de la république. »

Son sang-froid, son impassibilité, imposèrent à la foule, avide de tels spectacles. Jamais on ne l'avait vu plus grand seigneur, plus magnifique dans ses poses et plus galant dans ses gestes. Il avait donné à sa toilette les soins les plus minutieux, et sa tête était accommodée comme pour les soupers du Palais-Royal.

Lorsque le président prononça, d'une voix rauque, ces mots : ....*Tête tranchée....*, le duc de Lauzun secoua, sur les dentelles de ses manchettes, quelques grains de tabac d'Espagne.

Il traversa lestement la cour du Palais, entre un piquet de gendarmes. Les prisonniers réunis se trouvaient sur son passage. Il salua avec une politesse gracieuse et dit à haute voix : « C'est fini, Messieurs, je pars pour le grand voyage. Adieu, Mesdames ! »

Rentré dans sa prison, il demanda une bouteille de vin de Bordeaux et une volaille. Il mangea la volaille et vida la bouteille le plus tranquillement du monde.

Son repas terminé, il fit demander à la femme du concierge un livre amusant. Il lut pendant quatre heures. Se jetant sur son grabat, le général s'endormit, et les gendarmes ne purent s'empêcher de sourire en l'entendant ronfler.

Il se leva de bonne heure et fit prier la concierge de lui apporter quelques douzaines d'huîtres. Il les mangeait encore lorsque le bourreau parut et lui dit : Il est temps de partir....

« Mon ami, reprit Biron, veux-tu bien me permettre de finir ma dernière douzaine d'huîtres ? »

Le bourreau regarda le duc avec une surprise mêlée de respect. Il avait vu la mort s'approcher des uns et des autres, mais il ne connaissait pas encore cet accueil amical.

Le général Biron fut, pendant le trajet, d'une complète indifférence. Arrivé sur les marches de l'échafaud, il leva les yeux au ciel et prononça tristement ces paroles : « J'ai été infidèle à Dieu, à mon ordre et à mon roi. Je meurs plein de foi et de repentir. »

II.

Les *Mémoires* du duc de Lauzun ont été imprimés en 1822. Mais ils s'arrêtent à son retour d'Amérique. Ces *Mémoires* sont-ils authentiques ? On en pourrait douter, aux scandaleuses confidences faites au public, et qui compromettent un grand nombre de familles.

La confession complète du duc de Lauzun serait une intéressante étude du cœur humain. Outre la partie mondaine, il y aurait, dans le récit d'un député de la noblesse devenu général de la république, des détails qui ne seraient pas inutiles aux études sur la Révolution française.

Ceux qui tiennent peu à connaître cette Révolution par le menu se doivent contenter de l'antiquité. Il n'y a rien qui puisse surprendre dans les événements contemporains. Tite-Live avait raconté ce que nos yeux ont vu, ce que nos oreilles ont entendu.

Laissons parler Montaigne, dont le naïf langage prête un nouveau charme à cette scène politique, reproduite de siècle en siècle, pour ne pas dire de règne en règne.

« .... Le bien ne succède pas nécessairement au mal ; un aultre mal luy peult succéder, et pire : comme il adveint aux tueurs de César, qui jectèrent la chose publique à tel point, qu'ils eurent à se repentir de s'en estre meslez. A plusieurs depuis, jusques à nos siècles, il est advenu de mesme : les François, mes contemporanees, sçavent bien qu'en dire. Toutes grandes mutations esbranlent l'Estat et le désordonnent.

» .... Pacuvius Calavius corrigea le vice de ce procéder,

par un exemple insigne. Ses concitoyens, dit Tite-Live, estoient mutinez contre leurs magistrats : luy, personnage de grande auctorité en la ville de Capoue, trouva un jour moyen d'enfermer le sénat dans le palais ; et, convoquant le peuple en la place, leur dict que le jour estoit venu auquel, en pleine liberté, ils pouvoient prendre vengeance des tyrans qui les avoient si long-tems oppressez, lesquels il tenoit à sa mercy, seuls et desarmez : feut d'advis qu'au sort on les tirast hors, l'un aprez l'aultre, et de chascun on ordonnast particulièrement, faisant sur-le-champ exécuter ce qui en seroit décrété ; pourveu aussi que tout d'un train ils advisassent d'establir quelque homme de bien en la place du condamné, à fin qu'elle ne demeurast vuide d'officier. Ils n'eurent pas plustost ouï le nom d'un sénateur, qu'il s'esleva un cri de mescontentement universel à l'encontre de luy : « Je veois bien, dit Pacuvius, il fault desmettre cettuy-cy ; c'est un meschant. Ayons un bon en change. » Ce feut un prompt silence ; tout le monde se trouvant bien empesché (embarrassé) au choix. Au premier plus effronté qui dict le sien : voylà un consentement de voix encores plus grand à refuser cettuy-là ; cent imperfections et justes causes de le rebuter. Ces humeurs contradictoires s'estant eschauffées, il advient encores pis du second sénateur et du tiers : autant de discorde à l'eslection que de convenance à la desmission. S'estant inutilement lassez à ce trouble, ils commencent, qui deçà, qui delà, à se desrobber peu à peu de l'assemblée, rapportant chascun ceste résolution en son âme : « Que le plus vieil et mieulx cogneu mal est toujours plus supportable que le mal récent et inexpérimenté. »

CUSTINE

CUSTINE

I.

L'homme dont nous allons parler est peu sympathique. Cependant sa vie et sa mort sont dignes d'attention. Cette figure appartient d'une façon intime au grand tableau de la Révolution française. Il en fut une victime éclatante.

Adam-Philippe, comte de Custine, était né à Metz, le 4 février 1740, d'une ancienne famille. Nommé, à l'âge de sept ans, lieutenant en second au régiment de Saint-Chamans, il accompagna le maréchal de Saxe dans la campagne des Pays-Bas. A la suite d'une réforme dans les troupes, il reprit ses études.

Custine entra au régiment du roi et se distingua dans la guerre de Sept ans. Il acquit même une réputation d'audace et d'intrépidité.

Il traversa rapidement les grades d'enseigne, de lieutenant et de capitaine dans Schomberg-Dragons. A l'âge de vingt et un ans, il était colonel du régiment de Custine.

Il employa les loisirs de la paix à visiter les principales cours de l'Europe, étudia les constitutions militaires du Nord, et se fit distinguer par le grand Frédéric. Il était à toutes les parades de Berlin et de Postdam, et se considérait comme tacticien, parce qu'il connaissait l'exercice à la prussienne.

Frédéric II riait sous cape de l'engouement des visiteurs et de l'admiration des officiers français pour la raideur allemande.

A son retour, le jeune colonel introduisit dans son régiment les méthodes prussiennes.

Il échangea cependant son régiment de Custine-Dragons contre celui de Saintonge-Infanterie, afin de passer en Amérique. Après le siège d'York, Custine fut nommé maréchal de camp. Son rôle dans cette guerre d'Amérique jeta peu d'éclat, et il revint en France profondément imbu des idées américaines.

Les officiers qui avaient servi dans le nouveau monde prirent tous le parti de la Révolution. La Fayette est la personnification d'une classe nombreuse.

Ces jeunes officiers à l'esprit léger, au cœur ardent, ne virent dans la guerre des Etats-Unis qu'une glorieuse aventure, un charmant voyage, une sorte de galanterie militaire faite aux bourgeois d'Amérique.

Aucune idée politique n'entra dans leur tête. Les notes qu'ils émirent, plus tard, dans les conseils ne l'ont que trop prouvé.

Lorsqu'il revint en France, Custine obtint le gouvernement de Toulon.

La noblesse de Lorraine le nomma député aux Etats généraux en 1789. « Son ressentiment contre la cour, dont il se croyait mal récompensé, le mit dans le parti de l'opposition, » dit l'un de ses historiens.

Voilà donc le comte de Custine du côté de la Révolution. Mais il ne la comprend pas. Il suffit, pour s'en convaincre, de lire un ouvrage publié à Hambourg à la fin du siècle dernier, par le général Baraguey d'Hilliers (père du maréchal). Cet ouvrage a pour titre : *Mémoires posthumes du général français comte de Custine, publiés par un de ses aides de camp.* Il est inutile d'ajouter que ce livre a été composé d'après les notes et la correspondance de Custine.

Tout d'abord, cet homme qui, dans son enfance, a connu les privilèges militaires, le gentilhomme de cour favorisé par les rois appuie ces motions : établissement des gardes nationales ; — déclaration des droits de l'homme et du citoyen ; — souveraineté nationale.

Peu de temps après, soit frayeur. soit clairvoyance, il conteste à la nation (qu'il a déclarée souveraine) le droit de disposer des biens du clergé ; il veut conserver au roi le droit de paix et de guerre ; il désire remplacer les apanages par de fortes dotations ; il s'oppose à tous les décrets contre les émigrés. Dans le cas d'une évasion du roi, il demande la convocation d'une Assemblée nationale. Il exprime la volonté de voir l'armée française soumise au régime militaire des Allemands.

Sa politique est toute de sentiment, d'instinct, d'impressions vagues, et même de caprices. Un jour, il est de bonne foi citoyen américain ; le lendemain, le noble seigneur reprend le dessus.

Il n'est pas aussi facile qu'on le croit de supprimer le vieil homme dans certaines natures. La naissance et l'éducation, sans nous revêtir de la robe de Nessus, jettent sur nos épaules un manteau que peu d'entre nous sont en état de dépouiller sans douleur.

Lorsqu'en 1792, le gouvernement français forma le

dessein d'envahir la Belgique, il sentit la nécessité d'une diversion qui attirât vers le Rhin les forces de l'ennemi. Custine fut chargé de l'opérer. C'était son début.

Le 29 septembre, il rassemble un corps de 14,000 hommes et se porte sur Spire, défendu par 5,000 Allemands. Il enlève la place de vive force et fait 4,000 prisonniers. Sans ce vigoureux coup de main, la ville aurait été pillée. Il est vrai que, le lendemain de la prise, des révoltes eurent lieu dans la garnison. Custine fit fusiller, à la tête de l'armée, les officiers et les soldats les plus coupables.

Apprenant que Mayence n'a que 4,000 hommes de garnison, Custine, par une marche de nuit habilement conçue et vigoureusement exécutée, se rend maître de la ville le 20 octobre 1792.

Il passe le Rhin, s'empare de Francfort, menace Hanau, Gissen, et bat les Prussiens à Lensbourg. Les princes du nord de l'Allemagne sont saisis de frayeur.

Les habitants de Francfort massacrent la garnison française. Cette trahison oblige Custine à la retraite. Il jette une garnison dans Kœnigstein, livre quatre combats près de Limbourg, arrête l'ennemi, et se retire enfin sur Cassel, fortifiée par ses soins.

Le 6 janvier 1793, les Prussiens attaquent à Hochheim l'avant-garde de Custine. La négligence de Houchard favorise la surprise de l'ennemi, mais Cassel protège la retraite.

L'hiver fut employé à rendre ce poste extrêmement fort, à approvisionner Mayence et à renforcer l'armée. Custine eut 45,000 hommes sous ses ordres.

Cependant une armée prussienne s'était avancée sur le Bas-Rhin. Dès que le printemps permit les manœuvres, elle franchit le fleuve à Baccarat. A la tête de 18,000 hommes, Custine marche vers l'ennemi et l'attaque à Stromberg.

Son projet était de livrer une bataille, persuadé que l'armée de la Moselle couvrait son flanc gauche en occupant le revers occidental des Vosges. Custine se croyait donc à l'abri des tentatives du corps autrichien rassemblé à Trèves, sous les ordres de Hohenlohe.

Au milieu de l'action, il apprend que l'armée de la Moselle se retire derrière Lablise pour couvrir la Lorraine. Dès lors, les passages ne sont plus fermés aux Autrichiens.

Custine renonce à son premier projet, et concentre son armée sur la rive gauche de la Nahe, appuyant sa droite au Rhin.

Les Prussiens ne tardèrent point à attaquer la droite des Français. Custine évacua son camp pour se replier sur Altzey.

Prévoyant que Mayence pourrait être investie, Custine prend le parti de consacrer 15,000 hommes à sa défense, et donne ordre au reste de l'armée de venir le joindre à Worms. Deux commissaires de la Convention, Rewbel et Merlin (de Thionville), font suspendre l'exécution des ordres du général en chef. Pendant ce temps, les Prussiens s'emparent de Bingen et glissent par Ingelheim des forces considérables entre l'armée française et Mayence. Ces troupes sont bientôt sous les murs de la place et tiennent en respect la garnison.

Ce retard de vingt-quatre heures, ordonné par deux commissaires civils, était ignoré de Custine, qui, posté à Oberstein, livrait, le même jour, deux sanglants combats et repoussait l'ennemi.

PORTRAITS MILITAIRES.   20

Le contre-ordre de Rewbel et de Merlin venait de priver l'armée de ses renforts, de ses tentes, de ses caisses, de son artillerie légère et de sa cavalerie.

Custine, désespéré, brûle ses magasins et se retire sur Landau avec les débris de l'armée. Il arrive près de Wissembourg avec 20,000 hommes harassés, loin de Mayence, bloquée et abandonnée à ses propres soins. Réduit à la défensive, il parcourt la frontière de Thionville à Landau, et, à force de zèle et d'ardeur, forme une autre armée du Rhin. Un mois après, cette armée campe sur les deux rives de la Lauter, au nombre de 52,000 hommes. La rive gauche du Rhin est fortifiée. Landau, Bitche, Fort-Louis, reçoivent des approvisionnements, et les Français sont en état de reprendre l'offensive.

Custine apprit, à cette époque, la trahison de Dumouriez et reçut l'ordre de le remplacer à la tête de l'armée du Nord. Avant de s'éloigner, il voulut ouvrir à son successeur le chemin de Mayence assiégée. Il ordonna au général Houchard de s'avancer dans le Hundsruck, tandis que lui-même attaquerait l'avant-garde ennemie, qui avait traversé la Quiech. Mais les mouvements s'exécutèrent mal, un chef de bataillon cria : *Sauve qui peut!* tandis que Houchard agissait mollement.

Pressé par les revers de l'armée du Nord, Custine quitte le Rhin pour les Flandres. Sa nouvelle armée est sans discipline, sans instruction, et presque séditieuse.

Custine s'établit au camp de César, sous Bouchain, et s'occupe de la réorganisation de ses troupes. Le gouvernement le pressait de faire lever le siège de Valenciennes, de livrer bataille, d'agir vigoureusement.

Il fut mandé à Paris. Ses amis lui conseillèrent de rester

au milieu des soldats et de ne pas risquer sa vie devant un tribunal révolutionnaire. Mais Custine se croyait à l'abri des dénonciations. Il partit donc sous prétexte de discuter un plan de campagne.

II.

Les révolutionnaires ne pouvaient pardonner à Custine la noblesse de sa naissance. La méfiance entourait ses moindres démarches. Jamais les journaux n'avaient cessé de l'accuser de trahison et de l'injurier de mille manières. Le gouvernement révolutionnaire donnait aux insultes la plus grande publicité, afin d'empêcher les soldats de *s'engouer* de leurs généraux, suivant les expressions d'une lettre écrite par le ministre de la guerre Bouchotte à Robespierre.

Autour de Custine, au milieu de son armée, vivaient cinq proconsuls, représentants du peuple, qui étaient tour à tour espions et délateurs. Ces hommes entravaient les opérations et divulgaient les secrets.

Une seule feuille, *le Père Duchesne*, rédigée par Hébert, substitut de la Commune de Paris, était envoyée tous les jours aux armées au nombre de 40,000 exemplaires, payés 50,000 livres par mois. Ce journal excitait le peuple et les soldats à tuer vingt généraux et cent députés, à massacrer les prisonniers de guerre, à ne rien épargner. Il est presque certain que cette feuille, imprimée à Paris, était au service de la Prusse, qui y trouvait un puissant auxiliaire.

Custine ne vit pas les périls dont il était menacé. En arrivant à Paris, il se montra chez les ministres, assista aux séances de l'Assemblée, se mêla aux groupes de la place publique et se fit remarquer par la violence de ses propos. Il ne craignit pas d'accuser le ministre de la guerre d'avoir contrarié ses plans par le refus des secours demandés, et par l'insubordination entretenue dans son armée au moyen du *Père Duchesne*. Il alla plus loin, et dit publiquement que Marat prêchait l'indiscipline et la révolte.

Dire la vérité aux révolutionnaires n'est pas chose prudente. Aussi, en ouvrant son journal, vit-il une séance menaçante pour lui. Un membre du Comité de salut public avait lu à la tribune cette lettre de deux proconsuls près l'armée de la Moselle : « Mayence, qui avait encore des vivres et des munitions pour plusieurs mois, s'est rendue lâchement, lorsqu'elle était sur le point d'être secourue par les troupes de la république. *Custine triomphe enfin;* car l'artillerie immense qui était dans cette place et toutes nos provisions sont devenues la proie de l'ennemi. »

Cette calomnie eut un grand retentissement. Nul n'osa dire la vérité : depuis cinquante jours, la garnison française et les habitants ne vivaient que de racines, de chats et de souris. Custine était, depuis cinq mois, éloigné de cette place assiégée.

Le jour même où la Convention déclara *traîtres à la patrie* cent députés qui, le 31 mai, s'étaient opposés aux actes les plus violents, Custine fut décrété d'accusation.

Averti par des amis, il sortit, peut-être pour chercher un refuge. En traversant le Palais-Royal, il fut reconnu par les promeneurs, qui lui montrèrent quelque sympathie. Un homme se précipita sur lui, le poignard à la main. Cet homme, suivi de dix gendarmes déguisés, saisit le général et l'entraîna à la Conciergerie. Celui qui arrêtait ainsi Custine n'était autre que Rossignol, créature de Collot d'Herbois et de Robespierre.

Le procès de Custine est l'une des plus grandes hontes de cette époque.

L'acte d'accusation reprochait au général trois crimes : 1° d'avoir abandonné dans Francfort la garnison qu'il y avait placée, et qui fut massacrée par les habitants ; 2° d'avoir laissé prendre Mayence ; 3° d'avoir trahi la république en correspondant avec le duc de Brunswick.

Parmi les témoins à charge, il y eut des officiers qui se montrèrent d'une faiblesse extrême ; presque tous étaient dominés par la peur. Nous pourrions citer des noms fort connus, que l'histoire doit oublier pour l'honneur des armées.

Il est de notre devoir d'effacer le souvenir de ces lâchetés en rappelant un trait de courage.

Billaud-Varennes, Collot d'Herbois et Robespierre mandent au Comité de salut public deux officiers de l'armée de Custine. Ces officiers étaient, pendant ses campagnes, auprès du général. On les interroge. Ils résistent aux promesses et aux menaces. Le plus jeune, nommé Dutillet, parle avec une fermeté qui soulève la colère de Billaud-Varennes. Transporté de fureur, il s'écrie : « Traître, tu défends ton général, tu es son complice ! — Celui que vous accusez, répond Dutillet, a bravé cent fois la mort pour la république. Si je suis son complice, voici la liste de mes crimes ! » Il découvre alors sa poitrine, couverte de blessures.

Robespierre et Collot d'Herbois font retirer les deux officiers.

Lorsqu'ils sont dans l'escalier du tribunal, le courageux capitaine reproche à son compagnon son silence et la pâleur de son visage. « Tu ne trembles pas ainsi un jour de bataille, lui dit-il. — Que veux-tu, répond l'autre, j'étais désarmé et mis en présence des trois plus grands ennemis de la république. »

On a eu raison de donner à ces journées hideuses le nom de *Terreur*. C'était plus que la crainte de la mort. Une sorte d'affaissement moral, d'anéantissement physique, de prostration générale, s'emparait des hommes, et bien peu réagissaient contre cette décomposition.

Ainsi, dans le procès de Custine, quatre officiers et sa belle-fille montrèrent seuls de l'énergie.

Tout le reste fut saisi de frayeur, et les parents eux-mêmes n'eurent pas le courage de se montrer à côté de Mme de Custine, jeune et belle, grande et forte.

Custine parut enfin devant ses juges, et les quatre officiers, ses défenseurs, l'accompagnaient. Vainement leur disait-on qu'ils seraient frappés avec leur général. Rien ne put les intimider.

Tous les jours, on voyait, dans un sombre corridor du palais, une femme voilée, couverte de vêtements de deuil, s'asseoir tristement sur un banc, jusqu'à l'ouverture de la séance du tribunal. Les mains jointes, le front courbé, elle attendait en silence.

Lorsque sous ces voûtes noires le bruit des verrous se faisait entendre, cette femme se levait. Alors le pas cadencé des gendarmes annonçait l'approche du prisonnier. La femme s'avançait lentement, et, sans prononcer une parole, elle embrassait son beau-père.

Puis elle suivait les gendarmes jusqu'au tribunal. Assise aux pieds de l'accusé, elle levait vers lui des yeux mouillés de larmes.

Lorsque l'interrogatoire était suspendu, elle lui adressait, d'une voix tremblante, quelques mots d'espérance.

Elle sortait avec le prisonnier, l'accompagnait jusqu'à la porte de sa cellule, l'embrassait encore, et s'éloignait.

Alors elle se rendait à la prison de la Force, où son jeune époux était détenu. Cette femme se nommait la vicomtesse de Custine. Sa naissance l'avait faite illustre et riche, Dieu lui avait donné la beauté et la bonté.

Elle eut le courage d'implorer les juges. Elle pria Robespierre, elle supplia Collot d'Herbois, elle voulut attendrir Billaud-Varennes.

Vains efforts de la piété filiale!

Cette jeune femme devait être soumise à deux terribles épreuves : l'échafaud du père et l'échafaud de l'époux.

Une fois, en sortant du tribunal, elle traversa un groupe de femmes appartenant à la populace : « C'est la fille à Custine, crièrent ces misérables créatures, son père *jouera bientôt à la main chaude.* »

Le général se défendit avec autant de courage que d'habileté. Il parla pendant deux heures, repoussant toutes les accusations. Cependant, il perdit son sang-froid au spectacle de juges ignorants qui discutaient ses plans de guerre. Le public se montra impitoyable et fit entendre des cris de haine.

Il s'éloigna pendant la délibération du jury, mais se trouvait encore sur le seuil de la porte, lorsque la foule le menaça : « Custine, dit le président, n'appartient plus à la république, mais à la loi qui va le frapper. Il faut, comme homme, le plaindre de ce qu'il a, par sa conduite, encouru un pareil sort. »

La nuit était venue, lorsque le général fut ramené par

les gendarmes. Mille têtes s'agitaient dans la salle d'audience, et le plus profond silence régnait.

Les bougies avaient été allumées pour la première fois depuis le commencement du procès. Quelques parties de la grande salle restaient dans l'ombre, et Custine fut frappé, en entrant, de ce spectacle sinistre. Il tressaillit.

On le vit promener autour de lui un regard incertain ; ses yeux se détournaient du président; un tremblement agitait son corps. Le malheureux général était sous l'empire de la terreur.

Singulière contradiction du cœur humain! Ce capitaine si intrépide aux champs de bataille, ce gentilhomme qui bravait gaiement la mort des combats, se sentit défaillir devant les bourreaux.

Y a-t-il là l'un des mystères de la vie? *Le mourir*, comme dit Montaigne, est-il le principal? La mort serait-elle une vieille coquette qui veut être ajustée, fardée, inondée de lumières, distraite par le bruit, enivrée par les admirations?

Ou bien encore l'homme a-t-il pour l'ignominie, pour le supplice, une horreur instinctive, invincible? Est-ce un hommage rendu à la vertu, que cette affreuse répulsion pour la mort réservée au criminel ?

C'est là un sujet digne de fixer l'attention des philosophes et des moralistes. Nous leur demandons pourquoi tel malheureux se réfugie dans le suicide pour échapper à un arrêt de mort?

Donc le général Custine entendit sa sentence avec une profonde émotion. Son œil hagard se promenait sur l'assemblée; ses traits, contractés par la douleur, étaient décomposés. Il prononça d'une voix émue ces simples paroles : « Je meurs innocent! »

Il fut ramené dans sa prison, au milieu des vociférations populaires; d'immenses clameurs s'élevaient pour exprimer la joie de la foule.

L'exécution devait avoir lieu le lendemain. Custine demanda un confesseur. Il tomba aux pieds du prêtre, le suppliant de ne pas l'abandonner. La dernière nuit fut consacrée à la prière.

Le soir venu, il écrivit cette lettre à son fils :

« 20 août 1793, à dix heures du soir.

» Adieu, mon fils, adieu. Conservez le souvenir d'un père. Je n'emporte qu'un regret : c'est celui de vous laisser un nom qu'un jugement fera croire un instant coupable de trahison, par quelques hommes crédules. Réhabilitez ma mémoire, quand vous le pourrez; si vous obteniez ma correspondance, ce serait une chose bien facile. Vivez pour votre aimable épouse, pour votre sœur, que j'embrasse pour la dernière fois.

» Je.crois que je verrai arriver avec calme ma dernière heure. Adieu encore, adieu. Votre père, votre ami,

» CUSTINE. »

Dès que le jour parut, le général suspendit un moment ses prières pour revêtir son uniforme. Il voulait mourir avec l'habit de soldat que respectait l'ennemi.

Il monta sur la charrette et s'assit près du confesseur, qui lisait à demi-voix les prières des agonisants. Pendant la marche lente et funèbre du cortège, Custine écoutait religieusement les exhortations du prêtre. Parfois il levait vers le ciel ses yeux mouillés de larmes.

La foule, haletante, se précipitait autour de la charrette, adressant au général des insultes et des menaces. Il semblait ne pas entendre. Cependant il dit à haute voix : « Est-ce là ce peuple qui célébrait mes victoires ! »

Descendu près de l'échafaud, il se mit à genoux au pied de l'échelle, et regarda d'un œil fixe le couteau de la guillotine.

Se relevant brusquement, il se précipita sous le fer du bourreau.

C'était le 29 août 1793, sept mois après la mort de Louis XVI.

Custine avait cinquante-trois ans et quatorze campagnes de guerre.

Son fils, Renaud-Philippe de Custine, né en 1768, fut exécuté quelques mois après son père. Il mourut avec le plus grand courage.

III.

Custine avait un corps robuste, que les fatigues de la guerre et les excès de toute nature ne pouvaient abattre.

D'une extrême violence dans le service, il avait pour ses amis des moments de bonté. Ardent à l'heure des combats, il devenait calme dès que les troupes étaient engagées. Son aide de camp, Baraguey d'Hilliers, lui lisait une dépêche pendant une affaire sérieuse. Une balle siffle, passe entre les doigts de Baraguey d'Hilliers et déchire le papier. L'aide de camp s'arrête pour réparer le désordre de la lettre. « Continuez, lui dit Custine, ce n'est qu'un mot de moins. »

MOREAU

MOREAU

~~~

I.

Le duc de Raguse était un homme de beaucoup d'esprit, observateur d'une extrême finesse, qui connaissait les hommes et encore mieux l'histoire de son temps. Il avait été l'un des principaux acteurs des grands événements survenus en France depuis le début de la Révolution jusqu'en 1830. Il était donc difficile de le tromper par des artifices de langage ou de capricieuses mises en scène.

Le premier aide de camp du duc, celui qu'il aimait comme un fils, le général comte de la Rue, nous a raconté qu'un jour, aux eaux de X., M. Thiers fut présenté au maréchal. Il y a longtemps de cela, et l'homme d'Etat n'avait pas affaibli la renommée de l'historien.

Raguse venait de lire l'*Histoire de la Révolution*, et de comparer les récits à ses souvenirs personnels. Plus d'une fois un sourire s'était dessiné sur ses lèvres.

Lorsque M. Thiers fut en présence du duc, celui-ci dit : « Monsieur, j'ai lu votre *Histoire de la Révolution*, qui m'a fort intéressé ; les hommes et les événements sont présentés avec une telle habileté, les effets découlent si naturellement des causes, que l'on croirait volontiers que tout cela est vrai. »

Cette parole du duc de Raguse nous revient en mémoire à la lecture d'un chapitre de l'*Histoire de la Révolution française*. Il s'agit des *dispositions politiques des armées* en 1797.

« Nulle part, écrit l'auteur, l'attachement à la Révolution n'était plus grand qu'à l'armée d'Italie.... » Masséna, Joubert, et Augereau surtout, donnaient aux officiers et aux soldats « l'exemple du républicanisme le plus ardent. Les troupes venues du Rhin, sans être moins républicaines, étaient cependant plus froides, plus mesurées, et avaient contracté, sous Moreau, plus de sobriété et de discipline. C'était Bernadotte qui les commandait; il affectait une éducation soignée.... Le général Bonaparte voyait avec plaisir l'esprit de l'armée et en favorisait l'essor.... »

Sur les quatre républicains cités par l'historien comme donnant la mesure des dispositions politiques des armées, l'un est devenu roi de Suède, un autre, prince d'Essling, duc de Rivoli et maréchal de l'empire, et le troisième, maréchal aussi et duc de Castiglione.

Si le général Bonaparte voyait avec plaisir l'esprit de l'armée et en favorisait l'essor, c'est que cet esprit était le sien, esprit autoritaire, esprit d'ordre fort opposé à la faction royaliste du temps, mais non moins opposé aux ambitions révolutionnaires.

Un autre écrivain, qui connaissait mieux l'armée que ne la connaissait M. Thiers, le colonel Carion Nisas, est d'une opinion contraire à celle de l'historien de la Révolution : « L'esprit de l'armée d'Italie était modifié, dit-il, elle avait un caractère moral différent de celui des autres armées. Celles-ci avaient toujours présentes l'image et l'idée de la république.... Elles n'étaient point les armées d'un chef, mais celles du pays.... Dans l'armée d'Italie, au contraire, au bout de quelques succès, les esprits furent tout différemment façonnés ; la patrie semblait être restée de l'autre côté des Alpes, on s'en souvenait pour l'illustrer moins que pour lui obéir. Le patriotisme ne passait qu'après la gloire. Le distributeur de cette gloire, c'était le chef suprême ; c'était à lui qu'on s'attachait ; c'était à lui qu'on écrivait : *Nous sommes prêts à exécuter vos ordres quels qu'ils soient.* Ainsi il y avait deux armées bien distinctes : l'armée de César et celle de Rome. »

Ce jugement porté par un témoin, par un acteur du drame, peu partisan de Napoléon, est plus vrai que celui de M. Thiers.

Parlant du général Moreau, M. Thiers ajoute : « Il était d'ailleurs inconscient, modéré, froid, et n'avait pour la politique qu'un goût égal à sa capacité ; aussi se tenait-il en arrière, ne cherchant point à se prononcer. Cependant il était républicain, et point traître comme on l'a dit. »

Moreau connaissait la trahison de Pichegru et ne la faisait pas savoir au gouvernement. Il avait saisi sa correspondance avec l'ennemi et avec le prince de Condé, dans un fourgon du général Kinglin, et cette correspondance restait cachée. Tout cela ressemble fort à une complicité.

La trahison du général Moreau ne saurait être qu'une question de date. Quant à son républicanisme, il est plus que douteux, comme on le verra.

En 1797, les armées se montrèrent fort mécontentes de

la république. Officiers et soldats savaient à peine que la France était gouvernée par Barras, Lareveillère-Lepeaux et Rewbel.

On se souciait peu, dans les camps, que Talleyrand se fût fait présenter par Mme de Staël à Benjamin Constant, par Benjamin Constant à Barras, par Barras à Lareveillère. Qu'importaient aux gens de guerre ces intrigues de cabinet, ces caquetages de bureaux et ces ambitions bourgeoises?

Il n'était pas un homme dans l'armée qui ne prît en souverain mépris le gouvernement de la république, avec ses constitutions sans cesse renouvelées, ses formes et ses noms divers, ses coups de théâtre où les proscrits d'un jour devenaient les proscripteurs du lendemain. Le soldat, quel que fût son rang, comprenait instinctivement que toutes ces assemblées politiques n'étaient que des foyers d'intrigues, où l'on mettait le pouvoir en lambeaux pour en avoir une plus large part.

Le mot *république*, qui avait remplacé le mot *royaume*, présentait aux gens de guerre l'idée de *patrie*, de *pays*, de *France*, et nullement la pensée d'une forme gouvernementale.

Il suffit de lire les correspondances privées, depuis 1792 jusqu'en 1804, pour voir combien le langage avait été faussé par de perpétuelles déclamations. Nous possédons une lettre d'un officier qui, au mois de février 1793, écrit à sa famille : « Nous avons versé des larmes en apprenant la mort du pauvre *tyran*, qui était si bon et que nous aimions.... »

Dans les ordres du jour des généraux, dans leurs proclamations, le mot *république* est employé comme synonyme de *France*, et non comme l'expression d'une opinion politique.

Il ne faudrait cependant pas croire que les généraux et leurs armées regrettaient ce que l'on nomme l'ancien régime. Les privilèges et les abus avaient blessé les consciences; la noblesse, oublieuse de sa mission, s'était abaissée devant Louis XIV, avilie devant Law le financier. D'ailleurs, noms et titres s'usurpaient, lorsqu'ils ne se vendaient pas. Louis XV avait flétri la glorieuse couronne de France, cette couronne étincelante, qui de Charlemagne était venue à Henri IV en passant par saint Louis.

Les paysans vendéens et quelques gentilshommes protestaient contre la république dans l'une de nos provinces; mais les princes du sang, pour lesquels mouraient ces braves paysans, se tenaient à l'abri sur la terre étrangère.

Les généraux de la république n'étaient donc pas du parti royaliste qui, pendant la Révolution, se montra plus ardent aux intrigues qu'aux batailles.

Ces généraux avaient tous, plus ou moins, adopté les réformes de 1789, mais pas un seul ne voulut s'associer aux crimes de la Révolution. Un grand nombre en fut victime. En la servant de leur épée, ils n'entendaient défendre que la patrie.

Qu'étaient donc ces généraux, ces officiers, ces soldats de la république? S'ils méprisaient ou détestaient le gouvernement d'alors, s'ils ne voulaient plus du gouvernement passé, où tendaient leurs vœux? De quel côté tournaient-ils leurs regards?

Le plus grand d'entre eux le devina, lorsqu'il réalisa, le 18 brumaire, le vœu de l'armée française.

Les doctes rappellent volontiers les idées de Montesquieu sur la république. Montesquieu ne connaissait que la Grèce et Rome, ou l'Italie du moyen âge. Tout Français de nos jours est donc plus savant que Montesquieu à l'endroit des gouvernements républicains.

Il n'est pas superflu cependant de consulter Montesquieu, ne serait-ce que pour faire ressortir l'accord qui existe entre l'antiquité et les temps modernes au sujet de la république.

Voici quelques-unes de ses observations :

— « Les ambitieux firent venir à Rome des villes et des nations entières, pour troubler les suffrages ou se les faire donner ; les assemblées furent de véritables conjurations ; on appela *comices* une troupe de quelques séditieux ; l'autorité du peuple, ses lois, lui-même, devinrent des choses chimériques, et l'anarchie fut telle, qu'on ne put plus savoir si le peuple avait fait une ordonnance, ou s'il ne l'avait point faite. » (*Lettres de Cicéron à Atticus*, liv. IV, lettre 13.)

— « Il inventa les proscriptions, et mit à prix la tête de ceux qui n'étaient pas de son parti. Dès lors, il fut impossible de s'attacher davantage à la république.

» .... La république devait nécessairement périr, il n'était plus question que de savoir comment et par qui elle devait être abattue. »

— « On parle beaucoup de la fortune de César ; mais cet homme extraordinaire avait tant de grandes qualités.... qu'il eût été bien difficile que, quelque armée qu'il eût commandée, il n'eût pas été vainqueur, et qu'en quelque république qu'il fût né, il ne l'eût gouvernée. »

— « .... Ce qu'on aimait, on ne l'aime plus ; on était libre avec les lois, on veut être libre contre elles ; chaque citoyen est comme un esclave échappé de la maison de son maître ; ce qui était maxime, on l'appelle rigueur ; ce qui était règle, on l'appelle gêne ; ce qui était attention, on l'appelle crainte.... La république est une dépouille, et sa force n'est plus que le pouvoir de quelques citoyens et la licence de tous. »

— « Mettra-t-on sur une même tête les emplois civils et militaires ? Il faut les unir dans la république et les séparer dans la monarchie. Dans les républiques, il serait bien dangereux de faire de la profession des armes un état particulier, distingué de celui qui a les fonctions civiles. »

Arrêtons-nous un instant sur cette observation de Montesquieu.

Lorsque le gouvernement républicain de 1793 envoyait auprès des généraux certains commissaires civils, choisis dans les assemblées politiques, son but apparent était une surveillance active. Une direction militaire se mêlait de plus en plus à cette surveillance, car le but final était de remplacer les généraux par des représentants. On voulait, comme le dit Montesquieu, mettre sur une même tête les emplois civils et militaires ; on voulait que la profession des armes ne fût plus un état particulier, parce que tout général est dangereux pour une république. En 1848, en 1870, on a demandé la suppression des armées permanentes, on a tenté de confier le commandement des troupes à des citoyens de l'ordre civil.

Revenons à Montesquieu :

« Il est de la nature d'une république qu'elle n'ait qu'un petit territoire.... Ce fut l'esprit des républiques grecques de se contenter de leurs terres comme de leurs lois.... Si

une république est petite, elle est détruite par une force
étrangère; si elle est grande, elle se détruit par un vice
intérieur. »

Quelque puissante que soit la pensée, l'homme n'atteint
jamais, dans la méditation, cette clairvoyance parfaite du
témoin oculaire.

Les générations de la première moitié de notre siècle
ont connu les hommes de la Révolution. Ils ont mesuré
les ravages produits par les essais de république dans des
sociétés que la civilisation chrétienne devait rendre mo-
dérées.

L'expérience n'a pas été épargnée aux généraux de la
république. Ils ont servi, mais ils ont encore plus souffert.

Le gouvernement républicain, qui persécutait ces généraux, était dominé par une puissante logique. Il obéissait
à la force des choses.

Les assemblées politiques ne pouvaient se soustraire à
cet antagonisme éternel qui existe entre la liberté et l'autorité. Ceux qui gouvernaient la France avaient la préten-
tion de représenter la liberté, et les généraux personni-
fiaient l'autorité.

Tout homme qui manie la parole possède une arme
plus offensive que défensive. Un jour ou l'autre il sera
tribun.

On doit aussi le reconnaître, celui qui porte à ses lèvres
la coupe militaire risque fort l'enivrement de l'autorité.

L'homme qui a compris la grandeur, la puissance de
l'autorité, est à tout jamais l'adversaire du désordre, fût-
il caché sous le masque de la liberté.

Les membres des Assemblées de la république furent
donc tout naturellement les ennemis des généraux.

. Ils ne purent se passer de leurs services. Mais, sous le nom de commissaires, des représentants se rendaient aux armées, pour surveiller le général, présider à ses conseils, contrôler ses ordres, écouter ses paroles et suivre ses pas. Custine et Biron allaient à l'échafaud pour avoir ordonné des mouvements tactiques que n'approuvaient pas les représentants du peuple ; Luckner avait la tête tranchée pour avoir désapprouvé les plans de campagne des représentants ; Championnet mourait de douleur en voyant les commissaires lui ravir l'administration de ses troupes ; Hoche s'éteignait dans les tortures pour avoir été trop populaire. D'autres, tels que Pichegru et Dumouriez, trahissaient par esprit de vengeance contre la république. De plus honnêtes cherchaient la mort, à l'exemple de Dampierre. Il y en avait enfin qui désertaient à la suite de la Fayette et du duc de Chartres.

Le jour vint où ceux qui avaient échappé à tant de morts se groupèrent autour du général Bonaparte pour rendre à la patrie ses grandeurs et ses libertés, ses gloires et ses souvenirs.

II.

Les jugements portés sur le général Moreau diffèrent entre eux. Les uns lui accordent les talents d'un grand capitaine, les autres le considèrent, au contraire, comme un général médiocre. Tel parti politique voit dans le général Moreau un noble et beau caractère, tel autre ne lui accorde même pas la simple honnêteté. Les royalistes le disputent aux républicains.

Cependant la vérité, en tout ceci, n'est pas cachée sous

des voiles très épais. Il sera facile, croyons-nous, de montrer le général Moreau tel qu'il a été.

, Napoléon Ier, dans ses Commentaires, juge ainsi ce général.

« Moreau était peu de chose dans la première ligne des généraux : la nature, en lui, n'avait pas achevé sa création ; il avait plus d'instinct que de génie. »

— « Moreau n'avait point de création et n'était pas assez décidé ; aussi valait-il mieux sur la défensive. »

— « C'était un homme faible, mené par ses alentours, et servilement soumis à sa femme : c'était un génie de vieille monarchie. »

— « Moreau avait rendu des services et avait de belles pages dans l'histoire de la guerre de la Révolution : ses opinions politiques avaient toujours été fort sages, et quelquefois Napoléon a laissé percer des regrets de sa fin déplorable.... Ses femmes l'ont perdu ! »

— « Moreau était Breton, détestait les Anglais, avait les chouans en horreur, une grande répugnance pour la noblesse. C'était un homme incapable d'une grande contention de tête ; il était naturellement loyal et bon vivant. La nature ne l'avait pas fait pour les premiers rôles.... L'impératrice Joséphine maria Moreau avec une demoiselle Hulot, créole de l'île de France. Cette demoiselle avait une mère ambitieuse ; elle dominait sa fille et bientôt domina son gendre. Elle changea son caractère, et ce ne fut plus le même homme.... Si Moreau eût fait un *autre mariage*, il eût été maréchal, duc, eût fait les campagnes de la grande armée, eût acquis une nouvelle gloire ; et si sa destinée était de tomber sur le champ de bataille, il eût été frappé par un boulet russe, prussien ou autrichien ; il ne devait pas mourir par un boulet français. »

— « Moreau n'avait aucun système, ni sur la politique ni sur le militaire ; il était excellent soldat, brave de sa personne, capable de bien remuer sur un champ de bataille une petite armée, mais absolument étranger aux connaissances de la grande tactique. S'il se fût mêlé dans quelques intrigues pour faire un 18 brumaire, il eût échoué. Il se serait perdu ainsi que le parti qui se serait attaché à lui. »

La mort si déplorable du général Moreau justifierait ces jugements aux yeux de ceux qui pourraient les trouver trop sévères. Il a fini misérablement, comme un homme vulgaire.

Le général Moreau (Jean-Victor) était fils d'un avocat de Morlaix. Il naquit dans cette ville le 11 août 1763, et y fit de fort bonnes études. Après avoir achevé son droit à Rennes, il embrassa la carrière des armes, et débuta comme simple soldat. Cet engagement, contracté malgré sa famille, ne tarda pas à être rompu par le crédit de quelques protecteurs, et Moreau revint à Rennes, où ses travaux lui créèrent bientôt une belle situation. Son intelligence, son instruction, et surtout un caractère affable et bienveillant, le firent aimer des étudiants et des professeurs. Nommé prévôt de l'école de droit, le jeune avocat se fit, en 1787, une réputation dans toute la Bretagne. Le ministre Brienne avait, par d'imprudentes mesures, mécontenté les élèves et les maîtres, ce qui amena des troubles assez graves. Moreau défendit avec courage et modération les privilèges des Parlements et reçut, à cette occasion, le surnom de *général du Parlement*. Le gouverneur militaire ordonna son arrestation, mais l'attitude ferme de l'école de droit fit annuler l'ordre donné par l'autorité.

L'année suivante, le ministère tenta de nouvelles réformes, et cette fois, Moreau fut contre le Parlement. Il se plaça même dans les rangs de ceux qui s'armaient à Nantes et à Rennes pour abattre les privilèges parlementaires.

La jeunesse bretonne et angevine forma, en 1790, à Pontivy, une confédération générale, dont Moreau obtint la présidence. Le premier bataillon de volontaires du Morbihan le choisit pour son chef, et il se rendit à l'armée du Nord. Général de brigade à la fin de 1793, et général de division le 12 avril 1794, Moreau eut le commandement d'un corps d'armée et fit, à la tête de l'aile droite de Pichegru, la campagne d'hiver qui soumit la Hollande en 1794. Il prit Menin, Ypres, Bruges, Ostende, Nieuport.

Pendant que le général Moreau, à peine âgé de trente ans, faisait des conquêtes pour la république, son père, accusé de correspondre avec un émigré, était arrêté, jugé et guillotiné au nom de la république.

Moreau, qui était un réformateur et non pas un révolutionnaire, voulut abandonner le service en apprenant l'assassinat de son père. Cependant ses amis le retinrent ; mais le coup était porté. La plaie ne put se cicatriser, et le général n'eut pour les républicains qu'une haine sourde et un mépris mal dissimulé.

Général en chef des armées de Rhin-et-Moselle, Moreau fit, pendant l'été de 1796, cette campagne qui lui valut une grande réputation.

Napoléon Ier dit : « La campagne de 1796 ne fait honneur ni aux talents militaires de ceux qui ont conçu le plan, ni au général qui en a eu la principale direction et qui a commandé la principale armée : 1° il passa par la rive droite du Danube et du Lech, après la bataille de Heresheim, le 14 août, tandis qu'en marchant devant lui sur l'Atmuhl, par la rive gauche du Danube, il se fût joint en trois marches avec l'armée de Sambre-et-Meuse, qui était sur le Redwitz, et eût, par ce mouvement, décidé de la campagne ; 2° il resta inactif six semaines, pendant août et septembre, en Bavière, pendant que l'archiduc battait l'armée de Sambre-et-Meuse et la rejetait au delà du Rhin ; 3° il laissa assiéger Kehl pendant plusieurs mois, par une armée inférieure, à la vue de la sienne, et il laissa prendre cette place. »

En 1797, Hoche remplaça Moreau à l'armée de Sambre-et-Meuse.

Obligé de prendre sa retraite lorsque le gouvernement découvrit l'affaire des papiers de Pichegru, Moreau disparut un moment. En 1798, il fut nommé inspecteur général, et puis général en chef de l'armée d'Italie, en remplacement de Schérer. Il battit les Russes à Bassignano.

Le général Moreau devint général en chef de l'armée du Rhin en 1799.

Moreau était alors parmi les familiers du premier consul. Il devait épouser Pauline Bonaparte.

Il prit une part active au 18 brumaire. A la tête d'une petite troupe, il investit le Directoire et arrêta les membres de ce corps.

Moreau avait vu le général Bonaparte pour la première fois au mois de novembre 1799. Le Corps législatif donnait un dîner au vainqueur de l'Italie. Un grand nombre de députés refusaient d'y assister, parce que Moreau devait y occuper un rang distingué, et qu'ils ne voulaient rendre aucun témoignage de considération au général qui — disaient-ils — avait trahi la république en fructidor.

Quelques jours avant le 18 brumaire, Moreau, qui pressentait le mouvement, vint se mettre à la disposition du général Bonaparte, et sortit en disant : « Il suffit de me prévenir une heure d'avance, je viendrai à cheval près de vous, avec mes officiers ; je n'apporterai que mes pistolets, et je ne fais pas de conditions. »

Mais le général Bonaparte ne le mit point dans le secret. Moreau se rendit, le 18 brumaire, chez Bonaparte, vers six heures du matin. Il y avait déjà un grand nombre de généraux et d'officiers qui, prévenus pendant la nuit, attendaient le moment d'agir.

On lit dans les *Mémoires* de l'empereur : « Le 18 brumaire, à midi, après que Napoléon eut pris le commandement de la 17ᵉ division militaire et des troupes qui étaient à Paris, il donna celui des Tuileries à Lannes, celui de Saint-Cloud à Murat, celui de la chaussée de Paris et Saint-Cloud à Sérurier, celui de Versailles à Macdonald, et celui du Luxembourg à Moreau. 400 hommes de la 96ᵉ furent destinés à marcher sous ses ordres pour garder ce palais ; ils s'y refusèrent, disant qu'ils ne voulaient pas marcher sous les ordres d'un général qui n'était pas patriote. Napoléon dut s'y rendre lui-même et les haranguer pour lever ces difficultés. »

On voit le peu de confiance qu'inspirait le caractère du général Moreau. Les députés ne voulaient pas s'asseoir à la même table que lui, le général Bonaparte ne lui confiait pas le secret du 18 brumaire, et les soldats refusaient de marcher avec un général qui cependant avait fait ses preuves sur les champs de bataille.

Après le 18 brumaire, le premier consul récompensa Moreau en lui donnant le commandement des armées du Danube et du Rhin. Le général fut partout vainqueur et termina sa brillante campagne par la journée de Hohenlinden. La victoire de Marengo arrêta ses succès, par le traité qui en fut la conséquence.

Lorsqu'il revint à Paris, le général Bonaparte lui dit avec une parfaite courtoisie : « J'ai fait une campagne de jeune homme, et vous, celle d'un général consommé. »

Bonaparte ne considérait donc pas Moreau comme un médiocre capitaine.

Pendant l'armistice de Parsdorf, Moreau, ayant fait un voyage à Paris, descendit aux Tuileries ; il n'était pas attendu. Pendant un entretien entre Bonaparte et Moreau, le ministre de la guerre, Carnot, entra, apportant une magnifique paire de pistolets de la manufacture de Versailles. Ces armes, couvertes de diamants, étaient d'un prix élevé. Les ministres les destinaient au premier consul. Celui-ci les prit et les remit à Moreau, en disant : « Ils viennent fort à propos. » Cette scène, qui n'était pas préparée, frappa Carnot, qui la raconta depuis comme un témoignage de l'amitié qui existait entre les deux généraux.

« Le premier consul n'eut jamais qu'à se louer de Moreau jusqu'au moment de son mariage, qui eut lieu pendant l'armistice de Parsdorf, en juillet 1800. » (Napoléon à Sainte-Hélène.)

Lorsque Joséphine eut marié Moreau avec Mlle Hulot, le général devint l'adversaire de Bonaparte. Il se mêla dans toutes les intrigues ; sa maison fut le rendez-vous des malveillants de tous les partis. Non seulement Moreau fit de l'opposition, mais il conspira contre le rétablissement du culte et le concordat de 1801 ; il tourna la Légion d'honneur en ridicule. « Plusieurs fois — c'est Napoléon qui parle — le premier consul voulut ignorer ces inadvertances ; mais enfin il dit : « Je m'en lave les mains ; qu'il se casse le nez contre les piliers du palais des Tuileries. Cette conduite de Moreau était contraire à son caractère.... Moreau était le point d'attraction et de ralliement qui avait attiré la nuée de conspirateurs qui vint de Londres fondre sur Paris. Moreau ne cessa de leur dire, à leur arrivée, qu'il n'avait personne, pas même son aide de camp, mais que s'ils tuaient le premier consul, il aurait tout le monde. »

III.

La femme du général Moreau, et surtout sa belle-mère, Mme Hulot, lui persuadèrent qu'il était pour le moins l'égal du général Bonaparte. On lui fit entrevoir le pouvoir suprême, on surexcita son ambition. Sa raison fut troublée jusqu'au délire, et le malheureux général, dominé par deux femmes orgueilleuses, devint entre leurs mains un instrument aveugle. Il se fit le rival du premier consul, refusa de faire partie de la Légion d'honneur, dédaigna le bâton de maréchal, et ne songea qu'à devenir le chef de l'Etat. Sa femme activait dans son cœur les sentiments de l'envie, excitait sa haine, et transformait sa maison en foyer de conspirations.

Le général Moreau fut arrêté le 15 février 1804, comme complice de Georges Cadoudal et de Pichegru.

Napoléon disait à Sainte-Hélène : « La conspiration de

Georges Cadoudal me fut révélée par un chouan qui exerçait la profession d'apothicaire. Moreau, Pichegru et
Georges avaient eu une entrevue dans une maison du
boulevard. On convint que Georges m'assassinerait, que
Moreau serait premier consul, et Pichegru second consul ;
mais Georges insistait pour être le troisième ; sur quoi les
deux autres observèrent que, comme il était connu pour
un royaliste, s'ils se l'adjoignaient pour collègue, ils
seraient perdus dans l'esprit du peuple ; là-dessus, Georges
répliqua : Si ce n'est pas pour les Bourbons que je tra-
vaille, je veux au moins que ce soit pour moi ; et si ce
n'est ni pour eux ni pour moi, *bleus* pour *bleus*, j'aime
autant Bonaparte que vous. Quand cette conversation fut
répétée à Moreau dans un de ses interrogatoires, il s'évanouit. Si j'avais été sanguinaire comme on l'a prétendu,
j'aurais fait fusiller Moreau, car après qu'on l'avait convaincu d'avoir communiqué avec Georges, il ne pouvait
plus lui rester aucune popularité. »

Georges conspirait pour la royauté et Moreau pour lui-
même.

Le général de division Ambert, qui avait servi avec
Moreau et Pichegru, et les connaissait intimement, a
laissé des notes où nous lisons :

« Un soir, au moment de la conférence de Moreau avec
Pichegru, je passais devant la Madeleine, revenant du
faubourg Saint-Honoré. Je fus arrêté sur le boulevard,
près la maison Leduc, ancien carrossier de la reine, en
face de la Madeleine, par l'aide de camp du général
Moreau, nommé *Legay*. Je fis avec lui deux ou trois
tours entre la rue Royale et celle Duphot. Legay m'engagea fort à aller voir son général, qui ne me savait pas

à Paris, et insista sur ce fait, que Moreau avait rompu toutes relations avec Pichegru. J'ai su depuis par Legay qu'ils étaient réunis à quelques pas de là, et que lui, Legay, surveillait les approches. »

Dans un autre passage de ces notes, le général Ambert raconte ceci : « L'un de mes aides de camp me confia, en me faisant observer qu'il y allait de son honneur et de sa vie, le projet d'un complot pour enlever le premier consul sur la route de Saint-Cloud ; il me dit que les auteurs de ce projet, pour ne pas inspirer de méfiance, devaient être revêtus de l'uniforme de chasseurs à cheval, et qu'on lui avait proposé d'entrer dans le complot. Cet aide de camp n'approuvait pas le projet, mais il ne voulut faire connaître aucun des conjurés. Il fit serment d'y rester étranger. A cette condition, je m'engageai à ne point le compromettre. Je me rendis de suite chez le général Murat, mon ami, alors gouverneur de Paris. Je lui fis part de ce que je venais d'apprendre. Je retournai le soir, comme de coutume, dîner chez Murat. Il insista au nom du premier consul, pour que je lui fisse savoir le nom de l'officier de qui je tenais la révélation du complot ; je fis observer à Murat que je m'étais engagé à ne pas compromettre cet officier et qu'aucune considération ne pouvait me faire manquer à ma parole ; j'ajoutai que cet officier m'était parfaitement connu et que je répondais de lui. En effet, cet officier a bien servi sous l'Empire dans des missions de confiance. Quoi qu'il en soit, le premier consul fut mécontent de ce qu'il nommait des scrupules enfantins. Il prit ses précautions, et le complot ne put aboutir. »

La nature de Moreau se prêtait mal aux conspirations. Il était indolent, calme jusqu'à la froideur. Il se passionnait si peu, qu'on le voyait fumer sa pipe sur le champ de bataille avec une indifférence complète.

« Il ne faisait autre chose, dans son quartier général, que de s'étendre sur un sopha, ou se promener dehors, la pipe à la bouche ; il lisait peu. Ce fut moi qui engageai Moreau à se marier, sur la prière de Joséphine, qui aimait sa femme, parce qu'elle était créole. » (Napoléon à Sainte-Hélène.)

Moreau comparut devant la cour criminelle, le 29 mai 1804. Il prononça un beau discours, mais la procédure fut mal conduite. La cour entra en délibération le 10 juin, à huit heures du matin. La condamnation à mort ayant été repoussée, le général entendit de sang-froid le jugement qui prononçait contre lui douze ans de prison.

Mme Moreau, cause de tout le mal, sentit son orgueil s'humilier. Elle sollicita auprès du premier consul une commutation de peine.

Moreau obtint la permission de se rendre aux Etats-Unis et s'engagea, sur l'honneur, à ne quitter l'Amérique qu'avec l'autorisation du gouvernement français.

Le général partit donc avec sa femme et ses enfants, et s'établit aux Etats-Unis, dans une belle maison de campagne, près de la chute de la Delaware.

Loin de ce monde qui lui avait été fatal, le général Moreau pouvait se régénérer. La solitude devait apaiser les agitations de cette âme tourmentée. Se repliant sur lui-même, il allait sûrement à la vérité ; mais son mauvais génie veillait à ses côtés. L'orgueil, l'ambition, la vengeance, sans cesse attachés à ses pas, ne lui laissaient pas un instant de repos. Peut-être aussi les remords et les regrets amers le poursuivaient-ils dans l'exil.

Un passé triste et glorieux pouvait être effacé par un avenir non moins glorieux. Dominé par les souvenirs du 18 brumaire, et oubliant le reste, l'empereur Napoléon aurait tendu la main à son ancien compagnon d'armes. Le vainqueur de Hohenlinden pouvait retrouver, dans les armées impériales, les triomphes de sa jeunesse.

Pour son malheur, il écouta sa femme.

L'empereur de Russie lui adressa une lettre autographe pour lui offrir du service dans son armée. Au lieu de repousser avec indignation et dégoût une telle proposition, le général Moreau, oubliant qu'il était Français, s'embarqua, le 21 juin 1813, pour revenir en Europe. Il était accompagné de M. Svinine, conseiller d'ambassade russe. Arrivé à Gothembourg, le 24 juillet, il se rendit à Prague, auprès des empereurs de Russie et d'Autriche et du roi de Prusse. Sous les regards de ces souverains, il fit le plan de la campagne de 1813. Ce plan fut immédiatement suivi et révéla tout d'abord la présence d'un bon capitaine au milieu de nos ennemis.

Un mois s'était à peine écoulé, et déjà, dit-on, le transfuge, accablé de tristesse, promenait, dans le camp des Russes, son visage pâle et soucieux. Il avait cependant eu le bonheur de ne pas verser encore le sang français.

Le 27 août 1813, les alliés attaquèrent Dresde. Moreau, à cheval entre le roi de Prusse et l'empereur de Russie, s'approcha de la ville. Avec sa longue-vue, il découvrit les soldats de la France, et, dans l'air, il vit flotter le drapeau tricolore, son vieux drapeau de Memmingen et de Biberach. Il donna, d'une voix brève, les ordres pour lancer les colonnes, puis adressa quelques mots à l'empereur de Russie. Il s'éloignait de ce souverain, lorsqu'un boulet de canon lui fracassa le genou droit, traversa le cheval, et déchira la jambe gauche. Il tomba.

Transporté dans une maison voisine, le général subit la double amputation des jambes.

Il se mourait, au moment où des grenadiers russes vinrent le prendre pour le transporter en arrière, car les Français étaient vainqueurs.

Son agonie dura quatre jours. Pendant tout ce temps, ses yeux ne virent que des uniformes étrangers, ses oreilles n'entendirent pas une parole française, des mains teintes de sang français pansèrent ses blessures. L'expiation fut terrible.

Enfin, il expira dans la nuit du 1er au 2 septembre. Son corps mutilé repose sur la terre étrangère. Il est dans l'église catholique de Saint-Pétersbourg.

La veuve du général Moreau reçut de l'empereur Alexandre une somme de 500,000 roubles et une pension de 30,000.

Louis XVIII lui conféra le titre de *maréchale*.

On pourrait être surpris de la bienveillance du chef de la maison de Bourbon pour un général qui était loin d'être royaliste.

Voici l'explication de cet acte de générosité. Le général Montholon raconte que l'empereur lui dit à Sainte-Hélène : « Au mois d'octobre 1813 — un mois après la mort du général Moreau — plusieurs corps de l'armée française descendaient de Dresde, vis-à-vis de Wittemberg, et passèrent l'Elbe. Un courrier du quartier général de l'armée de Bohême, se rendant en Angleterre, fut intercepté. Il portait tous les papiers de Moreau. Le général Rapatel, son aide de camp et son compatriote, renvoyait à Mme Moreau des pièces intimes et sa correspondance. Toutes ces pièces furent remises à Napoléon. On vit que Mme Moreau était fort dévouée aux Bourbons. Elle reprochait au général son éloignement pour la famille des anciens rois, son laisser-aller, ses préjugés révolutionnaires et son défaut d'intrigues. Mme Moreau donnait au général des conseils sur les moyens dont il devait se faire valoir à la cour de Russie et auprès de l'empereur d'Autriche. Moreau répondait constamment : « ....Vous êtes folle avec vos Bourbons.... au surplus, vous connaissez mes sentiments : quant à moi, je ne demande pas mieux que de les aider ; mais au fond de mon cœur, je vous assure, je crois cet ordre de choses fini à jamais. »

Napoléon ne voulut pas faire imprimer cette correspondance. Il jugea inconvenant de troubler la cendre de Moreau en dévoilant des sentiments secrets, écrits d'abandon à sa femme, dans une correspondance confidentielle.

IV.

Le général Moreau, doué d'un esprit peu ordinaire, ayant reçu une instruction supérieure, très brave de sa personne, honnête homme dans la vie privée, d'une grande probité dans l'exercice du commandement, bienveillant et courtois, avait le malheur d'être dépourvu de caractère. Son éducation bourgeoise n'était pas de nature à détruire une foule de préjugés qui dominèrent sa vie. Ses appréciations mesquines lui cachaient la véritable grandeur. Il apporta dans les fonctions les plus élevées les idées étroites de l'Ecole de droit. Son vague libéralisme lui faisait aimer ce qu'on est convenu de nommer la modération, vertu mélangée d'égoïsme et de vaniteuse ambition.

Le caractère est rare en tout temps et surtout aux époques révolutionnaires. C'est cependant alors qu'il serait indispensable.

Le général Moreau est mort les armes à la main contre sa patrie. S'il eût épousé la sœur de Napoléon, il serait monté sur un trône, comme Joachim Murat. Sans cette fatale union avec M{}^{lle} Hulot, le compagnon du général Bonaparte au 18 brumaire aurait été duc et maréchal de France. Mais sa femme et sa belle-mère ont brisé ce faible caractère, et le malheureux général s'est précipité dans un gouffre.

Moins coupable que Dumouriez et que Pichegru, il semble, plus que ces hommes, digne d'une sympathie dont on ne se rend pas bien compte, mais que l'on éprouve instinctivement.

Peut-être sa mort a-t-elle racheté son crime. Peut-être sa dernière pensée a-t-elle été pour cette patrie qu'il avait si bien servie et qu'il abandonna pour son malheur.

Aucun parti politique ne peut invoquer sa mémoire. Il ne fut ni républicain ni royaliste. Son cœur de soldat et de patriote l'entraîna vers le général Bonaparte, et il fallut le mauvais génie d'une femme pour l'arracher au devoir et à l'honneur.

KLÉBER

KLÉBER

I.

Parmi les généraux de la république, Desaix représente la grandeur morale, Marceau la constance dans les revers, Hoche l'ardeur fébrile, et Kléber le principe d'autorité.

Alsacien de naissance, Kléber ne se laissait pas éblouir par les mirages trompeurs qui séduisent les natures méridionales. Son caractère ressemblait à une lame d'acier, droite, ferme et brillante. Il tenait de sa race un jugement vrai, une dignité fière et l'instinct de l'indépendance. La race lui avait aussi donné le goût des armes.

L'étude des mathématiques était pour beaucoup dans les habitudes de Kléber ; la géométrie et l'algèbre imprimaient à ses idées un caractère positif et bridaient, en quelque sorte, les ardeurs de son tempérament.

Le sentiment d'une force athlétique, en lui créant la supériorité sur la foule, le rendait un peu hautain, et presque rebelle à l'obéissance.

Il lui était plus facile de commander que de se soumettre.

Sa puissance physique l'accablait parfois jusqu'à la paresse ; mais souvent aussi, par une violente réaction, il cherchait dans les plaisirs à éteindre les flammes qui le dévoraient.

Telle était la nature de Kléber. L'éducation militaire compléta l'œuvre de la nature. Huit ans de services, en qualité d'officier, dans les armées allemandes avaient imprimé dans le cœur du jeune Alsacien les vertus primordiales de sa profession. Son âme était devenue, en quelque sorte, un centre de probité et d'honneur.

L'alternative du commandement et de l'obéissance, la discipline régimentaire, le spectacle constant de la hiérarchie, la régularité de la vie militaire, l'existence laborieuse, utile, modeste, presque silencieuse, de l'officier subalterne, produisent de véritables phénomènes. L'ordre devient un impérieux besoin ; si l'on est fier du commandement, on trouve dans l'obéissance un charme singulier. Les sentiments, les sens sont révoltés par l'indiscipline, l'injustice, l'oubli de la règle.

Pour tout dire en un mot, le grade militaire dont un homme est revêtu le rend autoritaire. Que ce mot soit ancien ou nouveau, il peint à merveille ce que sont les vrais officiers. Kléber devint donc autoritaire. Sa race, son tempérament, sa virilité, sa supériorité morale et physique, le préparaient, d'ailleurs, à la mission qu'il remplit si bien, celle de chef.

Kléber entra au service de la république française à l'âge de trente-huit ans. Ce n'était plus un jeune homme comme Hoche et Marceau à leurs débuts. Kléber fut donc sans illusions, sans enthousiasme, mais non sans dévouement. Du premier coup d'œil, il jugea froidement la Révolution et les révolutionnaires ; ceux-ci lui parurent d'ignorants ambitieux, celle-là ne fut à ses yeux qu'un péril extrême, que la sagesse pouvait seule conjurer en modérant sa marche.

Les révolutionnaires mirent à profit ses grands talents, mais en se méfiant d'un soldat qui, pendant de longues années, avait servi une vieille monarchie.

Il est vrai de dire que le service de l'Autriche n'était pas une bonne école républicaine. Aussi le général Kléber n'eut-il jamais ni les idées ni les allures d'un républicain.

Nous verrons comment il fut traité par les agents du gouvernement, et comment il a été jugé depuis par les historiens de la Révolution.

Avant de présenter Kléber tel qu'il nous apparaît, citons quelques opinions de l'empereur Napoléon Ier.

« Kléber était un homme superbe, mais de manières brutales. La sagacité des Egyptiens leur avait fait penser qu'il n'était pas Français. En effet, quoique Alsacien, il avait servi dans l'armée prussienne, et pouvait passer pour un pur Allemand. »

— « Kléber était doué du plus grand talent, mais il n'était que l'homme du moment. »

— « Kléber était le dieu Mars en uniforme : courage, conception, il avait tout ; il ne lui manqua que de disposer plus longtemps de son champ de bataille. »

— « Kléber et Desaix furent deux pertes irréparables pour la France. »

— « Kléber avait dans le caractère on ne sait quoi de nonchalant qui le rendait facilement dupe des intrigants. Il avait des favoris. Il aimait la gloire comme le chemin des jouissances. Il était homme d'esprit, de courage, savait la guerre, était capable de grandes choses, mais seulement lorsqu'il était forcé par la nécessité des circonstances ; alors les conseils de la nonchalance et des favoris n'étaient plus de saison. »

Le général Caffarelli disait en montrant Kléber : « Voyez-vous cet hercule ? Son esprit le dévore. »

II.

Le voyageur accablé des fatigues de la route jette parfois un regard en arrière, et revoit le chemin parcouru la veille ; son œil retrouve dans le vague lointain les champs fertiles et les landes arides, les beaux arbres de la forêt et les ronces du chemin.

Comme ce voyageur, nous suspendrons un instant notre marche, afin de considérer le passé.

Entraîné par la pente des révolutions, nous chercherons à retrouver les traces des premiers pas.

Deux figures nous apparaissent éclatantes de lumière, d'une grandeur démesurée et dominant les foules.

L'une est celle du puissant orateur qui se nommait le comte de Mirabeau. L'autre appartient au grand homme de guerre qui fut le général Kléber.

Celui-ci remet en mémoire le mot de Patercule sur un Romain sans naissance, mais illustre : *Vir novitatis nobilissimæ*. Premier de sa race, Kléber personnifie le peuple robuste qui apparaît sur la scène du monde.

Mirabeau est, au contraire, de vieille race. Les siens sont à l'œuvre depuis des siècles. Ils ont eu en main l'épée de la France, et, par cette épée, ils ont constitué le royaume.

Kléber et Mirabeau sont nés à peu près à la même époque. Tous deux rappellent les statues antiques taillées dans le marbre. Leur pose, leurs traits, leurs regards, inspirent l'étonnement et l'admiration.

Kléber ressemble au lion du désert, tandis que Mirabeau rappelle le taureau à la puissante encolure, à la démarche pesante, au front menaçant.

Ce gentilhomme oublie que ses ancêtres portaient l'armure de fer, et c'est à la parole qu'il demande la gloire. Kléber s'empare de cette armure abandonnée, et comme elle va à sa taille, il s'en pare, laissant à Mirabeau et aux siens la tribune aux harangues.

Nos frontières étaient brisées, l'ennemi ravageait les provinces françaises, et Kléber pensa qu'il fallait lui répondre avec l'épée.

Les rôles sont donc intervertis : le peuple fournit les grands barons, tandis que la noblesse se distingue par la parole.

En prononçant l'oraison funèbre de la reine d'Angleterre, Bossuet s'écriait : « Quand une fois on a trouvé le moyen de prendre la multitude par l'appât de la liberté, elle suit en aveugle, pourvu qu'elle en entende seulement le nom. »

L'orateur chrétien, en prononçant ces prophétiques paroles, était loin de penser qu'un membre de la noblesse française tendrait à la multitude l'appât trompeur.

Comment Bossuet aurait-il pu croire qu'un grand seigneur conduirait le peuple à la destruction du trône de saint Louis par d'odieuses calomnies, à l'envahissement du sol de la patrie par d'insolentes menaces, au renversement des autels par des enseignements impies, à l'oubli

des serments et des devoirs par l'apostasie, à la ruine du
pays par l'orgueil, l'indiscipline et l'ambition?

« C'était le conseil de Dieu d'instruire les rois, ajoute
Bossuet, et quand ce grand Dieu a choisi quelqu'un pour
être l'instrument de ses desseins, rien n'en arrête le
cours. »

La voix du prêtre devançait le temps. Voulant instruire
les rois, Dieu choisit pour instrument le fils d'un compagnon des rois. Mais aussi, Dieu, voulant sauver le
peuple de France, mit l'épée qu'abandonnait la noblesse
aux mains qui pouvaient la soutenir.

C'est ainsi que Kléber eut le commandement des armées
et que Mirabeau se montra grand orateur.

Dans le drame de la Révolution, Mirabeau représente
la révolte : révolte contre les lois, contre les mœurs,
contre la famille. Kléber personifie le respect, l'ordre, la
discipline, le dévouement, le sacrifice. Il sert son pays et
le sauve, tandis que Mirabeau l'agite et le perd.

C'est que Kléber avait eu une jeunesse laborieuse, austère, disciplinée quoique libre, tandis que Mirabeau, esclave de ses passions, se précipitait corps et âme dans le
tourbillon d'une société corrompue.

A l'heure suprême, l'esprit enflammé et l'âme flétrie,
il demanda à la politique ce qu'il avait demandé vainement aux plaisirs, à l'étude, aux voyages, aux aventures
de toutes sortes. Il veut éteindre le feu qui le dévore,
calmer la fièvre qui bouillonne dans ses veines, et il
monte à la tribune pour y lancer la foudre.

A la même heure, Kléber attaquait les bataillons ennemis et donnait à la France ce que lui refusait Mirabeau, sa liberté, son sang, sa réputation, tout, jusqu'à

la gloire de son nom qu'un proconsul pouvait flétrir.

Pendant que Mirabeau, après avoir ébranlé le trône, se vend à la cour et pèse dans sa large main l'or dont on paie ses discours, Kléber, toujours pauvre, toujours loyal, reste fidèle à la devise des armées : *Honneur et patrie*.

Tous deux eurent une immense popularité : l'un parmi les soldats sur le champ de bataille, l'autre dans les assemblées publiques et parfois dans les carrefours. Souvent aussi, comprenant que son nom est maudit, il s'écrie : La roche Tarpéienne est près du Capitole.

Chaque victoire de Kléber est un rayon de soleil qui brille sur la France; chaque discours de Mirabeau est semblable au nuage qui recèle la foudre.

Couché sur son lit de mort, Mirabeau prononça ces dernières paroles : « J'ai pour un siècle de force, et je n'ai plus pour un instant de courage. »

Une convulsion éteignit cette voix qui avait fait trembler l'Europe. L'orateur n'était plus.

Ces mots suprêmes résument sa vie : il eut plus de force que de courage.

Kléber mourut debout, revêtu de l'uniforme du soldat, le sabre au côté. Il n'eut malheureusement pas la mort de son ami Marceau. Sa poitrine fut percée d'un poignard et non d'une balle.

Dieu voulait que cette mort fût un enseignement pour les gens de guerre. Autrefois, ils tombaient à la bataille seulement. Les révolutions les ont voués aux poignards des assassins. Depuis Kléber, combien sont ainsi tombés que les combats avaient épargnés! Sans compter les victimes héroïques immolées, en 1815, aux vengeances de l'étranger, n'avons-nous pas vu, en 1830 et en 1848, de

braves capitaines assassinés par la vile multitude? N'avons-
nous pas assisté, en 1870 et 1871, au martyre des gens
de guerre, poignardés, fusillés, percés de mille coups par
la populace en délire?

En écrivant cette ligne, nous croyons voir les morts se
dresser devant nous ; braves victimes, glorieux martyrs,
nous revoyons encore les traits de vos visages, nous enten-
dons vos dernières paroles, et les cris sinistres de vos
bourreaux.

C'est ainsi que la populace traite les gens de guerre.

III.

Kléber (Jean-Baptiste) était né à Strasbourg en 1754.
Son père, maître terrassier, ne pouvant suffire aux frais
de son éducation, l'enfant fut élevé par un curé de village
qu'inspirait la charité chrétienne.

Kléber vint fort jeune à Paris apprendre l'architecture
sous le célèbre Chalgrin.

Se trouvant à Strasbourg, dans une brasserie, le jeune
étudiant fut témoin d'une scène regrettable. Deux gentilshommes bavarois étaient insultés. Kléber prit le parti des
étrangers. Ceux-ci, pour exprimer leur reconnaissance,
emmenèrent Kléber à Munich, et le firent entrer à l'Ecole
militaire de l'Electeur de Bavière. Ses progrès furent tellement rapides, qu'il sollicita, avant la fin de la première
année, une place de professeur. Cette demande, considérée
comme trop présomptueuse, valut à Kléber plusieurs jours
de prison.

Le général autrichien de Kaunitz, fils du diplomate,

visitant l'Ecole de Munich, remarqua les dessins du jeune étudiant, et fut complètement charmé de lui après une conversation sur la guerre. M. de Kaunitz fit nommer Kléber officier dans un régiment autrichien, qui portait le nom de Kaunitz.

Il y servit pendant huit ans, et fit ses premières armes contre les Turcs. Mais ce ne furent qu'escarmouches insignifiantes. N'appartenant pas à la noblesse, Kléber ne put avancer dans les troupes autrichiennes et prit le parti de se retirer.

Arrivé à Strasbourg, le lieutenant démissionnaire, âgé de plus de trente ans, obtint de l'intendant de la province, M. la Galaisière, la place d'inspecteur des bâtiments publics de la haute Alsace. Il résidait à Belfort, où il fit construire dans un faubourg le pavillon qu'il habitait. Celui qui écrit ces lignes en a fait longtemps après sa demeure.

Le régiment Royal-Louis tenait garnison à Belfort en 1789 et soutenait la cour. Ce régiment marcha un jour contre la municipalité, défendue par la bourgeoisie. Kléber, à la tête de la résistance, adressa un défi aux deux colonels municipaux.

Ceci se passait le 21 octobre 1790.

L'ancien lieutenant de l'armée autrichienne ne partageait cependant pas l'enthousiasme de la jeunesse. Le spectacle des désordres de la cité et de l'indiscipline des troupes l'affligeait profondément. Il était l'ennemi des privilèges, mais il aimait l'ordre.

En 1792, il entra comme simple grenadier dans un des bataillons du Haut-Rhin et se mit en route le lendemain, sac au dos et le fusil sur l'épaule. Chemin faisant, il fut nommé capitaine, et chargé de l'instruction.

Enfermé dans Mayence, il fut de ceux que ce siège illustra et qui reçurent le nom de *Mayençais*.

Kléber a écrit ses *Mémoires*. Parlant du siège, il dit : « Je vécus à Mayence quatre mois sous une voûte de feux. J'assistais à toutes les sorties, je résistais à toutes les attaques. »

Il fut nommé adjudant général dans cette armée, la plus solide qu'ait eue la république. Les régiments enfermés dans Mayence étaient de vieux corps de l'ancienne monarchie qui avaient conservé leurs officiers malgré leur origine.

Le principal chef des défenseurs était Aubert-Dubayet, ancien capitaine dans Bourbonnais, et qui s'était distingué en Amérique sous Rochambeau. Aubert-Dubayet, député à la Législative, avait abandonné la politique pour la guerre. Il distingua Kléber et mit en lui toute confiance.

Plus tard, ayant été emprisonné et destitué, Dubayet vint s'engager, comme grenadier, dans un corps commandé par Kléber, son élève et son ami.

Après avoir été ministre de la guerre, Aubert-Dubayet mourut le 25 pluviôse an VIII, ambassadeur à Constantinople.

Pendant le siège, le gouverneur invita un soir ses amis à dîner, n'ayant à leur offrir qu'un chat entouré d'un cordon de souris.

Ce n'est pas sans peine que nous résistons au désir de raconter cet admirable siège de Mayence, qui fit tant d'honneur à l'armée française. Qu'il nous suffise de dire que Kléber s'y distingua par de terribles sorties et par des travaux d'ingénieur fort utiles à la défense.

« Pendant quatre mois, dit Kléber, la garnison de

Mayence ignora si la France existait encore. » Cependant,
les assiégés étaient sans cesse l'objet de tentatives de corruption. Les chefs ennemis faisaient répandre des journaux ou des lettres qui annonçaient que l'anarchie régnait
en France, et que le pays attendait sa délivrance de l'armée de Mayence. Des espions répandaient le bruit que
l'ancien ordre de choses allait renaître. On parlait de capi-
tulations avantageuses et honorables; en un mot, l'ennemi,
ne pouvant vaincre, cherchait à séduire une garnison et
des chefs dévoués au gouvernement passé. Mais, quels que
fussent leurs sentiments et leurs regrets, généraux, officiers et soldats ne connurent que deux choses, l'honneur
et la patrie.

Cependant il fallut céder. La capitulation fut conclue
directement par les représentants du peuple Martin (de
Thionville) et Rewbell. L'indignation de Kléber fut à son
comble lorsqu'il apprit que le gouvernement avait la lâ-
cheté d'ordonner l'arrestation des principaux officiers.
Heureusement pour ces derniers, les représentants près
l'armée de Mayence firent connaître la vérité.

D'après la capitulation, les Mayençais ne pouvaient servir
pendant un an contre les coalisés.

Nommé général de brigade, Kléber voulut d'abord refuser : « C'était alors, dit-il dans ses *Mémoires,* un brevet
pour marcher à l'échafaud, ou, ce qui était pis encore, pour
gémir dans une prison, le glaive suspendu sur la tête. »

Cette simple réflexion fait connaître les sentiments de
Kléber pour le gouvernement d'alors.

Le nouveau général prit le commandement de l'avant-
garde mayençaise qui marchait contre les Vendéens.

La république opposait deux armées à l'insurrection :

l'une commandée par Canclaux, officier noble et dont le gouvernement se méfiait ; l'autre par Rossignol, général improvisé, incapable, hâbleur, ivrogne et parfait sans-culotte. Il buvait dans les verres les moins petits, disant qu'il fallait de *grandes mesures* pour sauver la république. Ce Rossignol, ayant été déporté sous l'empire, a obtenu la faveur des historiens de la Révolution, et surtout les bonnes grâces de M. Louis Blanc.

Les Mayençais, ayant été placés à l'armée de Canclaux, furent sans cesse dénoncés par Rossignol, Ronsin et autres misérables, qui accusaient de royalisme les héroïques défenseurs de Mayence. Ceux-ci étaient au nombre de dix mille.

Le journal de Kléber fait connaître dans leurs moindres détails les opérations militaires de cette campagne, où il exerça une grande influence, quoiqu'il n'occupât qu'un rang secondaire.

On reconnaît dans les mouvements exécutés par Kléber une étude profonde de la guerre, un esprit d'observation fort remarquable, une sage prudence unie à des audaces momentanées. « Ce qui m'occasionna le plus de peine, dit Kléber, ce fut d'empêcher le soldat de se jeter dans les villages et dans les campagnes des environs, pour se livrer au pillage. »

Il faut regretter que les écrivains royalistes aient accusé les Mayençais des désordres et des crimes commis par quelques troupes des *bleus*. Les Mayençais, au contraire, furent disciplinés et bien commandés. Ils se montraient humains et leurs chefs sauvèrent de la mort un grand nombre de Vendéens. Comment en eût-il été autrement, puisque l'armée de Mayence, commandée par les Meusnier,

Bruneteau de Sainte-Suzanne, Bachelier de Beaupuy, Bois-gérard, Haxo, Jordy et vingt autres, tous officiers instruits, laborieux, serviteurs de l'ancienne monarchie, était l'objet constant de la haine des Jacobins?

Dans son journal, Kléber insiste avec raison pour démontrer que les Mayençais se montrent modérés. Il se plaît à peindre en termes saisissants les malheurs d'une province française, il parle avec une visible sympathie de ces campagnes dévastées par la guerre. « L'avant-garde, dit-il, se dirigeait par Saint-Philbert. Après deux heures de marche dans un pays très couvert et très coupé, nous entrâmes dans la vaste et fertile plaine de Sainte-Lumine, ayant à gauche le beau lac de Grand-Lieu, à droite une forêt qui n'était pas encore dépouillée de sa verdure. Devant nous s'offraient des paysages charmants, des échappées de vues aussi agréables que multipliées. Sur cette prairie immense, erraient au hasard de nombreux troupeaux, abandonnés à eux-mêmes. Je ne pus m'empêcher de gémir sur le sort des infortunés habitants de ce beau pays. »

M. Louis Blanc, l'un des historiens de la Révolution, refuse à Kléber le style, l'orthographe et la calligraphie. Il préfère le style d'un Léchelle, général des Jacobins, lâche aventurier dont nous parlerons. Or, voici une seule phrase de ce Léchelle; nous plaçons cette phrase à côté des lignes qui précèdent : « Rapport du 16 octobre. Je ne puis que vous renouveler l'assurance de tout mon dévouement à la république, et qu'en bon sans-culotte, j'emploierai tous les moyens pour le bonheur de la liberté et à la cause du peuple. »

Homme de style par-dessus tout, M. Louis Blanc aurait

dû lire les *Mémoires* de Kléber avant d'en parler; il eût été de son devoir d'historien de ne pas éviter la prose des Jacobins. Alors seulement une comparaison eût été permise.

On a beaucoup parlé de l'héroïque défense du pont de Boussay. Kléber appela le chef de bataillon Chevardin et lui dit : « Vous défendrez le passage du pont. *Tu pourras être tué*, mais tu sauveras tes camarades. » La légende a modifié non la pensée, mais les paroles du général. Chevardin fut tué.

Nous trouvons dans un rapport officiel du citoyen Santerre, ce général-brasseur du faubourg Saint-Antoine, qui commandait à la déroute de Coron, une mention à l'adresse du citoyen Ronsin, autre général jacobin et dénonciateur de Kléber et de ses compagnons. A Coron, ce Ronsin prit la fuite en criant : « Voilà le moment de vaincre ou de mourir! »

M. Louis Blanc ne se montre pas moins prodigue de louanges à l'endroit de ce Ronsin.

Le commandement en chef de l'armée fut donné au citoyen Léchelle, ancien maître d'escrime, homme complètement étranger à la guerre, sorte de charlatan de foire, bavard et poltron. Son chef d'état-major général était Robert.

On a oublié Robert nommé général de brigade le 30 septembre 1793, et général de division le 5 octobre, six jours après. Robert en savait autant que Léchelle, et Léchelle autant que Robert. Mais leurs certificats de civisme ne laissaient rien à désirer. Tous deux, bons sans-culottes, s'appuyaient sur un compagnon qui ne les quittait pas. Celui-ci était Carrier, illustré depuis dans le calendrier républicain par les noyades de Nantes. Tels étaient les misérables auxquels le général Kléber devait obéissance.

Ces parades cyniques, ces monstrueuses comédies n'é-
taient pas faites pour convertir le véritable officier aux us
et coutumes de la république française.

Kléber eut un moment de consolation, en rencontrant
au milieu de cette armée un jeune chef plein de cœur.
C'était Marceau. Entre eux s'établit une amitié qui ne
cessa qu'avec la vie. Marceau accepta toujours le rôle
d'élève; Kléber était le maître.

Voici un passage du journal du général Kléber relatif
à la déroute de Château-Gontier : « .... Je dispose tout pour
soutenir l'avant-garde qui en est déjà aux mains. Léchelle
(le général en chef), suivant son habitude, ne paraît pas
au feu; il arrête même sur la route la seconde division....
Bientôt la déroute se met non dans ma division, qui se
battait, mais dans celle qui ne se battait pas. Léchelle, le
lâche Léchelle, donne lui-même l'exemple de la fuite....
Le soldat, qui a toujours un œil sur le dos, s'apercevant
que la seconde division est en fuite, s'ébranle aussitôt pour
la suivre. Cris, exhortations, menaces, sont vainement
employés ; le désordre est à son comble, et, pour la première fois, je vois fuir les soldats de Mayence ! L'ennemi
nous poursuit, il s'empare successivement de nos pièces,
qu'il dirige contre nous, la perte des hommes devient considérable. »

Après s'être mis en sûreté par la fuite, Léchelle dénonça les vrais généraux. Le représentant Turreau montra
à Kléber, dans le plus grand secret, une lettre du Comité
de salut public, qui ordonnait de surveiller Kléber, Haxo
et d'autres encore, soupçonnés de royalisme. La lettre se
terminait par : « Au besoin, les empêcher de nuire. »

Ces mots pouvaient être remplacés par un seul : *l'écha-faud!* L'enthousiasme de M. Louis Blanc pour Léchelle et sa haine contre le général Kléber augmentent de page en page. Cependant, M. Blanc ne peut s'empêcher de rappeler qu'au moment où le citoyen Léchelle prenait la fuite, un soldat, parmi les Mayençais, s'écria : « Qu'avons-nous fait pour être commandés par un pareil j...-f.....? »

Léchelle, qui avait la riposte vive, s'écria sans ralentir l'allure de son cheval : « Qu'ai-je donc fait pour commander à de pareils lâches? »

Le cri du grenadier mayençais a souvent retenti dans nos révolutions.

« Merlin, Turreau et plusieurs autres étaient d'avis de faire avancer l'armée, dit le journal de Kléber. On m'invita à m'expliquer à ce sujet : « Je crois, dis-je, qu'il faudrait d'abord mettre en question si nous avons une armée ou si nous n'en avons pas. Déjà vous auriez décidé cette question si, comme moi, avant le jour, vous aviez parcouru le front du camp; si vous aviez vu le soldat mouillé jusqu'aux os, sans tentes, sans paille, sans souliers, quelques-uns sans habits, dans la boue jusqu'à mi-jambe, grelottant de froid, et n'ayant pas un seul ustensile pour faire la soupe; si, comme moi, vous aviez vu des drapeaux entourés de vingt, trente, cinquante hommes au plus, qui forment les divers bataillons; si, comme moi enfin, vous les aviez entendus s'écrier : « Les lâches sont à Angers, et nous, nous sommes ici dans la plus profonde misère, » alors vous penseriez, comme moi, qu'il est impossible de rien entreprendre avant d'avoir remonté l'armée, au moral comme au physique. »

Léchelle, depuis sa fuite, ne reparut plus. Mais il eut

pour successeur Rossignol, autre héros de M. Louis Blanc.
Ce Rossignol n'avait cependant qu'un titre pour commander les armées. Il était l'inventeur d'une poudre phéno-
ménale. Cette poudre engendrait des fumées soporatives
qui asphyxiaient les bataillons ennemis. Santerre, dans
une lettre du 22 août, recommandait la poudre de Rossignol au gouvernement de la république.

En vérité, dans cette république, le grotesque le dispute
à l'odieux.

M. Louis Blanc a la naïveté de dire le secret des Jacobins : « C'était un trait de politique profonde que d'écarter du commandement suprême des armées, à l'intérieur,
des hommes en qui le soldat dominait le citoyen, et dont
le génie militaire eût pu, servi par la victoire, devenir
fatal à la liberté. »

Que les gens de guerre se le tiennent pour dit, celui
qui aura le génie de la guerre sera écarté. Les Rossignol,
les Ronsin et les Léchelle domineront les Kléber et les
Marceau. Ainsi le veut le salut de la république.

Un représentant, Prieur de la Marne, fut envoyé par le
Comité de salut public, « pour harceler les généraux et
appeler sur eux la méfiance. »

« Jamais, dit Kléber, je n'avais vu une collection d'hommes aussi peu capables de conduire les troupes. »

Prieur de la Marne, qui entendait raison lorsqu'il était
à jeun, voulut appuyer l'influence de Kléber, qui refusa le
commandement des troupes, et fit nommer Marceau, qu'il
dirigeait.

Quelques jours après une défaite provoquée par l'ineptie de Rossignol, Prieur fit dire à Marceau : « Nous savons bien que c'est moins ta faute que celle de Kléber,

qui t'a conseillé ; dès demain, nous établirons un tribunal pour le faire guillotiner. »

« Nous serons guillotinés ensemble, » disait Kléber à Marceau. Dès que Kléber eut le pouvoir de commander, la victoire revint sous les drapeaux des *bleus*. Mais la rage des Jacobins contre les vrais généraux n'en fut que plus ardente. Le 24 décembre, Kléber et Marceau reçurent à Nantes une ovation. La société populaire leur offrit une couronne civique. Le représentant Turreau, nommé général en chef en remplacement de Rossignol, quoiqu'il ne fût pas militaire, voyant cette couronne aux mains de Kléber, s'écria : « C'est aux soldats et non pas aux généraux qu'il faut donner les couronnes. — Je sais, dit Kléber d'une voix forte, que ce sont les soldats qui remportent les victoires, mais à la condition d'être conduits par les généraux, qui sont les premiers soldats de l'armée, qui y maintiennent l'ordre et la discipline, sans lesquels il n'y a point d'armée. Je n'accepte cette couronne que pour l'offrir à mes camarades et l'attacher à leur drapeau. »

Marceau ne tarda pas à être disgracié, et n'eut plus de commandement dans l'Ouest. Kléber s'effaça pour rester au second rang, en apparence du moins. Mais tous les succès furent dus à ses conseils. Il fournit à Turreau un plan pour la pacification de la Vendée.

Nous ne saurions dire ce que devint ce plan. Mais il est semblable à celui qu'adopta Hoche pour la pacification de ce vaste pays, que dévorait la guerre civile. La supériorité de Kléber sur Hoche pourrait faire supposer que le général Kléber a été l'inspirateur du général Hoche.

Kléber n'était encore que général de brigade. Il eut un commandement territorial fort modeste, sous les ordres

du citoyen Rossignol. Il supporta sa disgrâce avec un
calme philosophique, écrivit beaucoup, et rédigea ces admirables plans de pacification qu'il n'eut pas la gloire de
réaliser.

Au mois d'avril 1794, Kléber reçut le brevet de général
de division, et fut envoyé à l'armée du Nord, sous Pichegru.

IV.

A Saint-Florent, Kléber avait accordé la vie à quatre
mille prisonniers, malgré les ordres du gouvernement de
la république. Accusé de complicité avec les Vendéens, il
fut disgracié, éloigné des provinces insurgées et envoyé à
la frontière. La fermeté de son caractère, sa popularité
militaire, ne permirent pas à la vengeance d'aller plus
loin.

Placé à la tête de trois divisions, Kléber exécute le passage de la Sambre, en présence des armées de la Prusse
et de l'Autriche. Il contribue puissamment à la victoire
de Fleurus, marche sur Mons, force le camp retranché du
Mont-Panisel, le passage de la Roër, et jette l'ennemi sur
la rive droite du Rhin. Après vingt jours de tranchée ouverte et quarante-huit heures de bombardement, il entre
dans Maëstricht et passe ensuite au blocus de Mayence.

Kléber franchit le Rhin à la tête de ses divisions. Répandu sur le territoire de l'empire germanique, il attire
l'ennemi autour de lui par de savantes manœuvres, et
l'oblige à laisser les bords du fleuve sans défense!

L'inaction de Pichegru obligea Jourdan à se replier.
L'aile droite, commandée par Kléber, repassait sur le pont

de bateaux établi à Neuwied, et Marceau était à la tête de
l'arrière-garde. Le jeune général avait ordre d'incendier
les embarcations en se retirant. Le pont de Neuwied devait donc être détruit par les flammes. Kléber avait dit à
Marceau : « A l'instant où tu jugeras que j'ai traversé le
pont de Neuwied, fais mettre le feu à tous les bateaux qui
sont sur le Rhin. » Marceau calcule mal les moments ;
emportés par le courant, les bateaux embrasent le pont,
et l'armée se trouve enfermée entre un fleuve étincelant
de flammes et les Autrichiens qui la foudroient. Désespéré, Marceau saisit ses pistolets et veut se donner la mort.
Calme au milieu du péril, Kléber sauve l'armée. Un aide
de camp de Marceau lui arrache des mains ses pistolets,
et Kléber, avec sa grande parole, dit à Marceau qu'un
chef militaire doit sa vie à ses soldats, et qu'un suicide en
présence de l'ennemi est la désertion la plus criminelle.
Puis, toujours ferme, il ordonne un mouvement offensif à
la division Championnet, et maintient l'ennemi pendant
les trente heures nécessaires à la construction du pont.

La même faute se renouvela en 1813, au pont de l'Els-
ter, mais Kléber n'était plus là.

Toutes les qualités d'un grand général furent dé-
ployées par Kléber en cette circonstance. Il se montra
inébranlable, d'une haute intelligence, inaccessible aux
mille rumeurs d'une armée en péril ; enfin, ce grand
homme électrisa l'armée, qui défilait aux cris de *Vivent
nos généraux!* Ce défilé avait lieu en présence de Kléber,
Marceau et Championnet.

Il faut bien le reconnaître en cette circonstance, Kléber dominait Marceau et Championnet ; sa taille élevée,
son fier regard, ses gestes superbes, offraient l'image des

héros d'Homère. Le panache tricolore qui flottait sur son chapeau était comme le drapeau de la France.

Les historiens n'ont pas rendu à Kléber la justice qu'il mérite. Il fut le maître de Marceau, et si l'élève eut de belles journées, l'honneur en revient au maître. La pacification des provinces de l'Ouest est l'œuvre de Hoche, mais le général s'était inspiré des plans de son prédécesseur, le général Kléber.

Pendant la campagne de l'an v, Kléber, à la tête de l'aile gauche, mit l'armée du prince de Wurtemberg en pleine déroute sur les hauteurs d'Ukrad ; il tint tête au prince Charles, et l'on vit 20,000 Français manœuvrer contre 60,000 Autrichiens.

Kléber battit le général Kray à Koldieck et le prince de Vartensleben à Friedberg. Francfort lui ouvrait ses portes à l'heure même où la jalousie du gouvernement éloignait Kléber de l'armée.

Il est à regretter que ce général n'ait pas eu le commandement en chef. Il eût mieux fait que Jourdan, caractère indécis, esprit honnête, mais sans portée. Aussi, ces deux natures opposées éprouvèrent-elles des froissements réciproques. Kléber était révolté des lenteurs de Jourdan ; celui-ci gémissait en voyant les impatiences de Kléber.

Les *Mémoires* du maréchal Jourdan sur la campagne de 1796 sont cependant pleins d'éloges pour le général Kléber. De son côté, celui-ci ne parle qu'avec considération de son ancien chef. Ils s'estimaient et s'aimaient, quoique leurs idées fussent très différentes. Le mal tenait aux positions ; les rôles semblaient intervertis, car le premier rang appartenait à Kléber et le second à Jourdan, qui obéissait trop aveuglément aux ordres du Directoire.

Une immense douleur était réservée à Kléber : ce fut la mort de Marceau, son élève, son ami, son fils adoptif.

V.

Pendant dix-huit mois, le général Kléber resta sans emploi. Le *Moniteur* du 16 mars 1797 annonça sa nomination de général en chef de l'armée de Sambre-et-Meuse. Cependant Hoche obtint ce commandement. Une scène très vive eut lieu entre le général Kléber et Rewbell, membre du Directoire. Le général dit brusquement : « Citoyen Rewbell, dès que tu auras un pied hors du Directoire, tu auras le mien au.... »

Ce n'était pas le plus sûr moyen d'obtenir les faveurs du gouvernement de la république. La disgrâce de Kléber dura donc plus sévère que jamais. Il travaillait activement, dans une retraite absolue, composant des projets d'organisation militaire, dessinant des plans, lisant beaucoup.

Il resta étranger à la journée du 18 fructidor, n'ayant de sympathie ni pour un parti ni pour l'autre. Ses relations avec Jourdan étaient devenues intimes, et Kléber vivait philosophiquement près de Paris, riant des sottises du gouvernement, et n'ayant d'éloges que pour le général Bonaparte, qui, disait-il, « sait rester maître dans son armée. »

Dé son côté, le vainqueur de l'Italie appréciait Kléber à sa juste valeur. Ils ne s'étaient jamais vus, mais se comprenaient l'un l'autre.

Caffarelli-Dufalga, général d'artillerie, se présenta un jour chez Kléber et lui offrit, de la part du général Bona-

parte, un commandement dans l'armée destinée à l'expédition d'Egypte.

Bonaparte avait demandé pour lieutenants Kléber et
Desaix. Les grands hommes se recherchent aussi bien que
les petits.

Le 12 avril 1798, Kléber reçut sa nomination. L'un de
ses historiens, le baron Ernouf, petit-fils d'un général
ami de Kléber, raconte ainsi une petite scène intime de
ce temps-là : « Kléber connaissait déjà le secret de l'expédition, car il écrivait à Ernouf, quelques jours auparavant, pour le prier de faire rechercher et de remettre,
séance tenante, à son aide de camp Cazal, ce qu'il pouvait
y avoir de plus intéressant au dépôt de la guerre, en fait
de mémoires et de cartes sur l'Inde, la Perse et l'Egypte.
Ce fut mon père qui se chargea de porter les mémoires ;
il m'a souvent raconté son entrevue avec Kléber.... L'er-
mitage de l'illustre général était un pavillon isolé, situé
sur la colline de Chaillot, en face du Champ de Mars, dans
la rue qui fut appelée depuis : *des Batailles*. Vêtu, suivant la mode du temps, d'une grande houppelande verte à
collet et à brandebourgs, Kléber était profondément ab-
sorbé dans l'étude d'une carte d'Egypte ; il n'avait pas
entendu entrer le jeune officier, qui restait immobile,
craignant de troubler sa contemplation ; Kléber suivait du
doigt le cours du Nil, s'arrêtant, de distance en distance,
aux champs de bataille probables.... Au bout de quelques
minutes, il releva brusquement la tête en secouant, suivant son habitude, sa crinière de lion, et fixa son regard
clair et profond sur mon père, qu'il reconnut tout d'abord.
— Ah ! ah ! lui dit-il, tu es le fils de mon camarade Ernouf ; tu m'apportes les papiers que j'attendais ? Il lui fit

quelques questions et parut satisfait de ses réponses.

— Eh bien, lui dit-il enfin, je voudrais faire quelque chose pour un frère de Sambre-et-Meuse. Ton père n'est pas des nôtres et je le regrette, car il fera meilleur là-bas qu'ici. Mais toi, veux-tu venir avec moi comme aide de camp? Nous allons dans un beau pays, où nous ferons de grandes choses. »

Les débuts de Kléber dans une armée autrichienne l'avaient habitué à la discipline allemande, nous dirions volontiers au gouvernement absolu ; d'un autre côté, sa vie d'ingénieur civil, en donnant à son esprit une entière indépendance, produisait un singulier mélange dont les historiens ne se sont pas rendu compte. Presque tous ont représenté Kléber comme jaloux de ses chefs et même du général Bonaparte. On a fait de lui un personnage grondeur, froid, sévère, et toujours paré de ceintures dorées et de panaches éclatants. Sa tenue était régulière et fort belle, mais nullement théâtrale, son humeur se montrait presque toujours joyeuse, sa gaieté bruyante, cordiale, spirituelle, aimait les festins et les propos hardis.

Il riait des républicains et de leurs prétentions à la vertu, faisait à la sottise une guerre incessante, et se montrait sans pitié pour l'ignorance prétentieuse qui alors régnait un peu partout.

Mais le général Bonaparte, qui était supérieur à Kléber et connaissait sa valeur, alla le chercher dans sa retraite pour le conduire en Egypte. Il y eut entre eux quelques nuages, mais non rupture. Kléber serait devenu l'un des maréchaux de l'empire et l'un des plus dévoués à Napoléon.

Kléber était lié avec Moreau, qui désapprouvait l'expédition d'Egypte. Une lettre du premier écrite à bord du *Franklin*, en rade de Toulon, le 18 août 1798, et adressée au général Moreau, prouve combien Kléber était pénétré de la grandeur de l'expédition.

Le général Bonaparte plaça le général Kléber à la tête de trois divisions qui ne prirent aucune part à l'occupation de Malte. Kléber félicita Bonaparte dans une lettre où se trouve cette phrase : « Mais moi, puis-je me féliciter d'avoir été un témoin aussi passif d'une action aussi extraordinaire ? »

Les Français posent enfin le pied sur la terre d'Egypte. A peine deux mille hommes sont-ils réunis, sans artillerie et sans chevaux, que Bonaparte marche audacieusement sur Alexandrie, en confiant à Kléber le centre de la colonne. On s'élance à l'assaut, et le général Kléber reçoit une grave blessure à la tête.

Forcé de rester à Alexandrie, pendant que Bonaparte se porte en avant, Kléber écrit au général en chef :

« Je reçois à l'instant, citoyen général, votre instruction relativement au commandement d'Alexandrie, que vous avez bien voulu me conférer pour diminuer la peine que j'éprouve de ne pouvoir vous suivre. Je remplirai vos instructions avec zèle, et autant qu'il me sera possible de le faire de mon appartement ; car les premiers moments où il me sera permis de prendre quelque exercice, accordez-moi, général, de les employer pour vous aller joindre. » Cette lettre est un témoignage de la considération de Kléber pour son chef.

Notre but n'est point de rappeler les grands faits historiques de l'expédition d'Egypte, mais de rechercher les événements qui mettent en lumière la figure de Kléber.

Un bruit se répandit à Alexandrie. On disait qu'un mouvement politique avait eu lieu à Paris contraire aux vainqueurs du 18 fructidor, et l'on ajoutait que le général Bonaparte était rappelé en France. Kléber lui écrivit le 19 juillet : « Veuillez me faire connaître ce qu'il en est. J'ai résolu, mon général, de vous suivre partout : je vous suivrai également en France, je n'obéirai jamais plus à d'autres qu'à vous, et je ne commanderai pas, parce que je ne veux pas être en contact immédiat avec le gouvernement. »

Ces quelques lignes prouvent quels étaient les sentiments de Kléber pour Bonaparte, et aussi ses mauvaises dispositions envers ceux qui furent renversés le 18 brumaire.

L'importance du commandement d'Alexandrie et l'éloignement du général Bonaparte prolongèrent la mission confiée à Kléber. Il resta quarante jours sans nouvelles de l'armée, qui marchait en avant. Pendant ce temps, le général gouverneur d'Alexandrie eut à administrer un pays très difficile, à déjouer des complots, à présider aux débuts d'une importante administration. Il fit preuve d'une très haute capacité et d'un grand caractère.

Kléber s'étant ému d'une observation peut-être trop sévère du général Bonaparte, celui-ci lui écrivit une lettre qui se termine par ces mots : « ..., Si je tenais le burin de l'histoire, personne n'aurait moins à s'en plaindre que vous. »

Cependant Kléber, toujours ombrageux, demande à se retirer, il parle de sa blessure, de ses souffrances, et sollicite un congé pour rentrer en France. Bonaparte lui répond et l'invite à se rendre auprès de lui : « Je suis extrêmement fâché de votre indisposition. J'espère que l'air du Nil vous fera du bien, et sortant des sables d'Alexandrie, vous trouverez peut-être notre Egypte moins mauvaise qu'on ne peut le croire d'abord. Ibrahim-Bey est à Gaza ; il nous menace d'une invasion ; il n'en fera rien ; mais nous, qui ne menaçons pas, nous pourrions bien le déloger de là. Croyez au désir que j'ai de vous voir promptement rétabli, et au prix que j'attache à votre estime et à votre amitié. Je crains que nous ne soyons un peu brouillés ; vous seriez injuste si vous doutiez de la peine que j'en éprouverais. Sur le sol de l'Egypte, les nuages, lorsqu'il y en a, passent en six heures ; de mon côté, s'il y en avait, ils seraient passés dans trois : l'estime que j'ai pour vous est au moins égale à celle que vous m'avez témoignée quelquefois. »

A la réception de cette lettre, Kléber alla rejoindre Bonaparte au Caire. L'entrevue des deux généraux fut des plus cordiales.

Pendant cette campagne d'Egypte, et surtout lorsqu'il commandait à Alexandrie, après le désastre d'Aboukir, Kléber se montra souvent plus clairvoyant que le général Bonaparte ; il ne partagea pas ses illusions, et comprit mieux le caractère perfide des Orientaux.

VI.

La campagne de Syrie ajouta, s'il se peut, à la réputation militaire de Kléber. Il commandait l'avant-garde dans les marches en avant, et l'arrière-garde dans les retraites. Bonaparte lui confiait sans cesse les postes d'honneur et surtout les postes importants.

Après la prise de Jaffa, Kléber écrivait au général Bonaparte : « Vous venez de faire une fière brèche aux remparts d'Acre, par la manière brillante dont vous avez emporté la place de Jaffa. Recevez-en mes félicitations sincères. »

Avec son indépendance d'esprit, son regard si sûr et si prompt, ses études sérieuses, Kléber n'approuvait pas toujours les opérations du général en chef. Il le lui écrivait franchement et avait le tort de le dire. Cette attitude, sans être hostile, soulevait parfois des difficultés passagères.

Le siège de Saint-Jean-d'Acre fit de nouveau briller les facultés supérieures de Kléber, qui était chargé de prévenir la diversion de l'armée des pachas. Bonaparte le félicita hautement.

Séparés l'un de l'autre, le général Bonaparte et Kléber manœuvrent de concert. Chacun écrit de son côté ce qu'il pense utile d'entreprendre. Les dépêches ont été conservées et sont un monument militaire de la plus grande valeur. Ces deux capitaines semblent se deviner.

Jamais Kléber n'avait été aussi beau, aussi grand qu'à la journée du Mont-Thabor. Avec 2,000 hommes, il lutta pendant sept heures contre 30,000. A cheval au centre d'un carré, Kléber assistait impassible aux charges multipliées des mameluks et des janissaires. Il donnait ses ordres froidement, et dominait pour ainsi dire la fortune. Enfin, Bonaparte arrive au secours de son lieutenant; il manœuvre d'une façon sublime et parvient à dégager Kléber, qui reprend une vigoureuse offensive. Les deux généraux se rapprochent au milieu des tourbillons de fumée, ils se voient et se précipitent au-devant l'un de

l'autre. Ils ouvrent les bras et se tiennent embrassés.
Emus de ce grand spectacle, les soldats poussent des cris
d'enthousiasme, et Kléber, d'une voix de stentor, dit à
Bonaparte : « Général, vous êtes grand comme le
monde! »

Il faut lire dans l'*Histoire de la campagne d'Egypte*,
par Berthier, le récit de cette journée. On ne sait quel est
le plus grand manœuvrier, de Bonaparte ou de Kléber.
4,000 Français venaient de battre 25,000 hommes d'infanterie, 10,000 cavaliers, de s'emparer des magasins,
des camps de l'ennemi, et de précipiter en désordre vers
Damas une armée formidable.

Marmont et Bourrienne ont parlé de mésintelligence
entre Bonaparte et Kléber au siège d'Acre. Ces deux témoins, quelque peu suspects, ne sont pas d'accord sur le
vrai motif de la mésintelligence. Elle fut peu sérieuse,
dans tous les cas, puisque Bonaparte confia à Kléber le
commandement si important de Damiette, et lui décerna
une récompense en lui faisant don de la maison qu'il
avait occupée au Caire. Cette récompense nationale est
constatée par lettre du 28 juin.

Avant de montrer Kléber investi du commandement
suprême par le départ du général Bonaparte, rappelons
que le retour en France de ce dernier ne fut pas une désertion, comme l'ont dit ses ennemis.

Laissons parler M. Bignon, l'éminent écrivain : « La
conduite de Bonaparte, même en faisant abstraction du
succès et de toute permission antérieure, peut se justifier
par la simple puissance du raisonnement. Bonaparte a la
conscience de sa force, il se dit : « La France est dé-
» chirée au dedans, vaincue au dehors; je puis lui rendre

» la paix intérieure et la victoire. Cette armée que je
» commande n'a pas de secours à espérer tant que la
» France sera mal gouvernée. Il ne m'arrivera pas de
» renfort, tout le fruit de mon habileté sera de conserver
» six mois, un an au plus, la possession de l'Egypte. Ce
» que je ferai, Kléber peut le faire comme moi. En quit-
» tant mon armée, je puis la servir mieux qu'en restant
» auprès d'elle. » Ces réflexions ressortaient de la nature
même de son caractère et de sa position. Il les a nécessairement faites. Il a dû partir.

Bonaparte s'embarqua donc pour l'Europe, et remit à
Kléber le gouvernement de l'Egypte et le commandement
de l'armée. Il lui écrivit : « La place importante que vous
allez occuper en chef va vous mettre à même enfin de déployer les talents que la nature vous a donnés. »

M. Thiers, après avoir comparé Desaix à Kléber, exprime
le regret que le général Bonaparte n'ait pas laissé la première place à Desaix. Si M. Thiers, au lieu de substituer
ses sympathies personnelles à l'histoire, avait lu la *Correspondance de Napoléon*, il aurait vu des lettres du
général en chef à Desaix, qui prouvent que ce dernier
avait donné lieu à des reproches fort sérieux au point de
vue administratif. La lettre du 17 août est très sévère.
Bien entendu que Desaix n'avait pas agi dans un intérêt
personnel. Son honneur est au-dessus de tout.

Kléber, qui avait ignoré le départ du général Bonaparte, fut extrêmement froissé de n'avoir pas été mis dans
la confidence. Il écrivit au général Menou : « Si j'approuve
le motif du départ de Bonaparte, du moins me reste-t-il
quelque chose à dire sur la forme. »

Dans sa réponse à la députation du divan, Kléber dit :

« .... Bonaparte, mon prédécesseur, a acquis des droits à l'affection des cheiks, des ulémas et des grands par une conduite intègre et droite ; je la tiendrai, cette conduite ; je marcherai sur ses traces et j'obtiendrai ce que vous lui avez accordé.... »

On a fait grand bruit, historiquement parlant, du rapport adressé par Kléber au Directoire, le 26 septembre. Ce rapport, œuvre de Poussielgue, intendant de l'armée, en ce qui concerne l'administration, est fort regrettable. Mais Kléber, comme l'a dit l'empereur à Sainte-Hélène, se laissait aller aux influences caressantes.

L'un des historiens de Kléber parle de ses *imprudences diplomatiques*. C'est là le mot propre. Il commit des imprudences et rien de plus. Desaix, plus clairvoyant en cette circonstance, donnait, par lettres, de bons conseils à Kléber, mais son entourage, désireux de rentrer en France, le poussait vers une capitulation.

La nouvelle du 18 brumaire fut apportée en Egypte par le colonel Latour-Maubourg. Cette nouvelle réjouit Kléber au point de vue politique. Il regretta les négociations auxquelles il s'était prêté et redevint lui-même.

Sidney Smith et milord Keith, commandants de la flotte anglaise, lui écrivirent que leur gouvernement exigeait que l'armée française mît bas les armes et se rendît prisonnière de guerre.

Indigné à la lecture de cette lettre, Kléber la mit à l'ordre du jour de ses troupes, en y ajoutant ces mots : « Soldats ! on ne répond à de telles insolences que par des victoires : préparez-vous à combattre ! »

Il fallait faire de nouveau la conquête de l'Egypte, mais en présence de difficultés fort supérieures.

Kléber eut le réveil du lion. Il développa son armée dans la plaine de Coubé et enleva Matarieh, où les Turcs s'étaient retranchés. Il entourait l'obélisque d'Héliopolis, lorsqu'il aperçoit l'armée du grand vizir sur les hauteurs de Séricour et d'El-Marci. Il disperse cette armée. Le Caire se soulève; le pacha, vaincu à Matarieh, y avait armé jusqu'aux vieillards, aux femmes et aux enfants. Kléber fait sommer la ville de se rendre. Elle refuse. L'assaut est donné avec furie et la conquête de l'Egypte se termine par des victoires sans précédent.

La seule page sombre de la vie de Kléber est celle où il veut, par un traité honorable, sans doute, abandonner l'Egypte. On le sait, malgré son énergie, il redoutait le commandement suprême. Peut-être aussi ce caractère irritable, susceptible, chatouilleux à l'excès, ne pardonnait-il pas au général Bonaparte un départ qui semblait à Kléber entouré de trop de mystère.

Sa mauvaise humeur fut de courte durée. Son tempérament se prêtait peu aux pourparlers diplomatiques. Il se sentait mal à l'aise dans des conférences où l'intrigue jouait son rôle. Puis, il prêtait l'oreille avec trop de complaisance aux plaintes et aux récriminations. Il n'échappait pas aux sourdes influences de sa petite cour.

Le premier coup de canon le rendit à lui-même. Le parfum de la poudre purifia l'air qu'il respirait, et il redevint le grand homme de guerre que l'on sait.

Nous ne chercherons même pas à repousser une puérile accusation, qui présente le général Bonaparte comme jaloux de Kléber. Ces deux hommes ne pouvaient éprouver ce honteux sentiment. Bonaparte connaissait les partis politiques qui divisaient la France; il avait mesuré la taille des hommes appelés au pouvoir; son regard avait pénétré dans les cours étrangères, en un mot,-il planait sur l'Europe. Quelque grand que fût le nom de Kléber, il ne trouvait hors des armées qu'une admiration sans influence.

La nouvelle de la victoire d'Héliopolis parvint au général Bonaparte au moment où lui-même venait de vaincre à Marengo. Il adressa à Kléber ses plus sincères félicitations : « Sur les rives du Danube et du Pô, nos armées partout victorieuses marchent à la conquête de la paix. Vos triomphes sur le Nil y contribueront puissamment. Les circonstances sont telles, enfin, qu'il n'est pas possible que six mois se passent sans que ce grand bienfait vienne consoler l'humanité et mettre un terme glorieux aux travaux qui assurent à l'armée d'Orient l'admiration de la postérité autant que la reconnaissance nationale.... »

Kléber mourut avant de recevoir cette lettre.

« Il avait fallu, a dit M. Bignon, que Bonaparte, l'Angleterre et la Porte se réunissent pour lui révéler toute l'étendue de son génie. »

Desaix, dont les conseils ne furent pas inutiles à Kléber, lui suggéra la pensée d'augmenter ses forces militaires en armant les Cophtes, tribus chrétiennes dévouées à la France. Il forma aussi une légion et une compagnie de cavalerie avec les réfugiés syriens. Kléber alla même jusqu'à recruter une demi-brigade parmi les esclaves africains. Ces diverses troupes remplirent toujours leur devoir avec courage et fidélité.

Kléber fut plus aimé par les vaincus que ne l'avait été Bonaparte. Il se fit obéir sans menaces et sans punitions. Chose singulière, le général Kléber déploya un grand luxe

dans les formes, établit une étiquette sévère, et se montra
moins simple que ne l'avait été le général Bonaparte.
Tout cet apparat, qui allait à son grand air, lui réussit à
merveille.

La mort de Kléber a été racontée de dix façons diverses.
Voici la vérité, d'après le général Damas, chef d'état-major et ami de Kléber. Le fils de Damas, général lui-même,
a bien voulu nous confier les notes de son père.

L'architecte Protain, membre de la commission des
arts, faisait exécuter des réparations au Palais du gouvernement. Le 14 juin, Kléber alla déjeuner chez le général
Damas, qui occupait une maison voisine de la sienne. Le
matin, Kléber passa la revue de la nouvelle légion
grecque, puis vint au Caire en compagnie de Protain.
Tous deux visitèrent les travaux en cours d'exécution et
se rendirent ensuite chez Damas. Les convives se composaient de quelques savants, membres de l'Institut d'Egypte,
et d'officiers distingués.

Jamais Kléber ne s'était montré d'humeur plus joyeuse.
Sa réputation de bon compagnon était faite depuis longtemps, mais, en ce jour, il se surpassait en spirituelles
saillies, en mots heureux, en fines reparties. Les savants
et les officiers rivalisaient d'esprit. Ce simple repas prit
le caractère d'une fête de l'intelligence, mais de l'intelligence qui a la bride sur le cou, et qui franchit les obstacles par bonds et par sauts.

Kléber et Damas étaient d'habiles dessinateurs, qui
maniaient le crayon avec une verve comique! On fit cir-
culer à table une caricature due au crayon du général en
chef et de son chef d'état-major. La gaieté la plus bruyante
accueillit ce dessin. Les officiers applaudirent, tandis que

les savants laissaient errer sur leurs lèvres le sourire narquois du paysan qui voit un renard pris au piège.

Ce dessin, où les mains de Kléber et de Damas s'étaient croisées, représentait l'évasion des députés des Cinq-Cents par les fenêtres de l'orangerie de Saint-Cloud.

La peur se peignait dans les attitudes diverses. On voyait ces fiers tribuns escalader les fenêtres, et les Brutus modernes se sauver à perdre haleine.

Cette image du 18 brumaire donne la mesure du dévoûement de Kléber à la république. Il ne prend même pas la chose au sérieux. Le tribun n'est pour lui qu'un coureur plus ou moins leste.

« Comme on ne saurait confondre Kléber et Damas avec ces patriotes à courte vue, qui voyaient naïvement dans le 18 brumaire une nouvelle affirmation du principe républicain, force est bien d'admettre qu'ils avaient pris franchement leur parti des nouvelles destinées de la France. » Ainsi parle l'un des historiens de Kléber, l'honorable baron Ernouf.

A deux heures, le déjeuner n'était pas terminé. La conversation, très animée, intime et pleine de franchise, retenait les convives autour de la table. Kléber se leva, invitant Protain à l'accompagner pour visiter les travaux, mais, en même temps, le général dit aux convives de l'attendre, les prévenant qu'il ne tarderait pas à rentrer pour prendre le café.

Une longue terrasse couverte donnait sur la place Ezbekieh, reliant la maison de Damas au quartier général. Kléber et l'architecte suivaient cette terrasse, déserte en ce moment. Ils causaient en marchant lentement, et Kléber conservait la gaieté du repas.

Un jeune musulman sortit d'une citerne desséchéé, pauvrement vêtu, chétif et courbé comme un mendiant. Il
s'avança vers les promeneurs ; puis, d'un bond, ce misérable, prompt comme l'éclair, s'élança et frappa Kléber à
la région du cœur. Le général s'affaissa sur le parapet de
la terrasse, en criant d'une voix mourante : « A moi, je
suis blessé ! » Il tournait son dernier regard vers un soldat qui passait au loin.

Celui-ci accourut en appelant au secours ; le meurtrier,
saisi par Protain, se débarrassait de l'architecte en lui plongeant six fois son poignard dans la poitrine. Protain tombait et le jeune musulman, revenant à Kléber, lui portait
trois nouveaux coups de son fer ensanglanté.

Les convives de Damas arrivèrent en même temps que
le soldat. Kléber respirait encore, mais il mourut quelques
minutes après, sans avoir repris connaissance ni prononcé
une parole. Protain revint à lui et donna le signalement
de l'assassin.

Celui-ci ne fut découvert que deux heures après, caché
sous un nopal.

Le fanatisme religieux avait armé ce misérable, qui
depuis un mois, cherchait l'occasion de poignarder le
chef des chrétiens.

VII.

Le général Kléber fut un grand homme de guerre qui,
avec le général Desaix, domine les généraux de la Révolution. Mais il ne se soutenait pas constamment à la même
hauteur. Ses réveils étaient magnifiques, parce que ses
somnolences semblaient profondes. Il y avait en lui du

major prussien et de l'artiste français. Du major, il montrait souvent la raideur, le flegme impertinent et la susceptibilité ombrageuse ; de l'artiste, il possédait trop souvent aussi le laisser-aller, le cynisme d'atelier, la parole railleuse, l'esprit frondeur et le scepticisme joyeux.

Ses sarcasmes n'épargnaient personne. Cependant il était aimé, parce qu'il avait bon cœur ; nul ne se montra plus humain pendant la guerre, plus probe, plus brave, plus imprégné du fluide impératif.

Damas lui écrivait : « Vous ne savez ménager ni la chèvre ni le chou. »

Cette trivialité explique les écarts de Kléber. Sa robuste nature le portait à saisir le taureau par les cornes. Son esprit, prodigieusement clairvoyant, déchirait tous les voiles, et, à l'aspect des tristes réalités, il écrasait ses adversaires sous les éclats de son rire moqueur.

Il dit dans une de ses lettres : « La France n'est pas assez militaire pour être républicaine. »

Kléber semblait deviner cette réponse d'O'Connell aux démocrates français qui l'invitaient à se rendre à Paris : « La France n'est pas assez religieuse pour être républicaine. »

La pensée est la même, elle exprime cette vérité que, pour fonder un gouvernement républicain, il faut une sévère discipline.

Kléber n'a pas laissé de postérité. Il n'avait pas d'ancêtres aux pages de l'histoire : seul, cet homme est toute une race.

La ville de Strasbourg lui a érigé une statue. Lorsque la nuit est venue et que l'obscurité règne dans la ville,

l'ombre de cette statue s'étend sur le sol comme pour repousser le contact de l'étranger. Le bronze, immobile et
froid, s'élève dans l'air, semblable à la protestation de nos
pères contre les défaillances de leurs enfants.

CONCLUSION

~~❧❀❧~~

LES VOLONTAIRES & LES GÉNÉRAUX

DE LA RÉVOLUTION

~~~~~~~~~

Nous avons voulu secouer la poussière qui couvrait les portraits des généraux de la Révolution.

Ce travail nous obligeait à dépouiller le volontaire du charme poétique dont les historiens l'ont revêtu. L'honneur national n'a pas à en souffrir. Devenu soldat de la ligne, ce volontaire a vaincu l'Europe entière.

Il ne faut donc plus croire aux improvisations militaires, pas plus à la base qu'au sommet.

Les armées sont lentes et difficiles à former. L'enthousiasme ne saurait tenir lieu d'instruction et de discipline.

Quant au commandement, il exige de longues études et de profondes méditations.

L'histoire des guerres de la Révolution le prouve à chaque page.

A côté des généraux dont nous avons rappelé les services, se trouvaient leurs lieutenants ou des compagnons qui ont survécu à la Révolution. Après avoir loyalement défendu le sol de la patrie, ils se sont ralliés à l'empire, qui délivrait la France d'une odieuse tyrannie.

Ces hommes se nommaient : Augereau, Bernadotte, Berthier, Brune, Clarke, Jourdan, Macdonald, Masséna, Sérurier, Soult, Ney, Oudinot.... L'empereur leur donna des bâtons de maréchaux et des couronnes ducales [1].

Plus heureux que leurs devanciers, ils ne connurent ni l'injurieux soupçon, ni la mort ignominieuse. Aussi ne se trouva-t-il jamais dans leurs rangs un Pichegru ou un Dumouriez.

Ils partagèrent les gloires éclatantes de Napoléon et, après de longues existences, entourés de l'estime publique, ils sont morts au milieu de leurs familles.

Au temps de la jeunesse, ils avaient vu, à leurs côtés, de prétendus généraux improvisés par la république. Ceux-là se nommaient Santerre, Rossignol, Ronsin, Tribout, Robert, Beysser le chirurgien, le peintre Carteaux, le médecin Doppet et cent autres encore, dont les noms sont inconnus.

Les représentants du peuple cherchaient à les substituer aux véritables généraux, afin d'aplanir la route pour eux-mêmes. En effet, la république en voulait venir à la suppression des généraux, ou plutôt à la transformation du commandement militaire permanent en mission civile provisoire.

On ne saurait trop répéter l'aveu cynique de l'historien de la Révolution, M. Louis Blanc :

« C'était, dit-il, un trait de politique profonde que

(1) Carnot reçut de Napoléon Ier le titre de comte.

d'écarter du commandement suprême des armées, à l'intérieur, des hommes en qui le soldat dominait le citoyen, et dont le génie militaire eût pu, servi par la victoire, devenir fatal à la liberté. »

Pourquoi plutôt *à l'intérieur* qu'à la frontière ? Il ne faut voir là qu'un artifice de langage, une réserve trompeuse.

Ce n'était donc pas le hasard qui plaçait à la tête des armées de misérables Jacobins complètement ignorants de la guerre. Ce trait de *politique profonde*, approuvé par M. Louis Blanc, dévoile les projets du gouvernement républicain. Nous connaissions ces projets, mais il nous plaît de recevoir leur confirmation de la bouche même d'un moderne révolutionnaire, disciple énervé du farouche Saint-Just.

Ces généraux de contrebande n'échappaient pas toujours à la vengeance. Leur ignorance les conduisait quelquefois à l'échafaud. Ainsi périrent Westermann, Beysser et d'autres encore. Chose singulière, les plus braves parmi ces aventuriers furent livrés au bourreau, tant la moindre qualité militaire porte ombrage aux révolutionnaires de profession.

Tous les généraux de la Révolution, sans en excepter un seul, sont l'objet d'une jalouse méfiance. On les espionne, une active surveillance les entoure, les représentants ne les perdent pas de vue, leurs paroles sont commentées, leurs lettres ouvertes, leurs familles soupçonnées. Dans la liste des suspects, ils occupent les premières places. Ni le génie du général Bonaparte, qui jette sur la république un si grand éclat, ni l'ardeur fébrile de Hoche, dont la naissance est obscure, ne peuvent calmer les sen-

timents hostiles du gouvernement républicain. Il semble-
rait que tous ces tribuns cruels ou imbéciles sentent instinctivement que le châtiment arrivera par l'épée.

Ils ont donc pour l'épée une haine implacable. Il leur
vient des armées de vagues rumeurs où le mépris se mêle
à la haine. Leur rage en augmente et ils répondent par
la terreur.

Il ne faut pas accuser les hommes de la Révolution
d'avoir volontairement et avec préméditation persécuté
les généraux qui sauvaient leur pays.

Ces hommes de la Révolution savaient à merveille que
si la France était encore grande aux yeux de l'Europe, sa
grandeur venait des armées. Ils savaient que les traités
de paix ne se signaient qu'à la suite d'une victoire, ils
savaient, en un mot, que la république ne vivait que par
l'armée.

Ce n'était donc pas à l'armée — force matérielle —
qu'ils en voulaient.

Mais l'esprit militaire les effrayait. Cet esprit n'est pas
républicain, puisqu'il est mélangé de discipline, d'ordre
et de hiérarchie. Les révolutionnaires sentaient bien que
l'esprit militaire leur était contraire, et que la terreur et
l'anarchie ne seraient pas longtemps possibles avec une
armée bien commandée.

La vraie liberté devait, tôt ou tard, sortir des camps.
Ils ne l'ignoraient pas. De là cette haine sourde, cette ani-
mosité constante, cette surveillance active. Dix, vingt
généraux peuvent monter successivement à l'échafaud ;
mais, à la fin, l'un d'entre eux se lèvera et, au nom de
tous, mettra l'épée à la main.

Il n'y a pas, dans ce grand fait, antagonisme entre les

hommes, mais, ce qui est plus grave, opposition surnatu-
relle entre deux principes.

Ces deux principes ont été aux prises pendant la Révolution française avec une violence inconnue jusqu'alors.

Dans notre histoire, l'autorité avait été représentée par
la royauté, la noblesse et le clergé. La licence et l'anarchie
s'étaient vues souvent sous mille formes. La lutte prenait
divers caractères et la victoire ne restait pas longtemps
indécise.

A l'époque de la Révolution, la royauté, le clergé et la
noblesse avaient disparu, tandis que la licence et l'anarchie, occupant le sommet, régnaient et gouvernaient.

Cependant, comme les principes ne périssent pas, surtout les principes conservateurs des sociétés humaines, il
se produisit un grand phénomène que les historiens n'ont
pas signalé. L'armée populaire, nationale, formée par la
Révolution même, hérita, sans le savoir et sans le chercher,
des traditions éparses qu'avaient jetées dans l'air ceux qui
n'étaient plus.

L'esprit de l'armée, autant que ses victoires, a sauvé la
France à la fin du XVIII⁰ siècle. Ce n'est pas le général
Bonaparte qui seul aurait pu accomplir le 18 brumaire. Il
y a folie à lui faire honneur ou honte de cette journée. Le
18 brumaire a été la protestation de l'esprit d'ordre contre
l'esprit de désordre; la réponse du soldat aux tyrannies
du tribun.

Si, par miracle, le 18 brumaire n'avait pas réussi, c'en
était fait de l'armée. Or, sans armée, la France ne saurait
vivre.

Les républiques de l'antiquité ne repoussaient pas l'esprit militaire, qui n'était pas alors ce qu'il est aujourd'hui.

Les anciennes républiques, admettant le principe de l'esclavage, étaient aristocratiques. Elles avaient leurs grands et leurs petits, leur hiérarchie sociale, leurs puissantes croyances, leurs lois inflexibles. Tout cela s'accorde avec la discipline militaire.

La république de 1793 est tellement démocratique, tellement égalitaire, que toute hiérarchie est impossible, toute discipline plus impossible encore. Comment alors faire exister sur le même sol le citoyen enivré de liberté, et le soldat soumis à la discipline ? Comment mettre en contact perpétuel deux hommes, l'un désarmé, l'autre armé, et dire à celui-ci que l'obéissance est une vertu, à celui-là que la révolte est le plus saint des devoirs ? Tôt ou tard, l'un de ces hommes renversera l'autre.

Les hommes de la Révolution étaient donc logiques lorsqu'ils enfermaient Hoche dans une prison, ou envoyaient à l'échafaud Biron et Custine.

Quand Marius, oubliant qu'il était vainqueur des Cimbres et des Teutons, se mit à la tête du parti démocratique, il déchaîna la multitude, et l'on vit, au nom de la liberté, les proscriptions désoler l'Italie.

L'armée ne saurait être différente de la société qu'elle représente. Si le désordre règne dans les cités, si les lois ne sont plus respectées, l'armée présentera quelque résistance passive, d'une durée plus ou moins longue, mais l'esprit militaire s'affaiblira de jour en jour, pour s'éteindre à une époque fatalement prévue.

Supposons que l'un des Etats de l'Europe moderne adopte une constitution politique complètement démocratique. Les citoyens, sans respect pour les lois, insulteront les magistrats. Nul ne voudra reconnaître un supérieur.

L'autorité sera livrée aux risées de la multitude. Les temples de Dieu, déserts et silencieux, n'ouvriront même plus leurs portes à la dépouille mortelle de l'homme. Les croyances les plus saintes seront flétries et les lèvres ne murmureront plus que malédictions et blasphèmes. A la vue d'un soldat, la multitude s'agitera de colère et lapidera le malheureux, dont le seul crime est de protéger la frontière et la loi.

Cependant, cet Etat de l'Europe a une armée, qui se recrute dans son sein. Le jeune homme sort de la ville et se dirige vers le camp. On lui a dit, à la ville, qu'il était l'égal de tous, et il l'a cru ; on lui dit, au camp, qu'il a pour supérieur le caporal et le sergent, le lieutenant et le capitaine. On lui a dit, à la ville, que le peuple est souverain maître, et il l'a cru ; on lui dit, au camp, de prendre son fusil et de disperser un groupe troublant l'ordre public. On lui a dit, à la ville, que le seul Dieu est l'intérêt personnel, et il l'a cru ; on lui dit, au camp, de rendre des honneurs au saint Sacrement qui passe. On lui a dit, à la ville, que la grande affaire en ce monde est le succès et la jouissance, et il l'a cru ; on lui dit, au camp, que la plus noble chose est le sacrifice et la résignation.

Que voulez-vous que devienne cet homme? Doutera-t-il? Non. Il ira du côté de la ville ou du côté du camp. Mais la ville ou le camp ne tarderont pas à l'emporter. Alors vous aurez Marat et Robespierre, ou bien Turenne et Drouot.

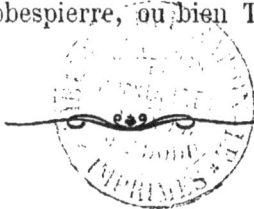

TABLE DES MATIÈRES

~~~~~~~~

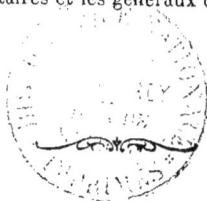

BESANÇON. — IMPR. ET STÉRÉOT. DE PAUL JACQUIN.

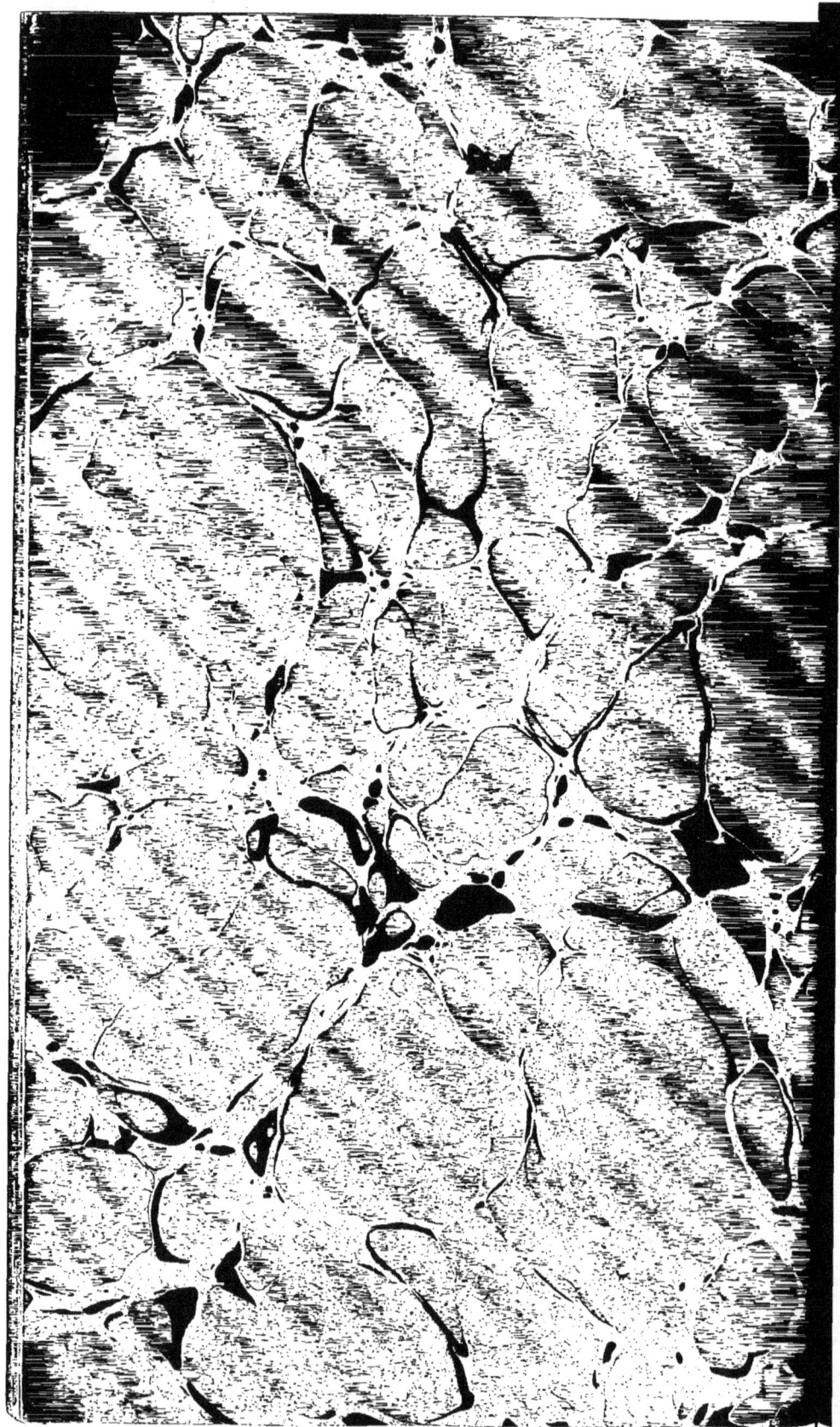

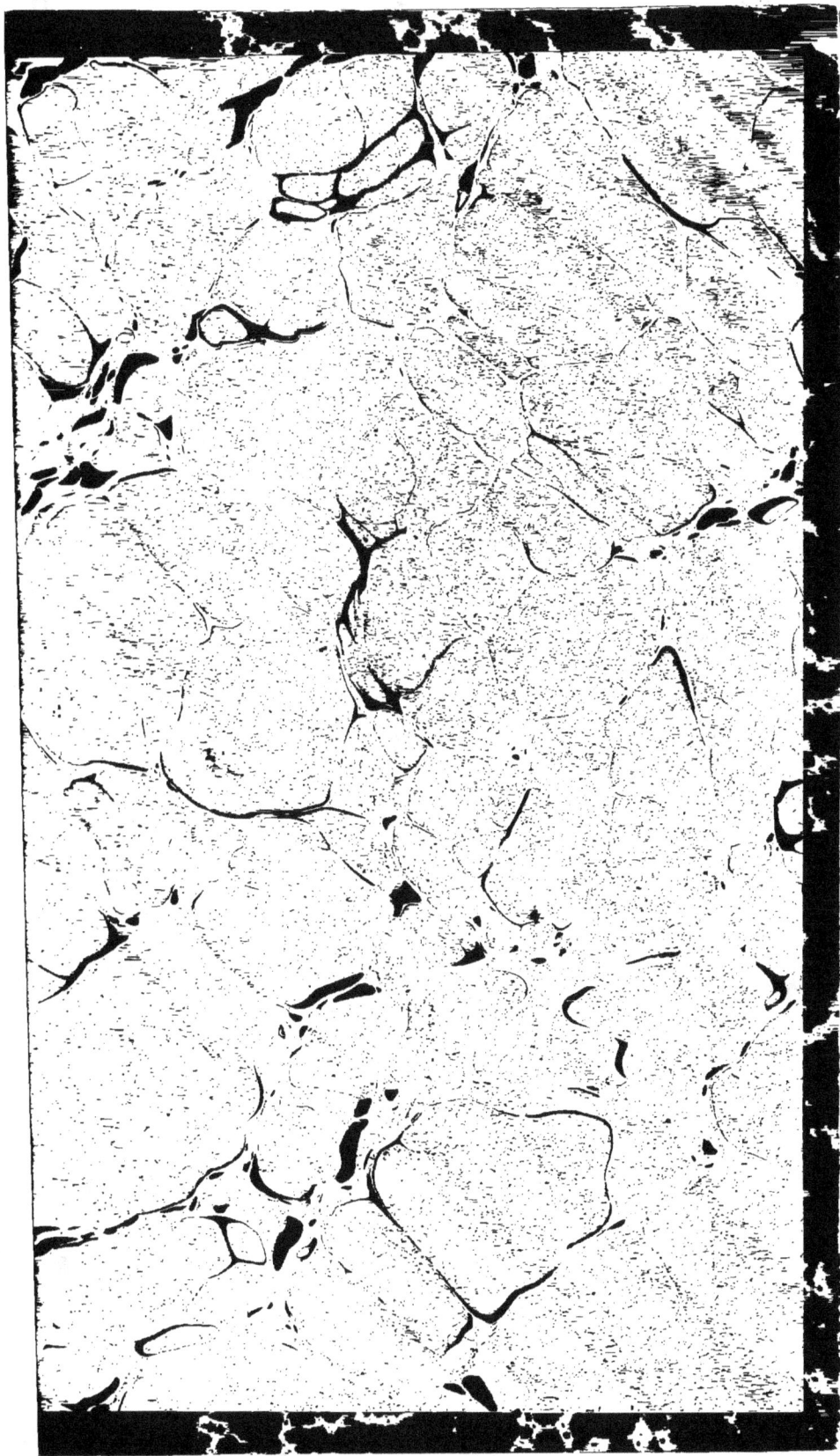

BIBLIOTHEQUE NATIONALE DE FRANCE

3 7531 04325562 0

www.ingramcontent.com/pod-product-compliance
Lightning Source LLC
Chambersburg PA
CBHW072008270326
41928CB00009B/1590